秋田の近世近代

渡辺英夫 編

高志書院刊

はしがき

本書は秋田のフィールドに関心を持って研究を進める有志九名が集い、これまでの研究成果をまとめ上梓するものである。

私たちは秋田大学史学会近世近代史部会を拠点に研究活動を続けてきた。この研究部会は、秋田大学史学会の活性化策の一つとして、かつて史学会の草創期に学生たちが主体的におこなっていた研究会活動を復活させたものである。古代中世史部会と歴史教育部会と共に三部会で再開を企画し、二部会は展開せず、近世近代史部会だけが、一九九六年に第一回研究会を開催して以降、一八年にわたり活動を続けてきた。研究会の開催は七〇回を超えていまも継続している。

新制国立大学が全国に設置され、戦後民主主義教育がスタートしたころ、日本史の研究は活気に満ちていた。それは地方史の時代、あるいは日本近世近代史の時代だったといってよいだろう。戦争に対する痛切な反省は、近代天皇制国家を捉え直そうという問題意識を生み、さらにはそれを生み出した日本近世社会の解明へと向かった。そこから見えてきたものは、地主小作関係の展開により資本主義の生産を支える工場労働者と、帝国主義を支えた軍隊が共に生み出されたという事実だった。その結果、地主小作制の解明が叫ばれ、それは歴史研究の中心課題に据えられた。そして、土地制度史から農民層が両極分解する問題へと進み、本来は副次的な対立に過ぎなかった地主・小作間の対立が、領主と農民間の本質的な階級矛盾をゆがめてしまった問題へと展開して一揆研究が活発に議論された。それは正に地方が解明すべき課題で、地方でこそ地域に根ざして取り組むことができるテーマだった。

こうした流れのなかで各地の新制大学に歴史学の研究会が組織され、精力的な研究活動が繰り広げられた。そうした研究会の多くは、民主教育を実現する教員を養成するための大学・学部に活動の母体があった。学生たちは卒業してなお教育現場に身を置いて歴史研究に取り組んだ。秋田大学史学会はこうした流れに沿い、『秋田地方史の研究』(みしま書房、一九七三年)、『秋田地方史論集』(金沢文庫、一九八一年)、『秋田地方史の展開』(みしま書房、一九九一年)と、着実に研究成果を蓄積してきた。

しかし、いま歴史研究を取り巻く地方の研究環境は大きく変わった。教育現場の先生たちは、いじめ問題への対応など子どもたちをめぐる社会問題に追われ、地域の歴史を捉え直そうとする時間が削られている。評価主義が全体を覆い、地域の歴史を自ら掘り下げ、それを教材化しようとする試みよりは、既に解明された事象を如何に効率よく教えるか、その方法論に関心が移っているかに見える。大学の教員養成カリキュラム自体が、各教科の専門性よりも各種ボランティアや福祉施設での実習を課すなど、地域社会の中で学校教育を実践できる教員の養成を求めている。地方においては、これまで歴史研究の一翼を担ってきた一団が高齢化すると同時に、このような研究環境の変化から深刻な後継者不足に陥っている。地方の歴史研究は、いま危機的状況にある。歴史学を支える裾野の広がりという意味で、これは見過ごせない事態だと思う。

一方、この四半世紀を振り返るとき、一九八八年の公文書館法から二〇一一年の公文書管理法へと至る一連の法整備により、地方自治体レベルで文書館や公文書館が各地に設立されたことの意義は大きい。当地においても秋田県公文書館が一九九三年に設置され、二〇一六年には大仙市が東北地方で初となる市レベルの公文書館設置を決めている。また、秋田市では二〇一四年、公文書管理条例を施行し公文書館機能を市民に提供している。文書館や公文書館が各地に設置された結果、文書論や史料管理論に関する研究が格段の進化を遂げたことは論を俟たない。今後は、それらの成果に基づいて、歴史の個別研究においても地域の歴史をより一層解明にしてくれるに違いない。地方の史学会はこれら文書館・公文書館や以前から活動実績を持つ博物館などと相互に連携し、そのつながりを強めていくことがこれまで以上に大事になるだろう。

本書は、大学や高専・高等学校において歴史教育に携わる者と、博物館や公文書館に勤務する研究者が秋田大学史学会の研究部会を通して共に研究を深め、その成果をまとめたものである。それぞれの問題関心に基づき各自あたためてきたテーマをまとめたもので、共通テーマに基づく分担研究ではない。研究会を通して心がけたのは、地域の問題に焦点を絞りつつ、それを全体史の広がりの中に位置付けて捉えようとする視点だった。一書を編むに当たり、編者は用語と表記法の統一に意を払い、事実関係に関しては執筆者と確認作業をおこなったが、それ以外の調整はおこなっていない。

地域史の研究が継続から発展へと向かい、本書がその一助になれば幸いである。

二〇一四年十一月

渡辺 英夫

目　次

第2部　近 代 編

第1部　近世編

秋田藩における正保国絵図の作成過程

渡辺 英夫

はじめに

正保元(一六四四)年十二月、三代将軍徳川家光は国絵図の作成を命じた。国郡制に定められた国ごと、一国を単位に絵図を作る事業である(1)。これ以前、成立期の徳川幕府は西南日本に対外的、軍事的な緊張を感じ、東日本の軍勢をそこへ速やかに送り込むことができるよう交通や地理に関する情報を集めようとした。そのため幕府は、慶長年間より西南日本の諸大名にはそれぞれの所領ごとに絵図を作らせ、それを国単位にまとめて一国絵図を作らせていた。その際、一国の絵図の取りまとめ役に任じられた大名を絵図元大名という。

正保度、出羽国の絵図元に任じられたのは秋田藩佐竹氏だった。それは出羽一国の絵図を作る初めての試みだった。このとき幕府が考えたのは、全国の地理情報を同じ基準で絵図にまとめることで、中でも交通情報の収集に主眼の一つがあったとされている。主要街道と脇道を大道と小道の朱線で描き分け、海上には湊から湊への航路と里程を朱線を引いて朱筆し、航行に危険な岩礁地帯には「はへ」と黒書させている。そして港湾部には船入に適した風向きや船泊りの状況まで書き込ませた。峠筋の山坂難所、渡河地点の架橋や船渡の別、そして一里塚など、正保国絵図には海陸の交通情報がふんだんに描き込まれている。

幕府はこのとき、国絵図に添えて次の二つの台帳も一緒に提出するよう命じていた。それは各国各郡の土地生産力を把握するため各村の村高を書き上げた郷帳と、交通情報をまとめた道帳だった。郷帳は郡単位に各村の村高を書き上げたもので、出羽国の場合、村ごとに支配領主の名と田高と畑高の内訳を石以下、斗升合の単位まで書き上げている。(2)そして、新規に開村された村には村名の右肩に新田と書き添えている。また、村名の下には、生え山や芝山、水損、干損、新開地の有無なども記している。「はえ山」は木の生えた山で農業資材を確保し、堆肥をつくり出す基にもなった里山ないし雑木林を指すと見られる。このように郷帳には農業生産にかかわる諸事項が細部にわたって書き上げられていた。また、ここで道帳と略称する帳面は、その表紙に「何々国大道小道并船路之帳」と記される交通情報簿で、この後、元禄・天保と続く国絵図作成事業においては作られなかった。(3)そしてもう一つ、正保国絵図作成時には大名の城下町を描いた城絵図も作らせており、郷帳と道帳、それに城絵図の三点がセットで添えられたところに正保国絵図の特徴があるといわれている。

周知の通り秋田藩は、寛文四(一六六四)年、四代将軍徳川家綱の判物改において初めて二〇万五八〇〇石余の領知高を明記した領知判物を拝領した。それまで秋田藩佐竹氏の領知高は確定していなかった。ならば、それに遡る一七年以前、正保四(一六四七)年、自ら絵図元となって取りまとめた出羽国絵図において、秋田藩はそこにどのような高を書き上げたのだろうか。幕府に提出したその清絵図が現存しないいま、秋田にはその控とされる絵図が残されている。これまで、その絵図から村形内の文字を読み取る試みがなされてきた。たとえば、『角川日本地名大辞典』では、秋田藩領六郡に由利領を加えた地域に関し、絵図中のすべての村形を読み取り、その村名と村高を白地図に表示した付図を収録している。[4]清絵図控は後述するように非常に大型の絵図で、かつ県指定の文化財でもあり、事実上、研究利用するのが困難な状況にある。そのようななか、この試みは利用者にとって大きな恩恵だった。とはいえ、その成果は再度、確認・検証することができないという難点を抱えていた。これに対し筆者は、国絵図に添えて提出された郷帳の写を解析し、絵図を読み取った同辞典付図の数値には一部誤りがあることを明らかにして郷帳写の史料的価値の高さと、その有用性について別稿で指摘した。[5]
この点を踏まえれば、郷帳写を基に国絵図に記された村名や数値情報を今一度詳しく検証することが今後の課題となる。実は、正保国絵図に記された高が、一七年後の寛文四年の判物改において、秋田藩佐竹氏の領知高を確定する際の重要な要素となるのだった。しかし、それについての検討は後稿に譲り、本稿はその前提作業として、秋田藩がどのようにして正保国絵図を作ったのか、その作成過程を明らかにしておきたい。幸いなことに秋田藩には狩野派絵師が国絵図様式に仕上げた領国絵図の下絵図があるだけでなく、その基となったデッサンの麁絵図も残されている。この麁絵図にこれまで研究の光が当てられることはなかった。いまだ分析の手が加えられたことのないこの麁絵図に焦点を当て、その作成過程を解明することが本稿の課題である。そして、これが秋田藩にとって初めての領国絵図だったのか、正保以前、秋田藩には領国絵図はなかったのか、その点についても考えてみたい。

一　正保国絵図関係史資料の整理

正保元(一六四四)年十二月二日、三代将軍徳川家光は大目付井上筑後守政重と宮城越前守和甫の両名を呼び、国絵図と郷帳の作成を命じた。いま秋田藩側の史料からこの指令を受けた旨、その記述を見出すことはできない。だがおそらく、同月中に江戸藩邸の留守居役が井上らに呼び出され、絵図元となって出羽一国の絵図を仕立てるよう示達されたことと思われる。それにより秋田藩は、翌年夏、藩士等五名に命じて領国の麁絵図を作らせた。それは現存する秋田藩最古の領国絵図で、「出羽六郡野書絵図」と題されて秋田県公文書館に所蔵されている。(6) 以下本稿では、このデッサンを野書絵図と略称する。

国絵図をつくるには、まず山・川・街道・村落等の位置関係や里程、それと郡境など各種の位置情報を確認する必要があった。そしてそれと同時に、郷帳をまとめるためには各村の村高を確かめる作業も必要だった。秋田藩はこの二方向から作業を進めていった。出羽国内の諸藩もおそらく同じ作業をおこなったに違いない。いま、秋田藩が、国絵図をつくる過程で取りまとめたであろう絵図など各種の史資料を作業工程に沿う形で整理するなら次の如くなるだろう。ここでは、道帳と城絵図については除き、また、現在その所在を把握できないものには記号に（　）を付けて区別した。

A　野書絵図「出羽六郡野書絵図」
←　←　(B) 村高帳　→　(C) 郷帳　→　D　郷帳写「出羽国知行高目録　上中下」
←　←　E　下絵図「六郡絵図」
←　(F) 清絵図　→　G　清絵図控「出羽一国御絵図」

一連の作業工程を、右に示した記号を用いて説明してみよう。すると、まずAはEを作るための地理情報であり、Bはそのための村高情報だった。諸藩はAとBのデータからEを作成し、それを絵図元に提出した。そして、絵図元がそれら大名領国ごとに作成されたEに基づいてFを仕立て、Bを郡単位に集計してCにまとめ、FにCを添えて幕府に提出した。これが国絵図作成に関る大まかな流れだろう。このときA・B・C・E・Fの五件が、正保国絵図作成時の原典となる。そしてFの控図とされるGも、この同じ時期の成立と見てよいだろう。ただDについては、やや時間をおいた別の時期に筆写されたと見られ、それが寛文年間と考えられる点については別稿で検証した。(7)また、川村博忠氏の研究によれば、正保国絵図作成に当たっては、清絵図を仕立てる前に、諸藩は大目付井上政重の事前点検を受けており、そのため、一国絵図の下絵図を作ったことが指摘されている。すると、出羽国絵図においてもFの直前段階にもう一種類の絵図があった可能性がある。右では、通説に従いGをFの控図としたが、川村説を参酌すればGはFの下絵図であった可能性も否定できず、この点についてはさらに検討が求められる。

Gは「出羽一国御絵図」とよばれ、現在、秋田県の重要有形文化財に指定されている。これは南北方向を描いた長辺が一一・〇八メートル、東西方向の短辺が五・〇九メートルと大変に大きなものである。(8)いまは直径約一〇センチメートルほどの太い軸に表装され、木箱に収め保管されており、それを閲覧し研究利用するのは難しい状況にある。これを所蔵する秋田県公文書館は写真撮影により全体のカラー複製版を作成し、閲覧室の壁面上部に掲げると同時に、デジタル化した画像をモニター画面で閲覧できるようにしている。だが、原典の長辺一一・〇八を二・九一メートルに縮小した複製版は圧縮比が大きく、かつ目線より高いところに掲げられているため、村形の文字が判読できるかどうかも肉眼ではわからない。また、デジタル画像も全体を一枚に表示するのみで拡大機能はなく文字は読めない。全体のイメージを知るばかりである。現状では、掲げられた複製版を双眼鏡かデジタルカメラのズーム機能に頼って覗くしかない。そこで同館は、村形内の文字情報に関しては前述の『角川日本地名大辞典　5　秋田県』の付図を用意し、利用者に提供している。

Gの絵図目録部分には一部破損箇所があるが、一四名の支配領主とそれぞれの領知高、そしてその合計高が記されている。そしてそれに続けて出羽国一二郡と由利領が色分け表記されており、それぞれの郡と領の高、およびその「惣高合」が書き込まれている。それにより支配領主の領知高合計も、一二郡と由利領の高合計も共に同じく出羽国全体で九五万一五二三石四斗という記載値を読み取ることができる(9)。

したがって、出羽国絵図には一四の支配領主が関わり、それぞれにBの村高帳とEの下絵図が作られ、絵図元の秋田藩にそれらの情報が集められたものと考えられる。川村氏によれば、この下絵図はそれぞれ大名の国許でつくられ、専門の絵師が描いているが、それは狩野派の絵師が基本だったという。その点、出羽国諸藩において個々の具体像を明らかにすることはできないが、絵図元の秋田藩に関しては間違いなく狩野派の絵師に下絵図Eを描かせていた。それはいま「六郡絵図」とよばれ、まさしく国絵図様式に整えられた完成度の高い美麗なものである(10)。これも南北方向を長辺として六・八一メートル、東西方向の短辺が五・四七メートルという大型絵図で、国絵図研究会編『国絵図の世界』にその全体がカラー版で収録されている(11)。

一方、これをつくる基となった野書絵図Aは、六・六〇メートルに四・八〇メートルという大きさで、モノクロながらこれもその全体が同書に収められている。同書解説は、野書絵図Aと下絵図Eを重ね合わせると、必ずしも整合せず、野書絵図を作成した後に再度測量し直された可能性を指摘している。つまり、下絵図Eは野書絵図Aを単純にトレースしたものではなかった。この点は絵地図史の観点からは重要な論点となるだろう。だが本研究の目的は、正保国絵図に記された村高や領知高と、寛文四年の判物改で秋田藩の公称高を決定する基となった秋田藩郷村高辻帳との関係性を解明することに主眼がある。そこで本稿は、まず野書絵図が伝える文字情報に焦点を絞って考察したい。なお、清絵図控とされるGもモノクロ版で同『国絵図の世界』に収録されているが、残念なことに、出羽国の南端で会津藩領と境を接する米沢藩領南部の山岳地帯、および絵図目録の前半部が写真から欠けている。以上により、国絵図の中で最大級の規模を誇る出羽国絵図作成に関る概要が掴めただろう。

二 「出羽六郡野書絵図」

正保度の出羽国絵図に関し、幕府に提出した清絵図Fが現存せず、その控えとされるGが事実上、分析利用できる環境にない現状では、秋田藩領を考察できる分析素材は、野書絵図Aと下絵図Eの二つということになる。これらは共に清絵図控Gの約半分の大きさながら、六メートルを超える大判絵図である。本稿では、秋田県公文書館の許可を得てA・Eとも写真撮影し、そのフィルムから写真印画紙に焼付けたプリント版に依拠して文字を読み取っている(12)。

野書絵図には小判型の村形内に高付もなく村名のみが記されている。その村形は黄色を塗った上に村名を墨書するのが基本だが、村形の大きさはまちまちで、時として黄色が塗られていないものもある。村から村へと朱の細線が引かれ、随時、そこに里程が墨で書き込まれ、一里塚も描かれている。朱線が川を超えるところでは川幅が註記され、所により「橋」の文字も見える。羽州街道の朱色の太線と、村から村へ続く朱の細線は明らかに区別して描かれており、太線から細線が枝状に延びていく様子は、まるでこの絵図をつくるため調査に赴いた一行の足取りを示しているかのようである。これより先、秋田藩は慶長・元和と領内検地を実施していたから、村々の存在は把握できて

写真１　男鹿半島南岸部分（野書絵図）

いた。しかし、それが具体的にどこにあるのか、その点の調査が十分ではなかった。したがって、村々の位置関係を把握することを目的の一つにしてこの絵図が作られたことは疑いない。国絵図をまとめるには位置の確認が欠かせなかったのである。

そして、野書絵図のもう一つの目的は、所領全体の形を把握する点にあったと考えられる。隣接する諸藩に通じる峠越えの道筋には特に注意が払われ、藩境の山々を確認して藩領全体の形が掌握されている。その際に出羽丘陵を越えて由利領に抜ける小道が詳しく調べられているのに比べ、奥羽山脈を境にした盛岡藩領との境界に関してはやや集中力を欠いた表現になっている。とりわけ、藩領北東部の森吉山に関しては「森吉嶽」の山塊を一際大きく描いたその東奥が空白で、盛岡藩領が森吉山東麓まで深くえぐり込む形となっている。この描き方は、下絵

写真２　男鹿半島南岸部分（下絵図）

図Ｅから清絵図控Ｇにも引き継がれており、これが、次の元禄国絵図で盛岡藩との藩境をめぐる争点の一つとなる[13]。

野書絵図では海岸部が概して単調に描かれるなか、男鹿半島の特別に詳細な表現には目を見張るものがある。半島南岸は入り組んだ海岸線に大小いくつもの島々が素描され、北岸のなだらかな海岸線とは対照的である。野書絵図には航路や湊船入りなど海上交通に関する情報は一切ない。ただここには唯一「加茂より小浜迄船道三里」という書き込みがある。村々をつなぐ朱の細線は戸賀湾の塩戸の村形から加茂青砂の村形まで延びて、それから先、半島南岸の「芦倉」村には通じず、「芦倉」の村形から小浜の村形に行くところにも朱線はない。そして、「芦倉」の村形に添うようにしてその海上部分に右の註記があった。これを見ると、野書絵図の担当者たちが加茂青砂で乗船し、海上を船で小浜に向かった様子が思い浮かぶ。そしてその途中、船の上から「芦倉」村の存在を確認したのだろう。つまりこの当時、「芦倉」村に通じる道はなく、そこは船でしか行けない陸の孤島だった。この点は、野書絵図を丹念に読み解くことで、調査に出向いた一行の足取りをつかむことができる一つの証拠となるだろう。

野書絵図は小浜村から船川方面に向かって椿村に行く途中、朱細線の陸地側に添うように黄色の村形を描き、その中に「四五六」と墨書している。それは下絵図にも反映され、今度は朱細線が「四五六村、高弐十三石」と記される村形の中を突き抜けるようにして描かれている。清絵図控Gを実見できないので、その村形内の文字については『角川日本地名大辞典　5　秋田県』の付図に頼るしかないが、それによればやはり村名は「四五六村」で、村高は「23石」で間違いなかった。この「四五六」村とは何か、何と読むのだろうか。

秋田藩には郷村高辻帳の写しが一つだけ残されている。[14]それは、六代将軍徳川家宣の判物改に際し、秋田藩が提出したと見られる宝永八(一七一一・正徳元)年のもので、それによると椿村と小浜村の間に記載されるのは「双六村、二十三石」だった。これを現在の国土地理院発行の二万五〇〇〇分の一の地形図で確認すると、そこは、「船川港双六」の地に該当する。野書絵図の担当者たちが現地を訪れ、土地の住人から聞いた村名はおそらく「しごろく」だったのだろう。正保二(一六四五)年、野書絵図作成班の面々は慶長七(一六〇二)年、初代藩主佐竹義宣に従って常陸から移ってきた武士たちの次の世代だった。秋田の言葉にも大分慣れたではあろうが、久保田城下に育った彼らにとって、男鹿の村人が語る「すごろくむら」は「しごろくむら」としか聞き取れなかったのだろう。現地の村人が言う音にそのまま思いつく文字を宛てて記している様子が窺える。ここでは、方言の表記法が問題なのではない。野書絵図の担当者たちは事前のデータを携えていなかったらしい、その点が重要なのである。

野書絵図作成班が海上から確認したと見られる「芦倉」村は、下絵図には描かれなかった。下絵図では、男鹿半島南岸のその付近には白糸の滝などの景勝や、赤神神社などいくつもの社殿が描かれるばかりで村形は一つもない。調査隊の一行は道程を調べ、村と村の位置関係を調べるチームであり、自分たちが現地で採集した地理情報をそのまま野書絵図に集約することが任務だった。現地調査を終えて野書絵図をつくったあと、慶長・元和の検地帳データと突き合わせたとき、そこに「芦倉」村が存在しないことを確認したものと思われる。それゆえ、下絵図に「芦倉」村が描かれることはなかった。慶長・元和の検地帳データはこのとき秋田藩が組織した別のチームが携えていたらしい。それは、正保の検地班だった[15]。

野書絵図に関してもうあと何点か確認しておきたい。村名以外で目に止まる文字情報として、古城・古社・古銀山などがある。古城の場合は、岩山風の山塊がデッサンされ、古社には杉木立の中に社殿と思われる建物が記号化された様式で墨書されている。これらは、絵画表現を伴って文字註記されるのが特徴だが、所により文字がなく杉木立だけを描いている所もある。雄勝郡では、やや大き目に描かれた「杉ノ宮」の村形に付く形ではっきりと杉木立が描写されている。註記はないが、これは杉宮村の三輪神社だろう。そして、下絵図には「杉宮権現」の註記とともに赤い社殿が二棟、明瞭に絵画表現されている。一方、古銀山は野書絵図には文字註記されていたが、下絵図ではその註記もなくなっている[16]。

また山名は「まひるヶ嶽」など文字で註記される山がある半面、多くは単に「野山」と記されるだけだった。そして、雄物川を指して「於毛の川」とはあるが、米代川も野城川もその名は確認できず、八郎潟の名もない。一方、田沢湖には湖面と同じ青色に塗った紙が貼られ、そこに「田沢水海」と記してある。これらはみな国絵図を仕立てることを念頭に置いた現地調査の成果だった。そしてこれらに加え、「湯沢町」や「横手町前郷」、あるいは「角館侍町」といった町付の問題など、図中に書き込まれた文字情報の一つひとつには重要な意味がある。そうした諸々の文字情報についての詳しい分析は後日を期し、ここではまず郡界について考えておきたい。

野書絵図は郡界を黄線で描き、そこに「此黄筋より西ハ豊嶋郡」などと書いた小さく細長い短冊型の紙片を貼り付けている。この黄線は一部かすれていたり、また黄色ということもあって山間部では見えにくい所もあるが、注意して見ると間違いなく原図作成時に描き込まれたものと判断される。野書絵図には郡名の書き込みが一切なく、「此黄筋より」云々の紙片は絵図を仕立てた後に貼り付けられたように見える。絵図を作った当事者であれば、たとえ仕立てた後であっても図中に書き込めば済んだはずである。これはそうではなくて、絵図作成者以外の人間が、図中に郡名の書き込みがないことを確認し、黄色い線の意味は何かと考え、考証した結果、それを貼紙にして註記したのではないか、そう考えられる。

紙片の全面をのり貼りしたのか、上部の一部だけのり付けしたのか写真版では判定できない。ただ、右に例示した「豊嶋郡」の郡界を示す紙片が、本来の「黄筋」の線とは関係ない仙北郡南楢岡村の西方、雄物川左岸の山間部に貼り付けられているところを見ると、これは一度はがれ落ちた紙片が内容をよく確認されないまま誤った所に再度貼り付けられた、と考えざるを得ない。したがって、これら郡界を註記した紙片はその上部のみをのり付けした可能性が高く、残された現状の貼紙がそのすべてであったかどうかも確定できない。秋田郡の郡界線を註記する貼紙は見えないが、それが最初からなかったのか、あるいは後にはげ落ち紛失したのかはわからない。

ただし、いま残る貼紙を確認すると、右にあげた「豊嶋郡」や「平苅郡」などとあって、その呼称、表記法から考えて、それは正保国絵図が作られた時期のものと見られる。おそらく野書絵図を作成した以外の人間が、成立からそう遠くない時期に補足としてこの紙片を貼り付けた、と考えてよいのではないだろうか。筆者は、平鹿郡と仙北郡の郡界に関し、元和検地から正保国絵図に至るある段階で郡境が変更されたのではないか、そう疑っている。しかし、いまそれを論じる余裕はない。ここでは、野書絵図の郡界線と郡名呼称が下絵図に踏襲された点をまず確認しておきたい。

秋田藩の領知高を考える上で重要なのは、後に河辺郡と改められる当時の「豊嶋郡」が、雄物川をまたいだ左岸の「由利領」にまで一部食い込んでいる地域をどう理解するか、その点にある。それは、現在の秋田市雄和女米木村付近から下流の地域だった。そしてそのすぐ上流部、新波村から内陸に接続するエリアで、大沢郷の西奥、仙北郡と由利領が境を接する境界部についても同様で、この境界部の帰属が重要な検討対象となる。そこが由利領で岩城氏亀田藩の領分なのか、あるいは生駒氏矢島藩の飛地領なのか、それとも佐竹氏秋田藩の支配地だったのか、という点である。この問題の発端が、元和八(一六二二)年、山形藩最上氏の改易にあることは言うまでもない。それにより秋田藩は由利領北端の百三段地区を村替方式によって自藩領に編入した一方で、同時に幕府罪人本多正純・正勝父子を預けられ、その扶持料一〇〇〇石が仙北郡大沢郷に設定されたのだった。その二五年後、秋田藩が正保国絵図と郷帳を作ったとき、本来、由利郡に所属する百三段地区をどう扱い、複雑に入り組む大沢郷をどのように処理したのか、それの解明が重要な課題となる。

国絵図作成のとき、秋田藩の家老は須田伯耆盛久・梅津半右衛門忠国・佐藤源右衛門光信の三名だった。佐藤光信は元和八年、最上氏改易のとき、梅津政景とともに山形から本荘に出張し、幕府上使衆に応対した当時の責任者だった。彼は百三段地区が秋田藩領に編入される経緯を具体的に知る人物だった。また、梅津忠国はそのときの家老梅津憲忠の子である。そして、須田盛久は横手城代で、横手に幽閉された本多父子を任され、その大沢郷に設定された彼らの厨料一〇〇〇石を実際に管理した人物で、大沢郷一〇〇〇石分のその後の変遷を掌握していたと見られる。したがって、野書絵図から下絵図が作られたとき、彼ら三家老は自らの知見に基づいてこれを点検し、誤りを正す能力を備えていたに違いない。しかし、この百三段地区の秋田領編入と、錯綜する大沢郷村々の帰属問題については、その重要性を指摘するに止め、詳しくは別稿に譲ろう。

三　野書絵図担当者

野書絵図には注目すべき書き込みがあった。それは、土崎湊の西方海上、下絵図では土崎湊から朱色の航路が七筋伸びるところに相当し、そこには野書絵図の作成に関わったと見られる五人の名前と作成時期が記されている。

秋田仙北御絵図野書
正保弐年四月十七日より七月廿一日極之
菅谷隼人
根本正右衛門
狩野造酒
上松伝五
瀬谷孫右衛門

この絵図作成に携わった者たちはこの絵図を「秋田・仙北御絵図野書」と名付けていた。ここで、野書絵図の担当者たちが「秋田・仙北」と名前に冠したのは、慶長七(一六〇二)年、徳川家康が佐竹義宣に与えた領知判物に影響を受けたからだった。そこには領知高も郡名も記されず、ただ短く「出羽国秋田・仙北両所進置候。全可有御知行候也」とあるだけだった。この「秋田・仙北両所」は、決して秋田郡と仙北郡の二郡を指すのではなく、藩領北半の秋田三郡と南半の仙北三郡という意味だった。下絵図を見れば、それは秋田・檜山・豊島の秋田三郡と、山本・平鹿・

雄勝の仙北三郡だったことがわかる。

正保元年十二月、江戸で国絵図作成の指令を受けた秋田藩は、早速国許に飛脚を送り準備に取りかからせたものと思われる。その結果、右五人の野書絵図作成班が組織され、正保二年四月十七日から七月二十一日まで、閏五月を入れた約四ヶ月の時間をかけて現地調査がおこなわれ、この野書絵図がまとめられたことがわかる。このとき、秋田藩は第二代藩主佐竹義隆の治世で、義隆は正保二年の正月を江戸で迎え、五月下旬に帰国、翌三年三月に秋田を発って四月六日には、江戸藩邸に戻っているので、日程的には秋田の国許でこの野書絵図を実際に見た可能性がある。

このあと元禄年間に、秋田藩は家臣一同に対し各家ごとの系譜を提出させているが、それによれば、狩野造酒を除く右の四名についてその系譜を確かめることができる。

菅谷貞世　隼人
初テ天英公ニ仕フ。承応三年五月二日、死ス。七十三歳。道号白巌、法名祥鷗。母同。(17)

五人の筆頭に記される菅谷隼人は実名を貞世といい、彼は天英公こと初代藩主佐竹義宣に仕え、承応三(一六五四)年、七三歳で没したと記されている。逆算すれば天正十(一五八二)年の生まれとなるが、秋田藩にとって初めて国絵図を作成する事業に携わった人物にしてはあまりに素気ない書きぶりで、記述はこれしかない。菅谷家の系譜はむしろ隼人の父経貞に多くを割いていた。

隼人は父経貞の第五子で、上の四人はみな姉でただ一人の男子だった。母は同じで、五人の母は菅谷四方助某の娘と記されている。つまり、父の経貞は下妻多賀谷氏の血脈で、永禄元(一五五八)年一六歳のとき、菅谷氏の娘婿となって菅谷家を継いだのだった。戦国の混乱期、一時下総布川の城主豊嶋氏に仕えた時期もあったが、その後、多賀谷氏に強く求められ、その臣となって戻る。そして、多賀谷氏を継いだ佐竹義重の第四子宣家が、慶長七(一六〇二)年、兄義宣に従って秋田に移ると、経貞六〇歳も二一歳の嫡子貞世を伴って宣家に扈従した。そして、義宣から檜山居住を命じられる。経貞は多賀谷宣家に仕え、寛永八(一六三一)年に八九歳で没している。系譜によれば隼人こと貞世は「初テ天英公ニ仕フ」とあり、父が仕えた多賀谷氏を離れ、佐竹義宣の直臣となったことがわかる。ただし、久保田移住の記述はなく、父と共に檜山に住したと見られ、正保二(一六四五)年の野書絵図作成のときには六四歳になっていた。
この菅谷隼人については、別に岡家の系譜から、ある興味深い記述を見出すことができる。
岡大隅忠勝第二子
忠常　勘右衛門　三郎兵衛
天正十七年己丑、常陸国ニ生、慶長七壬寅秋、遷封時、父大隅ニ従テ秋田ニ到ル。時年十四歳。後初、天英公ニ出仕、禄百石ヲ賜フ。(中略)同(寛永)六年己巳春、本藩台命ヲ蒙リ江戸神田橋石垣ヲ築ク。閏二月廿三日ヨリ御普請御取係リ御代官小場式部義成・執政梅津半右衛門憲忠・普請奉行菅谷隼人貞世・忠常其事ヲ掌ル。七月廿九日、功成テ八月八日、義成・憲忠・貞世・忠常、台府ニ拝謁シ時服白銀ヲ賜フ[18](以下略)。
これは正徳元(一七一一)年から享保の初めにかけて秋田藩の本方奉行を勤めた岡勘右衛門忠清の祖父、三郎兵衛忠常に関する系譜の一部である。忠常は慶長七年、一四歳のとき父忠勝とともに秋田に移り、元服の後、義宣に仕え、父と兄とは別に知行一〇〇石を賜って一家を興した。四一歳になった寛永六(一六二九)年、幕府より大名御手伝普請として秋田藩に江戸神田橋の石垣普請が命じられたとき、忠常はその任を託されて江戸に赴く。そのとき、工事の総体を指揮した代官は大館城代の小場義成で、家老は梅津憲忠、そして現場責任者たる普請奉行が菅谷隼人貞世だった。菅谷は岡忠常より七歳年長の四八歳で、右系譜の書きぶりからすると、忠常は菅谷隼人の配下となって隼人を助け、その補佐役を勤めたと見られる。閏二月から始まった工事は七月末には無事成功し、同年八月八日、一同は揃って三代将軍徳川家光に拝謁し、時服と白銀を賜っている。

菅谷隼人貞世はこのような功績を残しながら。菅谷家では、なぜその事績を自家の系譜に書き残さなかったのだろうか。右の事績から推測できるのは、普請奉行というその職務から考えて、菅谷は何か建設工事に長けた土木技能を身に付けていたのではないか、そう考えられる。代官小場義成の下で現場の技術責任者の役割を果たしたと見られる。そして、六四歳にして野書絵図作成担当に任じられたことを併せ考えるなら、それは測量や計測といった技能ではなかったか、そう考えられよう。

「梅津政景日記」には、この菅谷隼人が頻出する。元和四(一六一八)年二月二十三日の条に、政景は兄憲忠宛てに江戸の藩主義宣から届いた書状を見せられ、次のように記している。「伊藤外記為替、院内銀山へ菅谷隼人被遣之由」。つまり、藩主義宣は伊藤外記に代えて菅谷隼人を院内銀山へ遣すよう家老の梅津憲忠に指示したのだった。政景日記を翻刻した『大日本古記録』は、ここに頭注を掲げ、院内銀山山奉行の交代と註記している。[19] 菅谷隼人は院内銀山奉行に任じられたのである。系譜に従えば、このとき菅谷隼人は三七歳で、このあと政景日記には院内銀山に関わる記事の中で菅谷隼人が幾度となく登場する。したがって、このあと神田橋石垣工事の普請奉行に任命されたことからも、菅谷はやはり土木技能の持ち主で、野書絵図作成に当たっては測量に関わる技術が期待されたのではないだろうか。それに、常陸から移住して父と共に檜山に居住したという点からは、藩領北部に関する土地勘も期待されたことだろう。また、菅谷は担当者五名の筆頭に書き上げられており、その年齢からいって野書絵図の全体を取り仕切る役目も仰せ付かっていたのではないか、そう考えられる。

菅谷隼人の次に名を連ねる根本正右衛門の系譜にも、野書絵図に関する記述はなかった。

根本通久　長五郎　正右衛門
実ハ梅津弥生某三男也。元和七年正月二十五日、通弘嗣トナル。本采地五十石。通久ニ到テ新田五十石ヲ開発ス。寛永八年八月四日、天英公ヨリ采地都合百石ノ印書ヲ賜フ。[20]

正右衛門は幼名を長五郎といい、実は梅津弥生某の三男だった。年齢はわからないが、元和七（一六二一）年、養父根本通弘の嗣となり、その翌年、通弘が六九歳で没すると、通久はその遺跡五〇石を継承し、根本家の当主となった。通久はその後新たに新田五〇石の開発に務め、寛永八（一六三一）年、藩主佐竹義宣よりそれを加えた本知一〇〇石を安堵されている。通久の子通長も正右衛門を通称とするが、右の事跡に照らし、正保二年の野書絵図を担当したのはこの通久だったと考えられる。

その実父梅津弥生は初期の秋田藩政を指導した梅津憲忠・政景兄弟の母違いの兄だった。[21] 右に掲げた根本家の元禄の系譜書き上げでは、通称を弥生、実名は某とあってわからなくなっていたが、弥生が実名で、通称を清五郎といった。梅津弥生の遺跡は嫡子忠次が継承し、三男の正右衛門は根本家の養子となって根本家を継いだのだった。正保二年、野書絵図を作ったときの家老梅津忠国は、弥生の異母弟憲忠の次男で、長男廉忠が没したため、憲忠の遺跡三〇〇〇石を継いでいた。つまり、根本正右衛門通久は梅津半右衛門忠国の従兄弟という関係にあったのである。根本には菅谷のような技能面を想定することはできない。しかし、藩庁首脳に直結する人脈だった点が注目されよう。

続いて上松伝五に関する系譜は次の通りである。

上松広康　伝五　長左衛門
七歳ヨリ保寿院ニ仕フ。寛永八年父ト同ク秋田ニ来、延宝七年二月十五日死ス。六十六歳、法名朝法、母同。[22]

上松伝五についても野書絵図に関わる記述はない。上松家は義宣の母保寿院に仕える武士だった。寛永八（一六三一)年、保寿院が江戸に没すると、広康の父久秋は保寿院の遺骨に従い秋田に移る。それは、久秋五四歳、広康一八歳のときだった。正保二年、野書絵図作成の折には広康三二歳、父は六八歳で存命している。この系譜書きから国絵図作成に関わる情報は得られないが、寛永八年まで父子ともども江戸住居だった点が他と違っている。あえて国絵図との関連を予想するなら、出羽一国の清絵図を仕上げる作業が江戸でおこなわれることを藩は予測し、藩士の中から江戸事情に詳しい人物を選んだ、ということであろうか。

系譜がわかる残りの一人は瀬谷孫右衛門だった。

瀬谷道忠　兵太　孫右衛門
実ハ岩城但馬守宣隆君ノ家臣小高与左衛門某次男ナリ。勤仕ノ功アルニ因テ禄八十石ヲ加賜フ。[23]

道忠の養父瀬谷道茂は「慶長七年、天英公羽州遷封ノ時、常州ヨリ来、采地四十石ヲ賜フ」と記されるばかりで、生没年もわからない。道忠はその養子となったのだが、その道忠にも男子がなく、彼の養嗣子となって瀬谷家を継いだ道休もまた孫右衛門を通称とした。しかし、道休は元禄四(一六九一)年の没年なので、正保年間に瀬谷家の当主だった孫右衛門は右の道忠だったと見られる。すると道忠は秋田藩士の生まれではなかった。父小高与左衛門某は岩城宣隆に仕える亀田藩士で、道忠はその次男にして秋田藩士瀬谷道茂の養嗣子となって瀬谷家を継承したのだった。何歳で道茂の養嗣子となったかはわからない。しかし、実父は紛れもなく亀田藩士で、国絵図を作成するとき、由利領の情報を得るのに有効と秋田藩は考えたのではないだろうか。

以上、秋田藩元禄の系譜書き上げにその名が見える四名について確認した。しかしながら、野書絵図に名が記される狩野造酒についてはその系譜を確認することができない。幕末の弘化二(一八四五)年「江戸定居御絵師、狩野秀元」は、実名を貞信といい秋田藩に系譜を提出している。[24]それによれば、貞信の父求信秀水が文化二(一八〇五)年、九代藩主佐竹義和より「一代御絵師」に召し抱えられたのが、秋田藩狩野家の始まりだった。秋田藩元禄の系譜書き上げに狩野氏の名は見えず、正保二年野書絵図にその名が見える狩野造酒はこのとき正規の秋田藩士ではなかった可能性がある。

しかしここで、美術史上、秋田狩野派の系譜をたどるなら、『秋田市史』はその祖に当たる人物として狩野定信を取り上げ、次のように記している[(25)]。すなわち、「狩野定信は、慶安・承応(一六四八―五四)のころ、秋田藩の家老梅津梅巌の推挙によって秋田藩の御用絵師となり、二百石の禄を食み、藩における狩野派の創始者となった」という。そしてまた、「京都に生まれた定信は、造酒定信と称し、京狩野派の絵師と伝えられる」とも記し、この狩野定信が中心となって描いたのが正保国絵図の控図「出羽一国御絵図」だという。だが、『秋田市史』が記すこれらの事跡には、その根拠が示されていない。清絵図控に絵師の名前は記されておらず、また彼に知行二〇〇石が支給されたという裏付けもない。秋田藩家臣団にとって二〇〇石の禄高は決して少ない高ではなかった。絵師の召し抱えに一騎家格の一五〇石を超える禄高を以てしたとすれば、それは破格の待遇だったといわざるを得ない。いまのところ、狩野造酒定信に関し、以上の叙述を他の史料によって確認することはできないのが実情である。

しかし、『同市史』は、次の二点から狩野造酒定信の秋田での活躍を証明していた。それは、秋田市の應供寺と萬雄寺に所蔵される二つの「涅槃図」である。両図とも「藤原狩野造酒亮定信筆」と落款があり、狩野造酒定信の作であることが確実だという。またそこには、年記もあって、應供寺本が承応二(一六五三)年三月十日、萬雄寺本が同年七月十一日と記されている。さらには、應供寺「涅槃図」の裏面に貼り付けられた寄進状に次の二行を確かめることができる。

功徳主　梅津半右衛門忠国

筆頭　狩野造酒亮定信
これにより、ときの家老梅津忠国が狩野造酒定信にこの涅槃図を描かせ、同寺に寄進したことは間違いない。この両涅槃図は、ともに秋田市有形文化財の指定を受けている。そしてもう一点、狩野定信の筆と伝えられるものに秋田県立博物館所蔵の「男鹿図屏風」がある。(26)これは秋田県指定の有形文化財で、狩野派の筆法で統一された没個性的表現ながら、男鹿半島南岸の入り組んだ海岸線や奇岩怪岩と数多くの社寺が忠実に描かれ、真景名所絵図的要素を含んでいるという。これを知れば、野書絵図が絵地図の目的で作成されながら、唯一男鹿半島には複雑な海岸線に大小の島々や五社堂などいくつもの宗教施設が絵画表現を以て描写されていたことに合点がいく。おそらく、藩の野書絵図作成班に絵師として雇用された狩野造酒定信は、正保二年夏、領内村々の現地調査に同行し、男鹿の加茂青砂から乗船し、その絶景に絵師としての心が揺さぶられたのだろう。それが絵地図の中に絵画表現となって現れ、後に「男鹿図屏風」を描く主要なモチーフとなった、そう考えられる。
狩野造酒定信は、秋田藩が国絵図作成のため雇用した狩野派の絵師だった。その人選に要した時間と冬季の積雪を考えれば、彼は雪の消えかかる正保二年春、秋田に来たと思われる。そして狩野は、絵図作成に関わる基本事項を菅谷ら秋田藩士と打合せ、いよいよ四月十七日、調査の第一歩を踏み出したのだった。
以上により、秋田藩が正保国絵図を作成したとき、その当初より狩野派の専門絵師を招き、領内村々の現地調査の段階から携わらせていたことが明らかとなった。一番最初のデッサン図の野書絵図Aから、下絵図Eへ、そして清絵図控Gに至るまで、一貫して狩野造酒定信に描かせていたのである。そしてそのAからEの作業は、川村氏が指摘するように国許でおこなわれたと見てよいだろう。すると、前に確認した「芦倉」村のように野書絵図Aにあって、下絵図Eに描かれない村など、絵図相互の違いを読み解き、その意味を考えることが次の課題となる。また、造酒が京狩野派だとするなら、秋田藩は何故に江戸狩野ではなく京から絵師を招いたのか。そこに藩政史上の意味があるのかないのか、その辺の考察も必要だろう。

四　寛永十年、巡検使へ藩領絵図の提出

実は、正保二年の野書絵図に先立つ一二年以前、秋田藩はすでに藩領絵図を作っており、幕府から派遣される巡検使にそれを提出していたと見られる。それを断言できないのは、その絵図の現物はもちろん、写しも現存せず、書き残された文書でしか推測できないからである。『佐竹家譜』は二代藩主佐竹義隆の寛永十（一六三三）年正月二十八日の条に、次のように記している。

脚力を秋田に遣して、秋田・仙北六郡の地図を催す(諸国巡検使封内の地図を請ふ。仍て宍戸左門家治、命を奉じて、書を梅津政景に寄す。二月八日秋田到着。九日絵図を東都に遣す)。[27]

これの一つ前の条文は、「二十五日(亥刻)義宣(従四位上行左近衛権中将、兼右京大夫)東都神田の邸に薨ず(年六十四)」とあって、秋田藩初代藩主佐竹義宣の死去を報じるものだった。そのため、義宣家譜も義隆家譜も、このあと秋田の天徳寺で執行された義宣の葬儀に関わる記述が大半を占め、この年、四月か五月に秋田藩領を訪れたであろう幕府巡検使に関する記述は見られない。右によれば、二代藩主となる佐竹義隆はこのとき江戸藩邸にあって、国許に飛脚を遣し、「秋田・仙北六郡の地図」を催促したとある。そしてその補足によれば、これは諸国巡検使が秋田藩に提供を求めたものだという。そこで義隆の命を受けた宍戸左門が絵図を作るよう梅津政景に宛てて書を認め、その飛脚が二月八日、秋田に到着した。そしてその翌九日には早くも、政景は江戸に向けてその絵図を送り出した、と『佐竹家

譜』の編者は説明を加えている。指令を受けたその翌日、即座に応対しているので、政景はあらかじめ領国絵図を所持していたと見られる。そこでこの点を、政景日記から詳しく見てみよう。

幕府巡検使の秋田下向については、この年の正月四日、前年の十二月十八日付江戸からの手紙で政景は知らされていた。そこには、「春中御国見之衆御下、弥々御儀定ニ候間、御宿之拵可申付由」と義宣の指示が記されていた。(28)寛永九(一六三二)年正月、大御所徳川秀忠が没し、三代将軍徳川家光はその政権運営を確実なものとするため「御国見之衆」の全国派遣を検討する。それは、徳川幕府にとって初めての巡検使だった。江戸にあってその計画を耳にした義宣は、幕府が巡検使派遣を正式に表明する寛永十年正月以前、いよいよ幕府がその方針を固めたらしいと確信し、巡検使の宿所を設営する準備を始めるよう第一報を国許に指示したのだった。指令を受けた翌正月五日、政景の対応は素早かった。大森・西馬音内・田子内・戸嶋・釈迦内の領内五ヶ所に宿所を定め、それぞれの普請奉行を決め準備に取りかからせている。

だがそれから、いくつももたらされる江戸からの知らせは、「大殿様御気色不審」と、義宣の体調不良を訴えるものがほとんどとなる。そしてまた、この正月は政景自身も「中気」を患い苦しんでいた。そのような中、正月二十八日、政景のもとに二十一日付の知らせが届き、義宣の容態はいよいよ悪く、政景に宛てた義宣の遺言が伝えられる。そして、そこには義宣の命を受けた宍戸左門・岡半丞両名からの書状も添えられていた。政景はそれを「御国廻之衆御馳走之儀、岡半丞・宍戸左門状ニて従大殿様被仰下候」と記している。つまり、義宣は悪化する病状の中で遺言を残し、巡検使への対応を案じ饗応に手抜かりないよう国許に伝えよ、と岡・宍戸の両名に申し付けたのだった。政景日記によれば、これが義宣存生中最後の指令となった。四日後の正月二十五日、義宣は亡くなり、その知らせが二月三日、政景のもとに届く。

そして二月八日、政景は日記に次の通り記している。
一、同去月廿八日戌ノ刻の一《(マヽ)》日付ニて、宍戸左門書状有。御用ハ、秋田・仙北の絵図、御国廻之衆御覧有度由、
御断ニ候間、差上候へと、御意之由。

義宣が亡くなった三日後の日付で宍戸からの手紙が届いたのだった。そこで政景に指令された御用は何かというと、幕府巡検使から「秋田・仙北の絵図」を見たいという申し出があったので、それを江戸に送って寄こせ、というものだった。義宣はすでに亡くなっていたが、宍戸はこれは義宣の「御意」であると記していた。義宣は薄れゆく意識の中で巡検使への馳走だけでなく、この絵図調進のことも宍戸らに指示していたのだった。『大日本古記録』の考証に従えば、このとき宍戸と岡の両名は秋田藩江戸邸で義宣の御膳番だった。そして、翌二月九日、「一、秋田・仙北之絵図、御小人の者両人申付、未ノ刻差上候」と政景は日記を認め、「秋田・仙北之絵図」を藩の小人二名に持たせ江戸に走らせたのだった。

以上により、『佐竹家譜』が「脚力を秋田に遣して、秋田・仙北六郡の地図を催す」という寛永十年正月二十八日の条を、佐竹義隆の家譜に書き上げた理由がわかるだろう。宍戸左門が政景に絵図の提供を求める書を認めたのは義宣没後の正月二十八日だった。それは間違いなく義宣の遺命だったが、そのとき義宣はすでに没して亡かった。「宍戸左門家治、命を奉じて、書を梅津政景に寄す」とあるのは、宍戸が若殿様義隆の命を奉じたのではなく、大殿様義宣の命に従って政景に書を送った、という意味だったのである。ただしそれは、義宣死去の三日後に出された指令だったから、『佐竹家譜』はこれを義宣ではなく義隆の家譜に記したのだった。

川村博忠氏は、『上杉家御年譜』寛永十（一六三三）年四月二十一日の条から、幕府巡検使分部寿政・大河内貞綱・松田勝政の三名が米沢を訪れたが、それに先立つ同年正月、三使は米沢藩に領国絵図の提出を求めており、米沢藩は

これに応じて分部寿政に藩領絵図を提出したことを紹介されている。(29) 分部ら幕府巡検使衆はこの米沢藩のあと同じ出羽国の秋田藩領を巡検したものと思われるが、巡検に先立ちやはり秋田藩にも藩領絵図の提出を求めていたのだった。政景が江戸藩邸に送り届けた「秋田・仙北之絵図」はどのような絵図基準で作られていたのか、その詳細はわからない。しかし、秋田藩惣山奉行として秋田藩の鉱山行政を総括した政景であれば、その手許に藩領絵図があって不思議はなかった。むしろ、領国の鉱山行政を推し進める上で、藩領の交通や地理に関する情報がまとめられていなければ支障を来たしたに違いない。だからこそ、江戸から提供を求められたその翌日にはすぐにその絵図を差し出すことができたのだろう。米沢藩では、二月に提出した後にもう一度、縮小図の再提出が求められている。それは最初の絵図は図幅が大き過ぎて実用に供しにくかったためではないか、と川村氏は推測されている。政景が江戸に送った絵図は、実際の巡検に供されたのだろうか。

政景はこの年三月十日に亡くなるが、その四日前、同六日まで日記を書き続けていた。その最後の記述は、巡検使の饗応に用いるお茶とそれを容れる「夏目(棗)」が江戸から届いたと記し、続けて、主君義宣から存命中に巡検使へ「南部諸白」を馳走するよう申し付けられていたが、それがまだ届いていないので、その点を江戸に伝えるよう指示した、という内容だった。政景も最後まで巡検使対応に気を遣っていたことがわかる。奈良の僧坊酒で巡検使一行をもてなそうとしたのだった。二月九日、秋田を出た「秋田・仙北之絵図」が江戸藩邸から巡検使のもとに届けられ、即座に点検を受け、米沢藩領絵図のように仮に不都合があって再提出を求められたなら、その知らせは、時間的にみて政景日記の最終日、三月六日までには間に合っただろう。だが、その記述を政景日記に見出すことはできない。また、二月九日、政景が絵図を送り出したとき、その控図は作られなかったのか、あるいはもともと複数あった中の一枚を差し出したのか、詳細はわからない。そしていま、政景時代の藩領絵図は秋田に一敷も残されていない。

正保国絵図を作る準備作業として、正保二年四月から閏五月を入れて約四ヶ月の時間をかけ、秋田藩が野書絵図を作ったとき、秋田藩には、梅津政景が寛永十年に幕府巡検使に提供したのと同じレベルの藩領絵図が存在したのではないか。それが具体的にどういうものだったかはわからない。しかし、何かしらの領国絵図があったと考えるのが自然だろう。その絵図基準は不明ながら、正保国絵図以前に領国絵図を作る経験自体は秋田藩にあった、そう考えたい。それを基礎として現地を再調査し、一里六寸の縮尺をはじめとして幕府が定めた絵図基準に従ってこの麁絵図が作られた。そうでなければ、わずか四ヶ月ほどの短期間に広大な秋田藩領の野書絵図を仕上げるのは不可能だったに違いない。ただし、秋田藩が幕府指定の国絵図基準で藩領絵図を作ったのは、紛れもなくこれが初めてのことだった。

おわりに

以上の検討を整理し、むすびとしたい。出羽国絵図の絵図元に任じられた秋田藩は、その第一歩として、正保二年四月十七日から、約四ヶ月の時間をかけ、「秋田・仙北御絵図野書」を作成した。それは、デッサンの麁絵図ながら幕府が指定する絵図基準に基づいて作られた領国絵図の原図だった。その作成には、菅谷隼人ら四名の秋田藩士と狩野派の専門絵師狩野造酒定信が選ばれ、領内村々の現地調査がおこなわれた。彼らは現地の住民から村名を聞き取り、その里程を調べ、古城・古社・古銀山なども確認して野書絵図を仕上げた。それを基に下絵図を作る過程で、おそらく慶長・元和の検地帳データや藩が把握する諸々の資料と突き合わせ、村名や村の位置を確定し、古社名を書き込み、古銀山は載せない、などの判断が下された。絵師狩野定信は、領内の現地調査段階から携わり、下絵図・清絵図・清絵図控に至るまで一貫して国絵図の作成を担当した。男鹿半島の景勝と幾多の宗教施設が野書絵図の段階から清絵図控に至るまで色彩豊かに絵画表現されているのは、他国の国絵図と比較して際立つ特徴だったが、それは後に「男鹿図屏風」の作品となって実を結んだ。これまで秋田市や秋田県の指定を受けた文化財が狩野造酒定信の作であることは、伝聞を含め知られていた。しかし、本稿により定信の活動が確実となった。何よりも正保国絵図の作成を機に、その専門絵師として秋田藩に招かれたことが明らかとなった。この意義は小さくないだろう。
野書調査隊の一行は、慶長・元和の検地帳データは携えていなかったと見られる。しかしその反面、寛永十(一六三三)年、幕府巡検使の下向に際し、家老梅津政景は領国絵図を巡検使に提供しており、おそらくそれと同程度の領国絵図は秋田藩にあったのではないか、そう考えられる。だからこそわずか四ヶ月という短い期間に、この広大な秋田領の絵図を取りまとめることができたのだろう。寛永十年、秋田藩が幕府巡検使に領国絵図を提出した事実は、研究史上、これまで知られていなかった。本稿により、そこに光を当てることができた。しかもそれは、佐竹義宣が遺命として提供を指示したものであり、義宣没後、家老梅津政景が死の直前にその指令に応えたものだった。

註

(1) 本稿では、国絵図に関する基本的な事項は、川村博忠『江戸幕府撰国絵図の研究』(古今書院、一九八九年)による。また、徳川家光の国絵図作成命令については、「大猷院殿御実紀　巻五十九」(『徳川実紀　第三編』吉川弘文館)正保元年十二月二日の条に「二日、大目付井上筑後守政重・宮城越前守和甫に面命あり」とある。
(2) 拙稿「秋田藩、宝永八年郷村高辻帳と正保郷帳」(『秋田大学教育文化学部研究紀要　人文・社会科学部門』第六九集、二〇一四年三月)にて、千秋文庫所蔵「出羽国知行高目録　上中下」が出羽国正保郷帳の写であることを明らかにした。
(3) 川村博忠「元禄国絵図事業における道程書上とその徴収目的」(『歴史地理学』通巻二四一号、二〇〇八年九月)によれば、幕府は元禄国絵図を徴収した直後の元禄十五年二月、日本総図の編集を目的にして絵図元大名に対して道程書上を作成し提出するよう命じている。なお、正保道帳の秋田藩領分の写が「出羽国秋田仙乏大道小道并船路之帳」として千秋文庫に所蔵されている(二十二ノ四)。
(4)『角川日本地名大辞典　5　秋田県』(角川書店、一九八〇年)。
(5)前掲註(2)の拙稿参照。
(6)『絵図目録』(秋田県公文書館、一九九九年)1秋田県全域・藩政期の三七「出羽六郡野書絵図」、旧県庁目録のC―一五一。秋田県は「出羽六郡野書絵図」を二〇一四年三月刊『秋田県公文書館所蔵絵図図録』に初めて収録した。
(7)前掲註(2)に同じ。
(8)『絵図目録』(秋田県公文書館、一九九九年)1秋田県全域・藩政期の二六「出羽一国御絵図」、旧県庁目録の県C―六〇三。この『絵図目録』が記す絵図サイズは、表装した状態を計測したと見られるため、本稿では、後掲註(11)の『国絵図の世界』によりその大きさを表示する。
(9)秋田県公文書館所蔵「御代々被指上候郷村帳郷帳御未書写」(県A―三五)に正保出羽国絵図の絵図目録部分が筆録されている。これについては、拙稿「貞享元年、秋田藩三〇万石昇格運動と郷村高辻帳」(『秋大史学』五九号、二〇一三年三月)参照。
(10)『絵図目録』(秋田県公文書館、一九九九年)1秋田県全域・藩政期の三二「六郡絵図」、旧県庁目録の県C―一四五。
(11)国絵図研究会編『国絵図の世界』(柏書房、二〇〇五年)。
(12)これは、文部科学省科学研究費・基盤研究(C)「画像処理による出羽国絵図の研究」(研究代表者・小野寺淳、一九九七～一九九八年度)に共同研究者として参加した成果である。
(13)元禄の秋田藩領国絵図は、『絵図目録』(秋田県公文書館、一九九九年)1秋田県全域・藩政期の二五「出羽七郡絵図」、旧県庁目録の県C―六〇二。
(14)秋田県公文書館所蔵「雑録　三」(県A―一〇三―三)に「宝永八年、郷村高辻帳」の写が収録されている。
(15)秋田藩は正保二(一六四五)年より検地を開始し、慶安元(一六四八)年までこれを継続している。この秋田藩第二次総検地については別稿を予定。
(16)たとえば、『大日本古記録　梅津政景日記　五』(東京大学史料編纂所、岩波書店、一九八四年)によれば、寛永元(一六二四)年七月四日の条に、荒川銀山で「上野様御米」、つまり幕府罪人で秋田藩に預けられた本多正純の扶持料から一五二石三斗二升四合を受け取った旨が記されている。ところが、政景の時代に繁栄したこの荒川銀山は、正保期には既に衰退したと見られ、野書絵図では仙北郡荒川村の村形の北隣に「古銀山」と記し、その反対側の南隣には「古畑山銀山」とあって、かつて銀山があった様子を伝えている。しかし、これらが下絵図には表記されることはなかった。
(17) 秋田県公文書館所蔵「諸士系図」(県A二八八・二―五九〇―二五)。
(18) 秋田県公文書館所蔵「諸士系図」(県A二八八・二―一二三)。
(19) 『大日本古記録　梅津政景日記　三』の一六二頁。『同日記　九』の索引によれば、菅谷隼人の実名を元世としている。しかし、元禄の系譜書き上げでは、当時、秋田藩に菅谷家は二家あって、そこに隼人を通称とする人物は一人しかおらず、その実名は貞世だった。この点、疑問は残るが、ここでは元禄系譜に見える菅谷隼人は政景日記に登場する菅谷隼人その人で、彼が野書絵図を担当したと考えたい。
(20) 秋田県公文書館所蔵「諸士系図」(県A二八八・二―五九〇―一〇)。
(21) 『大日本古記録　梅津政景日記　九』の系図による。
(22) 秋田県公文書館所蔵「諸士系図」(県A二八八・二―五九〇―一二)。
(23) 秋田県公文書館所蔵「諸士系図」(県A二八八・二―五九〇―二四)。
(24) 秋田県公文書館所蔵「諸士系図」(県A二八八・二―一七八)。
(25) 『秋田市史　第十五巻　美術・工芸編』(秋田市、二〇〇〇年三月)。
(26) 両「涅槃図」は秋田市有形文化財(絵画)で一九七〇年、「男鹿図屏風」は秋田県有形文化財(歴史資料)で一九九一年の指定。なお、「出羽一国御絵図」は秋田県有形文化財(書跡・古文書等)で一九五二年に指定を受けている。
(27) 『佐竹家譜　中』(校訂原武男、東洋書院、一九八五年)五四五頁。
(28) 『大日本古記録　梅津政景日記　九』の一八頁。
(29) 前掲註(1)の川村博忠『江戸幕府撰国絵図の研究』九〇頁。

秋田藩重臣岡本家の家計

新堀 道生

はじめに

新見吉治氏は旗本の経済生活について、「太平が続き、奢侈のため消費がかさみ、百姓から年貢の先納・前借をして、日々を送らねばならない。武士は食わねど高楊枝の諺を生ずるに至った」と述べている(1)。近世の武士は、都市で消費生活を送り、米価が相対的に低下していくなかで、しだいに窮迫に傾いたというのが通説的理解であろう。萩藩が元禄八(一六九五)年に藩士の家計収支を試算した史料では、藩士はみな年収の二倍近くの借銀を負っているものと想定されていた(2)。旗本に限らず、武士の窮乏化は諸藩に広くみられる現象である。

収支の均衡が破れる原因は、どこにあったのだろうか。当時の倹約令は常套句として、奢侈のために窮迫すると述べているが、小身から大身まで、大きな差があった武士の生活一般を、ひと口に奢侈といって片付けることはできない。

磯田道史氏は、金沢藩士の家計史料を詳細に分析し、武士の家計は浪費をとめられない構造になっていたと説く。

略系図

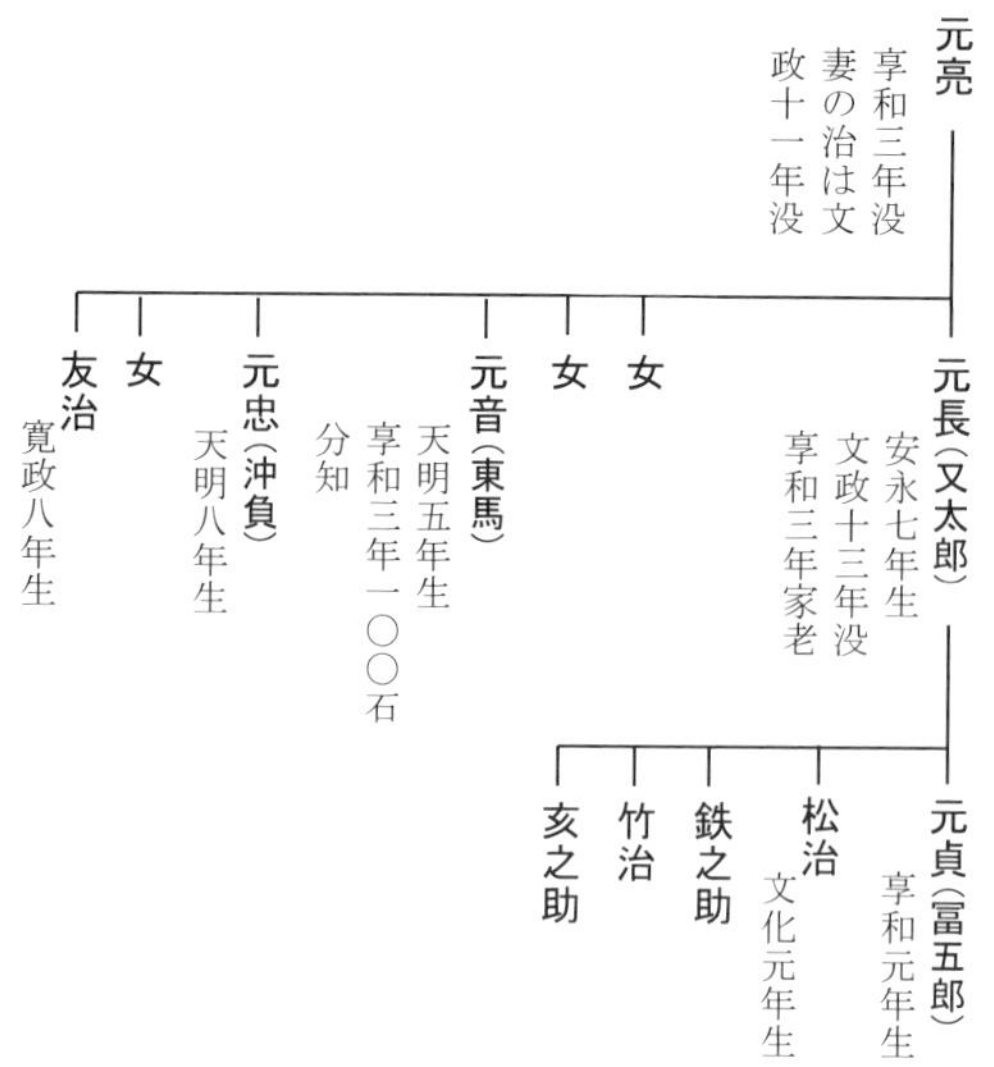

典拠：渡邉喜一編『新編佐竹氏一門系図』(東洋書院、2004年)、則道『秋田武鑑』(無明舎出版、2005年)

すなわち、武士は武士身分としての家を維持するため、分限に応じた数の奉公人を抱え、交際や儀礼に相応の費用をかける必要があった。これを磯田氏は「身分費用」と呼び、武士の家計を圧迫する要因になったとしている(3)。武士特有の支出構造に着目した見解であり、興味深い。

もっとも、武士の家禄は千差万別であるから、何が家計の重圧となるか、階層によって事情は異なるであろう。たとえば仙台藩では、寛政九(一七九七)年、二〇〇〇人余りの藩士が藩政批判の書に連署し、家族の扶養すらままならない窮状を藩に訴えた。しかし、J・F・モリス氏によれば、それは「軽キ者」と呼ばれる藩士の境遇であり、同時期の一五〇石取りの藩士玉虫家では、家計に切迫した様子はみられないという(4)。基礎的な生活費の工面に窮する階層もあれば、そうでない階層もあったのである。

本稿では、武士の階層差を視野に入れて、家計の構造を考察してみる。事例として約一六〇〇石の知行をもつ秋田藩士岡本家の家計を取り上げ、一〇〇石以下の藩士のそれと比較する。個々の家計のありさまは、もとより多様に違いないが、そこに階層による差、傾向のようなものを見いだせないであろうか。

一　史料の概要

以下で主に取り上げる史料は、秋田藩士岡本家が文化四(一八〇七)年に作成した収支見積帳である。(5)表紙に「文化四年丁卯十一月　御財用諸向御仕切村分御積帳」と記している。以下単に見積帳と呼ぶことにする。本稿の後段にその全文を活字化して掲げた。二六丁の竪帳に、一年分の収支の見積を記している。実際の収支の記録ではなく、あくまで見積であるが、その分かえって収支の計画や方針が明瞭にうかがえる史料である。

見積帳の末尾は、「前件之通、此度御改格、諸向御仕切御財用之御基本被定置候間、右御仕□(破損、法カ)を以、御基本相立候様ニ可仕候、以上」と結ばれている。「御改格」とは、先格を改め、つまりは従来の歳出のあり方を見直し、縮減したのであろう。「御基本」などと敬意表現があるので、見積帳の書き手は岡本家の家臣とみられる。(6)また、一年分の収支見積ではあるが、右の結語は基本を定め置くと述べており、見積帳では将来にむけての積立金の計画なども記しているから、一年限りの予算というよりは、当面の基本計画を意図して作成されたものであろう。

岡本家は近世に五人の家老を輩出した重臣クラスの家で、家格は引渡《ひきわたし》と呼ばれる藩主の一門につぐ位置にある。知行高は十八世紀半ばには一三〇〇石を前後し、何度か加増を受けて、文化二年七月時点で一六六二石余に達している。(7)秋田藩で一〇〇〇石以上の藩士は、嘉永元(一八四八)年の分限帳によれば、一九五五人の知行取のうち二三人に過ず、(8)岡本家は知行高でも藩士の最上層に位置している。

見積帳作成時の当主、又太郎元長は、安永七(一七七八)年に生まれ、文政十三(一八三〇)年に没し、享和三(一八〇三)年から文政三年まで家老をつとめた。文化二年に隣藩亀田藩との藩境争論の解決に従事し、その功を賞して脇差と銀二〇枚を与えられた。文化元年には藩主の参勤に随行、同四年四月には藩主帰国の御礼言上のため江戸に登り、七月に江戸城に登城、そのまま翌年四月まで江戸にあった[9]。したがって見積帳は当主の在江戸中の作成である。なお、文化四年にはロシア船のエトロフ島来襲をうけて、秋田藩は幕府の要請により五月から八月まで箱館に軍勢を派遣したが、元長は江戸におり参陣していない。

なぜ文化四年に見積帳を作成したのか。当時の状況から、江戸出張や父の葬儀など、出費増の原因となりうる事実は見受けられるが、見積帳には作成の動機をはっきり説明した記述はない。いずれにせよ見積帳の作成を迫られるほど、家計に問題のあったことは確かである。

二　岡本家の家計

(一)全体の構造

表1は見積帳の構成を記載の順序に沿って示したものである。全体はA～Kの各項目に分けて記されている。表では内容をかいつまんで項目名を付した。この見積帳では、いわば財源として、各項目に表のごとく知行高を配当している。そこから収入として年貢米と小役銀(夫役等を代銀納化したもの)を算出し、ついで支出としてさまざまな使途の支出を掲げるという構成になっている[10]。支出のなかで家族への配分、年中行事費用は大雑把な概算であり、その他の給与等の支払や燃料費は細かな積算がなされている。

知行高の総計は一五七三石余であるが、うち六割は指上高(知行借上)として、その年貢米が藩に納められるため、実収は大きく下ることになる。収入としては知行高が計上されるのみで、新たな借金などは予定されていない。

大まかにいってA～Fは家族への配分高で、G～Kは家全体に関わる支出である。しかし、J・Kには家族の召料という家族配分高とみなすべき支出が含まれ、家中給与と寺社給付米など多様な使途を含んでおり、このままでは支出の構造をとらえにくい。
表2は、そうした記述の混雑を整理し、支出の内容別に再構成したものである。表では比較の便のため、銀に換算した額を示した。また、史料中では藩への指上高を控除して収入を計上しているが、他家との比較の便のため、指上高を支出として掲げた。よって表の支出総額は、本来の知行高一五七三石余からの収入総額と等しい。

【表1】見積帳の構成

項目	知行高（石） （　）内は指上高
A 隠居	55.0（33.0）
B 友治	27.0（16.2）
C 沖負	27.0（16.2）
D 東馬	100.0（63.0）
E 又太郎	82.5（49.4）
F 奥方・子息	133.5（80.1）
G 年中行事	101.7（61.0）
H 作事	72.7（43.6）
I 厩入用	31.1（18.7）
J 家中給与・寺社給付米・家族召料他	607.3（364.4）
K 借入返済銀・備銭	335.8（201.5）
計	1,573.6（947.1）

【表2】支出の見積

		銀換算(匁)	%
①	家族配分高	5,940	17
	隠居　721匁		
	友治　410匁		
	沖負　410匁		
	東馬　1230匁		
	又太郎　1227匁		
	奥方・子息　1941匁		
②	家中給与	4,151	12
③	年中行事	1,300	4
④	営繕費（本屋・蔵・長屋）	886	3
⑤	厩入用	380	1
⑥	寺社給付米	248	1
⑦	薪炭・油	524	1
⑧	備銭（不時・当用）	2,303	7
⑨	軍用備銭上納	728	2
⑩	借入返済銀	2,262	7
⑪	引米（毛引・村々祭礼等）	894	3
⑫	指上高	14,963	43
	計	34,579	100

※表1のA～Kを再構成した。銀換算欄は見積帳の記載にみえる換算率（知行高×0.592×1.1＝年貢米（軽升）軽升3斗＝銭750文　銭103文＝文銀1匁)により算出。

これによると、藩への指上高⑫が四三パーセントを占め、最大の支出となっている。[11]もっとも、秋田藩では十八世紀前半から五割ないし六割の指上率が常態化していたから、[12]それに順応した生活を築いていたであろう。指上高以外の実質的な支出では、家族への配分①、家中の給与②が大きな割合を占めている。借金も残っているが、臨時の出費に備えた予備費⑧も確保できており、概して余裕のある暮らしぶりを示している。

なお、⑨の軍用備銭は、「上納」すると記されており、藩へ預託したものと推測される。[13]

(二)家中給与

以下では岡本家の家計がどのような課題を抱えていたかを考えるため、支出のなかで大きな比重を占める三つの項目、すなわち表2の②家中給与、⑧備銭、①家族配分高についてみる。この三項目で支出全体の三六パーセント、指上高を除く支出の六割を占めている。

家中給与は支出全体の一二パーセントを占める。これが多額にのぼる原因は、結論からいえば、まず人数が多く、かつ家中が階層構造を伴っており、高給の者を含んでいるためである。

見積帳によると、岡本家は一一人の「侍」(譜代　二人半～五人扶持＋給銀五五匁)、その子息とみられる三人の「部屋住」(二人扶持)、三人の「歩行」(給銀五五匁)、一人の「一季歩行」、少なくとも八人の「中間」、一人の厩番を抱えていた。

右の男性の家中のほか、家族配分高の記載のなかに隠居の女中、友治の乳母、又太郎の乳母、於金・富五郎・松治・鉄蔵の乳母、奥方・於金の女中がみえる。その総人数は記されていないが、少なくとも八人の女中・乳母がいた。三〇歳の又太郎に乳母がいるのは、幼少時の乳母が身のまわりの世話をする者として継続して雇用されたのであろうか。彼女は「嘉右衛門妻」と記されており、家中の侍の福原嘉右衛門の妻とみられる。

以上、男女あわせて少なくとも三五人が抱えられていた。他の藩士の例をみれば、明治初期に秋田藩士の抱える家中について調査した史料によれば、部屋住を除く岡本家の侍・歩行一四人に相当する者は、真崎家（一二九〇石）に一〇人、小野崎家（一四七五石）に一四人、小場家（一六五〇石）に一七人いた(14)。他家と同様、岡本家でも分限相応に人数を抱えていたのである。

これら大身の藩士が抱える侍・歩行は、他の史料では家人、また藩主からみて陪臣などと呼ばれる。通常は苗字を持ち、数代にわたり仕えている。岡本家の侍も同様で、見積帳のなかで「譜代」とも呼ばれ、表3のごとく苗字をもち、近世初期から仕えている者もいる。また、後掲見積帳のJの記述によると、家老が一名（役料二人扶持）、膳番が二名（役料一人扶持）いた。これは侍から任命されたものであろう。

このように岡本家の家中は、小さいながらも序列を伴った家臣団の様相を呈している。よって年季奉公人レベルの給銀だけでは済まず、扶持米や部屋住みへの手当、家老・膳番への役料などが必要であり、結果として家中給与の額が膨らんでいる。

【表3】岡本家中の侍

人名	待遇	先祖召抱年代
丹堂永助	四人扶持＋給銀55匁	万治年間
青山権之助	四人扶持〃	慶長以前
片岡新右衛門	五人扶持〃	享保9
野口市三郎	三人扶持〃	宝暦9
内藤強助	三人半扶持〃	
寺山名右衛門	三人半扶持〃	宝暦9
小野市兵衛	五人扶持〃	
渡部源八	三人扶持〃	元禄14
阿部舎人	三人扶持〃	宝暦9
佐藤新八	二人半扶持〃	
福原嘉右衛門	三人扶持〃	宝暦10
（以下部屋住）		
片岡新八	一人扶持	
内藤第力	一人扶持	
福原桂	一人扶持	

先祖召抱年代は「陪臣家筋取調書3」（秋田県公文書館所蔵秋田県庁旧蔵古文書 県D-8-4）による。

(三)備銭

⑧の備銭は、「不時用」と「当用」の二種がある。不時用

備銭について、次のような注記が加えられている。
右ハ不時用備銭、御勤役中格別之御公務又ハ格別之御吉凶、不時備銭無拠分柄ニ而、此御備を以相弁候節ハ、御家老・御膳番立会評儀吟味之上、無拠義斗此備を以可相弁候、尤重キ御公務格別之御吉凶之外ハ、御私用ニは一銭も不相成候
すなわち不時用備銭は、特別な公務・冠婚葬祭が発生したときに限り支出される。そのさい家老・膳番も立ち会って支出の可否を決め、「御私用」には「一銭も」使わないと断っている。ここでの「御私用」は、公務・冠婚葬祭のような家レベルの支出に対して、家族の個人的な支出を指すのだろう。家全体のための備銭を、家族が個人的に消費してしまうことが懸念されている。
当用備銭については、このような注記がある。
往々御本屋・御蔵・御長屋等、新規御普請被成置候格別之御備ニ致可申、半知御借上之年ハ、右積ヨリ相増候、未年迄ニ郡方御拝借相済候迄、一統御借方・御買物代等者、未年迄五ケ年中即みな御断被成置候
これによれば当用備銭は、将来の本屋・蔵・長屋などの普請にむけて備えるものである。もし知行借上率が六割から五割(半知)に下がって余裕が生じたら、それも積み立てにまわす。そして未年(文化八年)に郡方拝借銀の返済が終わるまで、借金・買い物は停止する、と述べている。
買い物を一切しない筈はないから、これは備銭を取り崩して買い物をすることの禁止だろう。借金の話がなぜ関係するかといえば、当用備銭は表1のKのところで計上されており、そこでは知行地収入から借入返済銀を差し引き、その残金が当用備銭として計上される。だから借金が増えれば備銭も減少しかねない。つまるところ、借金・買い物を停止するのは備銭の取り崩しを防ぐためである。

このように岡本家では、臨時の出費への備えを積極的に行っている。臨時の出費が家計に与える影響について、他の藩士の例をあげれば、秋田藩士黒沢家(知行高約四〇〇石)は、文化九年の婚礼、同十年の親の死去、同十四年の娘の死去にあたり、それぞれ銀二五〇目の借用を藩に願い出ている。(15)いつ発生するか分からない、公務や冠婚葬祭に関する出費は、家計の不安材料であった。そこで岡本家は備銭を準備しているのだが、ここにもう一つの不安材料があった。それは、備銭を「御私用」や「御買物」に流用し、新たな「御借方」を増やす行為であった。敬意表現からみて、警戒されているのは岡本家の家族である。家族の私的な消費と、家全体の収支との対立が、見積帳の隠れたテーマとなっている。

(四)家族配分高

家族配分高は、表2で支出の一七パーセントを占め、指上高以外では、最大の支出となっている。

表4でやや詳しくみると、それは各人への配分石高と召料からなる。最高額は東馬の一〇〇石であるが、これは東馬個人への配分というよりは、東馬の家への配分である。彼は享和三年に一〇〇石を分知され、引渡の下の廻座《まわりざ》の家格で召し出されている。東馬だけ召料や使途の記載がないのは、家の費用をこの知行ですべてまかなったからであろう。東馬以外では当主又太郎が最高額で、ついで隠居、奥方、その他の家族の順となる。(16)

配分石高のほとんどが二五の倍数になっており、単純に比例配分したようである。地位・年齢に応じて差がついており、その点でパーソナルな性質の予算である。おそらく配分高の範囲内で弾力的に支出されたであろう。使途について野菜・茶などと列挙されているが、「〜等悉皆」という表現があるから、それ以外の支出を許さないというものでもない。

【表4】家族配分高の内訳

	年齢等	配分石高 石	召料 貫(銭)	銀換算 匁(銀)	使途
隠　居	不明	50	10	721	召料、御小座修覆、雨戸・障子張替、洗濯、煙草、茶・飯米・野菜、筆墨紙、雑用、薪・焚炭、味噌・塩・荏油、内客、召使女中給銭・扶持・渡味噌、米搗代等悉皆
友　治	当主の弟 12歳	25	10	410	同断　乳母給銭・扶持・渡味噌共悉皆
沖　負	当主の弟 20歳	25	10	410	同断悉皆
東　馬	当主の弟 23歳	100		1,230	
又太郎	当主 30歳	75	30	1,227	御茶之間・御数寄屋修覆、雨戸・障子張替、洗濯、煙草、茶・野菜、筆墨紙、雑用、薪・焚炭、味噌・塩・荏油、内客用、乳母扶持・給銭・渡味噌等迄悉皆
納戸方		130	30	1,941	御納戸廻修覆、雨戸・障子張替、洗濯代、野菜、筆墨紙、雑用、薪・焚炭、味噌・塩・油、乳母四人へ扶持・給銭・渡味噌、召使女中同断、内客用迄悉皆 配分：奥方　30石 於金　25石（続柄不詳） 冨五郎　25石（当主の子　7歳） 松治　25石（当主の子　4歳） 鉄蔵　25石（当主の子）

※配分高は、史料の記述に従い組代免等の上乗せ分を差し引いた数値。ここから指上高分の年貢米収入を差し引いたものが実収となる。銀換算は表2から転記した。

金額は多大であるといってよい。衣料費で比較すると、後述の蓮沼家では一人銭一貫なのに対し、岡本家では一二歳の友治でも銭一〇貫、当主の又太郎は銭三〇貫と、大身層らしい消費の豊かさを示している。

また、金額だけでなく使途の幅広さも注目される。家族配分高の使途の記載をみると、単なる小遣い程度のものではないことが分かる。使途は多岐にわたり、なかには数寄屋の修復、薪炭のように、一見個人の支出とは考えにくいものもある。しかし形式上は明らかに家族各人の支出とされている。そこで表5では見積帳の支出内容を、家族配分高に計上されたものは「個につく支出」、その他は「家につく支出」とし、対比してみた。

表5によると、同じ営繕費でも、本屋・蔵・長屋のそれは家族配分高に計上されず、「家につく支出」とみなされている。対して御小座(隠居)、御数寄屋・御茶之間(又太郎)、御納戸(奥方)は家

族配分高に計上され、「個につく支出」とみなされている。それは施設の拡充や補修等にあたって、各人の意向が強くはたらいたからであろう。

人件費においても、女中・乳母の給与は「個につく支出」、侍・中間等の給与は「家につく支出」である。女中や乳母は相対的にプライベートなものと認識されたようである。燃料費は家族配分高にも計上され、台所・番所用の薪炭は別に確保されている。とすれば、前者はそれぞれの所用の燃料ということになる。「内客」と表現される、家族個々人が接遇する来客用の燃料も含むかも知れない[17]。

このように、岡本家の見積帳では「家につく支出」から「個につく支出」が分離し、後者が多額に及んでいる。あくまでこれは見積であって、見積通りに支出されたのではないにしても、このような個別的な支出が認められていたことは確かである。

家族それぞれが地位・年齢に応じて、衣料をととのえ、女中や乳母を置き、薪炭等の消費を認められていた。個人が手厚く遇され、個別の生活領域を形成していたことが、家族配分高の高額化をもたらしたものであろう。

【表5】個につく支出、家につく支出

	個につく支出	家につく支出
営繕費	御小座、御数寄屋、御茶之間、御納戸	本屋、蔵、長屋
人件費	女中・乳母給与	侍・中間等給与
燃料費	薪炭・油	台所・番所等の薪炭・油
その他	召料、茶・煙草・野菜・味噌・内客	厩、年中行事、公務等備銭

以上(一)~(四)で、岡本家の家計の構造と、その問題点を探ってきた。表1に示されるように、見積帳は家全体の支出から家族配分高を切り離して掲げ、それが事実上最大の支出となっていた。その他に、家中への給与、臨時支出への備えが大きな支出となっていた。とりわけ臨時の公務、臨時の冠婚葬祭による出費が警戒され、そのための不時備銭は、目的外の支出が厳しく制限されていた。一方でその不時備銭を家族が「御私用」「御買物」に流用することが懸念されていた。このように、岡本家では家族個人の支出が金額的に大きく、またそれは膨張する傾向にあった

とみられるのである。

三　他家の家計との比較

岡本家の家計は、他の武士と比べたとき、どのような特徴があるだろうか。表6〜8に例をあげてみた。
表6は秋田藩士・上杉家（知行高三七石九斗三升九合）の見積である。[18]これは天保飢饉後に秋田藩が実施した食料状況の調査にかかわ

【表6】秋田藩士・上杉家の米方収支見積　天保9（1838）年

収入	石	%
年貢米	24.706	87
部屋住扶持米	3.600	13
収入計	28.306	100
支出	石	%
飯料　上下8人	14.400	49
麹米	0.800	3
小物成引米	1.640	6
組代免	0.400	1
毛引	3.648	12
指上高分の年貢米	8.301	28
支出計	29.189	100

典拠：「指上高帳」（『秋田叢書』11、同刊行会、1934年）555頁。なお石高はすべて軽升に換算した。

【表7】秋田藩士・蓮沼家の収支見積　明和元（1764）年

収入		銀換算 匁	%
年貢米	51.839石	1,866	78
小役銀	513.648匁	514	22
	収入計	2,380	100
支出		銀換算 匁	%
飯米（上7人、下3人）	12.960石	467	19
塩	銭1,500文	24	1
酒	銭5,550文	88	4
衣料費（銭1貫×上7人）	銭7,000文	111	5
下男・下女給与（3人）	銭12,000文	190	8
12ケ月雑用・万小遣	銭12,000文	190	8
年頭礼銭	銭300文	5	0
薪炭費	銭7,100文	112	5
紙墨筆	銭720文	11	0
予備費（不時入用）	3.000石	108	4
他（学法寺へ遣米、小物成引米、代官へ年々出米）	4.621石	166	7
指上高分の年貢米	25.920石	933	39
	支出計	2,405	100

典拠：高橋秀夫「近世中期一藩士の家計考」（『出羽路』8、1960年）。なお、石高は軽升、銀は文銀である。比較の便のため銀への換算額を示した。銀銭の換算は史料中に1匁＝63文とあるのに従い、米銀の換算は「石井忠運日記」明和元年6月3日条にみえる1石＝銀36匁の換算率（『第二期新秋田叢書』5、歴史図書社、1973年、13頁）により算出した。

る史料であるため、米方のみの見積で、小役銀のデータがない。この他に小役銀の収入があったにしても、かなり生活は苦しかったであろう。本来の年貢米収入は二四石余だが、藩への指上高や毛引などを差し引くと、手元に残るのは一〇石ほどで、上下八人の飯米にも足りない。藩から部屋住に支給される扶持米を加えて、かろうじて生計を維持している状態である。それでも「上下八人」という表現から、奉公人を抱えていたとみられる。
表7は秋田藩士・蓮沼家（知行高七九石六斗六合）の見積である。上杉家より高収入で、予備費を設ける余裕もみえるが、赤字の見積である。食料費の占める割合が大きい。その他で最大の支出は、奉公人給与、雑用・万小遣である。

【表８】金沢藩士・猪山家の収支　天保 14（1843）年

	収入	匁(銀)	%
	俸禄収入	3,076.19	71
	借入銀	774.00	18
	家財売却代銀	340.87	8
	他所より返却銀	34.06	1
	繰入金	130.99	3
	収入計	4,356.11	100
	支出	匁(銀)	%
①	米８石	539.20	12
②	家族配分銀 当主母 90 匁　当主 176.42 匁 当主妻 83 匁　嫡子 19 匁 嫡子妻 21 匁　娘５匁×２人 孫娘９匁	408.42	9
③	家来給銀等	155.48	4
④	祝儀・交際費	284.41	7
⑤	儀礼行事入用	76.09	2
⑥	寺社祭祀費	80.46	2
⑦	医薬代	85.01	2
⑧	油・炭・薪代	265.28	6
⑨	月々小遣い	255.45	6
⑩	食品・用品	155.51	4
⑪	その他（つけ払い、修繕費、輸送駄賃等）	112.82	3
⑫	上納金	442.12	10
⑬	諸引き	1.79	0
⑭	借入返済銀	886.80	20
⑮	頼母子出銀	456.40	10
⑯	繰越金	150.88	3
	支出計	4,356.11	100

典拠：磯田道史『武士の家計簿』（新潮新書、2003 年）71 頁所掲表を加工。

表8は磯田道史氏が明らかにした金沢藩士・猪山家（当主知行高七〇石、嫡子切米四〇俵）の実際の収支である。猪山家は当時、家財の売却や借財整理をすすめ、収支改善につとめていたが、氏によれば、それでも「武士身分としての格式を保つために支出を強いられる費用」は縮減できなかった。すなわち③家来給与、④祝儀・交際費、⑤儀礼行事、

⑥寺社祭祀費、これに家来の食費を加えると銀約八〇〇匁で、支出全体の一八パーセントを占める。これを氏は「身分費用」と呼び、親戚や同僚の目もあってなかなか縮減できず、武士の生活困窮の要因になったと述べている。[19]
さて、右の例は史料の性質がまちまちで単純に比較できないが、それぞれの特徴をつかんでみたい。

収入の低い上杉家や蓮沼家では、食費が大きな比重を占めており、あまり水準の高い生活は期待できない。対して、大身の岡本家では、そもそも見積帳に飯米の数字をあげていない。おそらく問題にすらならなかったのだろう。

上杉家は飯米確保が危ぶまれる境遇にもかかわらず奉公人を抱え、蓮沼家では下男・下女の給与が最大の現金支出であった。奉公人給与は、小身層にも共通する「身分費用」といえるかも知れない。その額は蓮沼家では総支出の八パーセントを占め、猪山家では四パーセント程度におさまっており、前者では後者以上に家計の重荷となっていただろう。

岡本家においては、磯田氏のいう「身分費用」は、表2の②③⑥に該当し、支出全体の一七パーセントを占めている。それは銀換算で五貫六九九匁という多額なものであったが、岡本家にとっては、家族の豊かな消費をあきらめる理由にはならなかった。すなわち同家では、銀五貫九四〇匁の家族配分高が確保されている。「身分費用」は小身の家では重い負担となっても、大身の家では負担感は薄かったのではなかろうか。

岡本家・猪山家の特徴は、個人的支出の大きさにある。すなわち、家族各人に地位・年齢に応じて差をつけて分配・確保される家族配分高があり、かつそれが多額にのぼっている。それは岡本家では支出全体の一七パーセントに及ぶ。猪山家においては九パーセント(表8②)で、岡本家には及ばないが、蓮沼家よりも充実している。

家族配分高は、いつどのように配分されたか。猪山家では、俸禄支給日の前後、年四回にわたり「初尾」と称して家族に配分された。[20]つまり、必要に応じてそのつど配分・支出されたのではなく、まとまった額が一気に渡されたのである。まとめて配ってしまっても、その年の収支が成り立つ自信があったのだろう。したがって、家族配分高は観念的には年間の収入から生ずる余剰金であった。猪山家は借金に依存しつつも、「身分費用」などの必要経費を上まわる収入を得ており、余剰部分を家族に分配していたのである。

岡本家についても同様であり、まとまった額の家族配分高が、あらかじめ予算に組みこまれている。そのためには、食費・燃料費・奉公人給与などの義務的な経費を支払える見込みがなくてはならない。したがって、収入が大きく、義務的な経費をカバーしやすい大身層において、家族配分高は肥大化するだろう。逆に、「身分費用」の負担に苦しむような小身の家では、家族への配分、個人的な支出は拡大しにくいだろう。

実際のところ、蓮沼家の見積では、個人的支出は明瞭にあらわれず、家全体の費目のなかに埋没している。「小遣」を見込んではいるが、それは「十二ヶ月分」の日々の支出のなかに包含されており、まとまった金額を配ったのではない。衣料費についても一人銭一貫という人数割で、家族各人の地位・年齢を考慮した配分ではない。飯米や奉公人給与の負担が重く、家族への配分まで手がまわらないのだろう。

岡本家のように、家族が分に応じて手厚く処遇されることは、裕福な階層の家計の特徴とみてよかろう。反面そのことが岡本家の家計を圧迫する要因となっていた。

おわりに

以上、わずか四家の事例を検討したのみであるが、武士の家計の構造とその階層による違いについて、仮説を提示すれば次のとおりである。

①収入の低い小身の武士の家計では、食費や奉公人給与など、基礎的な生活費や武士としての家を維持するための費用が重圧となり、その負担は大身層では相対的に軽くなる傾向がある。
②収入の高い大身の武士の家計では、家族それぞれの処遇が手厚く、個人的な支出が膨張し、家計の圧迫要因となりやすい。これは小身の武士の家計では、少額であるか家全体の支出のなかに埋没する傾向がある。
したがって階層によって、ふさわしい倹約のあり方も異なるであろう。たとえば将軍・大名など大身の武士は、しばしば倹約と称して粗服を用い、食事を質素にする。紀州徳川家では、当主の食費が一日一五両にのぼり、九代藩主治貞は豆腐中心の食事に切りかえて、節倹につとめたという[21]。それは実際、大身層で肥大化しやすい個人的な経費であろう。しかしそのような節倹策は、個人的な支出の発達に乏しい小身層においては、意味の薄いものとなる。小身層の生活救済としては、たとえば奉公人給与の制限のほうが有効と考えられ、これまた諸藩に例のみられるところである[22]。

註
（1）新見吉治『旗本』（吉川弘文館、一九六七年）二八五頁。
（2）森下徹『武士という身分』（吉川弘文館、二〇一二年）六五頁。
（3）磯田道史『武士の家計簿』（新潮新書、二〇〇三年）六八〜八〇頁。
（4）J・F・モリス『近世武士の「公」と「私」』（清文堂出版、二〇〇九年）六一頁、一五七頁。
（5）秋田県立博物館寄託・斎藤頼太郎家資料。この文書は文中の人名などから岡本家の家計見積に間違いないが、これが斎藤家に伝来した経緯は定かでない。この文書を収めた懸硯には、秋田藩や藩士向家（小鷹狩家）に対する斎藤家の御用金上納や、斎藤家の系図など、斎藤家自身に関係する近世文書が収められていた。斎藤家は高関下郷村（現大仙市）で肝煎、津軽家本陣などをつとめた富裕な家で、文化六年には、近隣の豪家と共同出資で向家の財政立て直しを請け負っている。向家には岡本元長の娘が嫁いでいる。あくまで推測だが、向家を通じて家計の参考として見積帳を書写・入手したのかも知れない。
(6) 一般に金主が融資の条件として武士に節倹策や予算案を提示することもあるが、見積帳の末尾は「可仕候、以上」と結ばれており、金主が大身の武士に対して用いるような口調ではない。「御改格」をして「御基本」が立つよう「仕」るのは岡本家だから、作成主体は岡本家である。岡本家の家老・膳番は、支出決定について一定の権限を委ねられており、見積帳のなかに、備銭からの支出は家老・膳番が協議のうえ支出する旨の記述がある。おそらくこうした財務に関与する家臣が、見積帳の作成に携わったであろう。内容をみても、屋敷内の各所で用いる一日の油の量など、内情を知悉していないと書けない部分が多い。
(7) 「新調岡本系図」(秋田県公文書館所蔵郷土資料、A二八八・二一―一二七―一)。渡邉喜一編『新編佐竹氏一門系図』(東洋書院、二〇〇四年)。
(8) 『秋田県史』二(秋田県、一九七七年)一五五頁。
(9) 『御亀鑑』七(秋田県、一九九五年)二一一頁、二六一頁。『御亀鑑』四(秋田県教育委員会、一九九二年)三九八頁、四一一頁、五一二頁。
(10) 見積帳は、「村分」けの「御積帳」という原表題が示す通り、知行地の村々をA～Kの項目に分けて記し、各項目内で収支を完結させている。一見あたかも知行地を分割経営したかのような記載形式だが、これは帳簿上の操作に過ぎず、同じ村名が数合わせのため複数の項目に登場する。なぜそのような記載形式をとったのか、真意は不明だが、財源たる知行地収入を、ことさら定量的に明示する狙いがあったのだろう。
(11) 指上高は表1のごとく知行高の六割だが、指上高分の小役銀は給人が取得するので、それを計算に加えると比率が下がる。
(12) 『秋田県史』三(秋田県、一九七七年)六〇頁。
(13) ⑨軍用備銭は、Jの部分に「御軍用御備方へ入置、非常之凶作之備ニ致」す、という記述があり、藩に預託するが非常時に引き出せるシステムだったようである。文政年間の他家の史料では、藩の軍用方が所管する軍用備銭が藩士に貸し付けられ、利息をつけて返済されていることが確認できる(国文学研究資料館所蔵佐竹南家文書、AY二二K—四四七、文政八〜元治元年「御軍用御備銭取調帳」。なお秋田県公文書館架蔵写真帳による)。ここでの⑨は藩への預託であり返済ではないと思われるが、この制度の関連史料が少ないので、ここでは判断を保留したい。
(14)　明治三年「陪臣家筋取調書　天」(秋田県公文書館所蔵秋田県庁旧蔵古文書、県D—八—五)。各家の石高は慶応元年「秋田藩分限帳」(同館所蔵郷土資料、A三一七—五)による。
(15)　『黒沢家日記　文化十一年〜文化十四年』(秋田市立佐竹史料館、二〇〇〇年)一三七頁。
(16)　隠居の人名は記されていないが、当主の父はすでに死去し、母が存命中であるから、それに該当しよう。鉄蔵は系図類には鉄之助と記されているが、改名によるものかどうか不明である。松治に二五石を配分しているが、当然ながら四歳の松治本人に渡すのではなく、松治関係の支出総額という意味であろう。
(17)　幕府旗本石河家(二七〇〇石)は、知行所の有力者多田家から生活費の仕送りを得ていたが、寛政十(一七九八)年に多田家から提示された節倹案では、女中の減員などのほか、煮炊きの場所が三箇所あるのを一箇所に絞るよう要望されている(川村優『旗本知行所の支配構造』吉川弘文館、一九九一年、二〇四頁)。岡本家ほどの大身であれば、煮炊きの場が複数あって個別的な炊事が行われても不思議はなかろう。
(18)　収入は指上高を控除する前の額であり、支出として指上高を掲げた(表7も同じ)。なお、表中の軽升《かるます》とは、押升《おします》ないし本廻しに対する語で、米を升に入れて上を棒でならして計る計量法をさす。本稿中の秋田藩士の家計史料では、収納した年貢米の石高は押升であり、これに一・一を掛けて軽升の石高を算出し、これをもって飯米や家中扶持米など生活の用に充てている。
(19)　磯田氏註(3)前掲書。
(20)　同右九〇頁。
(21)　進士慶幹『江戸時代の武家の生活』(至文堂、一九六六年)七二頁。
(22)　吉田正志「近世雇傭法の構造とその史的展開過程序説」(『法学』四一—一〜二、一九七七年)、拙稿「一七世紀における米沢藩の家中奉公人確保策」(『秋大史学』五七、二〇一一年)など参照。

〔史料〕

凡　例

○構成把握の便のため表1の大項目を【A】〜【K】で示し、適宜括弧内に小見出し等を補った。
○誤字・宛字と思われるものは初出に「ママ」と注記した。但し数値の計算上の誤りについては基本的に注記しなかった。
○疑問が残るものは「カ」と注記した。
○欠損・不明の文字を□で示した。
○合字の「より」は「ヨリ」とした。

（表紙）「　文化四年
御財用諸向御仕切村分御積帳
丁卯十一月　」

御知行高御仕切村分帳

【A】

一、当高五拾五石
小役文銀三百五拾四匁九分壱厘
外ニ銭拾貫文御召料代
右者御隠居様御小座御修覆、雨戸・障子御張替、御召物御洗濯代、御煙草代、御茶・御飯米・御野菜代、筆墨紙代、御雑用、薪・焚炭、味噌・塩・荏油、御内客、御召使女中給銭・御扶持・渡味噌・米搗代等、悉皆ニ而五拾石御仕切へ、毛引・作食・組代免之為五石相増、悉皆御仕切、此高ヨリ納候小間物共ニ
秋田郡
内拾弐石　柳田村
同郡
同五石　神田村
平鹿郡
同弐拾五石　今宿村
同郡
同拾石　薄井村
雄勝郡
同三石　吉野村

〆五拾五石
此指上高三拾三石
但シ拾石ニ付六石之御割　四六年
内八石　薄井村
同弐拾弐石　今宿村
同三石　吉野村

【B】

一、当高弐拾七石
小役文銀百七拾四匁弐分三厘
外ニ銭拾貫文御召料代
友治様御仕切右同断ニ而、御同人様乳母御給銭・御扶持・渡味噌共ニ弐拾五石之御仕切へ、毛引・組代免等
之ため弐石相添、悉皆御仕切、此高より納候小間物共ニ
秋田郡
内八石　柳田村
仙北郡
同四石八斗七升壱合　角館城廻村
同郡

同五石壱合　　　金沢前江村（ママ）
　　　　　　　同郡
同六石　　　　　高関上江村
　　　　　　（雄勝郡の誤カ）同郡
同三石壱斗弐升八合　吉野村
〆弐拾七石
此指上高拾六石弐斗
　但し御割合右同断
内拾弐石八斗七升　角館城廻村
同弐石壱合　　　　金沢前江村
同壱石三斗弐升九合　高関上江村

【C】
一、当高弐拾七石
小役文銀百七拾四匁弐分三厘
外ニ銭拾貫文御召料代
　沖負様御仕切右同断、弐拾五石へ毛引・作食・組代免之為弐石相増、悉皆御仕切、此高より納候小間物共ニ
　　　　　　　　　　　山本郡

内拾石　鹿渡村
雄勝郡
同弐石　吉野村
同郡
同拾五石　松岡村
〆弐拾七石
此指上高拾六石弐斗　御割合右同断
内拾四石弐斗　松岡村
同弐石　吉野村

【D】

一、当高百石
小役文銀六百四拾五匁三分
東馬様御分知高、亥年御加増高弐百石之内、凡半高位宛
雄勝郡
内四石　大沢村
同郡
同四石　大館村

同弐石
同拾五石
同拾石
同四石
同拾石
同弐拾石
同拾三石
同三石
同拾五石

雄勝郡
吉野村
同郡
松岡村
平鹿郡
今泉村
仙北郡
高関上江村
同郡
福田村
同郡
梅沢村
同郡
角館城廻村
同郡
金沢前江村
秋田郡
神田村

〆百石　右高より納候小間物共ニ
此指上高六拾三石
但し拾石ニ付六石三斗之御割、
半知年ハ五石三斗
内　四石　大沢村
同　三石　大館村
同　弐石　吉野村
同　壱石壱斗三升　松岡村
同　八石　今泉村
同　四石　高関上江村
同　八石　福田村
同拾七石　梅沢村
同拾弐石八斗七升　角館城廻村
同　三石　金沢前江村

【E】
一、当高八拾弐石四斗六升壱合
小役文銀五百三拾弐匁壱分弐厘

外ニ銭三拾貫文（召料）
又太郎様御勝手方御仕切、御茶之間・御数寄屋御修覆、雨戸・障子御張替、御洗濯代御召物、御煙草代、御茶・御野菜、筆墨紙、御雑用、薪・焚炭代、味噌・塩・荏油、御内客用、御同人様乳母嘉右衛門妻御扶持・御給銭・渡味噌等迄、悉皆ニ而七拾五石之御仕切へ、毛引・作食・組代免・米突之為七石四斗六升壱合相増ニ而、悉皆御仕切、此高ヨリ納候小間物共ニ
秋田郡
内弐拾五石　岩城村
平鹿郡
同五拾七石四斗六升壱合　増田村
内壱石内宥捨高有り
此指上高四拾九石四斗　増田村
七升六合六勺
但し四六年

【F】

一、当高百三拾三石五斗壱升三合
小役文銀八百六拾壱匁五分五厘
外ニ銭三拾貫文

御納戸方奥方様三拾石、於金様弐拾五石、冨五郎様弐拾五石、松治様弐拾五石、鉄蔵様弐拾五石、惣高百三拾石へ、毛引・作食・米突代・組代免之為三石五斗壱升三合相増候而、御納戸廻御修覆、雨戸・障子御張替、御召物御洗濯代、御野菜、筆墨紙代、御雑用、薪・焚炭、味噌・塩・油、乳母四人へ御扶持・御給銭・渡味噌、御召使女中同断、御内客用迄、悉皆御仕切、此高ヨリ納候小間物共ニ

秋田郡
内拾五石五斗壱升三合　岩城村
同郡
同四拾壱石壱斗壱升七合　青崎村
雄勝郡
同八拾壱石八斗八升三合　山田村
〆百三拾三石五斗壱升三合
此指上高　但し半知年ハ六拾六石
七斗五升六合
四六年
八拾石壱斗七合七勺　山田村

【G】
一、当高百壱石六斗八升七合三勺

小役文銀六百五拾六匁壱分八厘
年中行事悉皆之御雑用、譬いか程之義有之候とも、御雑用此御仕切ヨリ不相増、若無拠分柄ニ而御積ヨリ御入増ニ相成候ハヽ、外御雑用左略致候而、壱ケ年此御仕切ヨリ不相増、悉皆御仕切、毛引・作食・組代免共ニ但シ小間物者行事必要之外ハ、御備方へ相渡、米と引替可申事
雄勝郡
内五拾石六斗壱升弐合　山田村
平鹿郡
同拾石　今泉村
川辺郡二井田之内
同三拾六石八斗八升弐合　大野村
秋田郡
同四石壱斗九升三合　泉村
〆百壱石六斗八升七合
此指上高六拾壱石壱升弐合　四六年
内四拾八石六斗　山田村
壱升弐合三勺
同九石　今泉村

同三石四斗　　　　　大野村

【H】

一、当高七拾弐石六斗六升三合
小役文銀四百六拾八匁八分九厘
御作事方諸用御仕切、御本屋・御蔵・御長屋惣屋根廻り年々御手入、御板塀廻り等迄之御修覆、新規御普請
共ニ、大工木挽作料、手伝人足、釘金具迄悉皆七拾石ニ而御仕切之外ニ、毛引・作食・組代免之為弐石六斗
六升三合相増
但此高ヨリ収り候小間物ハ、無残御備方へ相渡、米と引替可申事
　　　　　　　　　　　雄勝郡
内拾八石八斗五升六合　　　泉沢村
　　　　　　　　　　　平鹿郡
同三拾石　　　　　　　　　与作村
　　　　　　　　　　　秋田郡
同弐拾三石八斗七合　　　　馬場目村
〆七拾弐石六斗六升三合
此指上高四拾三石五斗九升七合八勺
　　　　　　　　　　四六年

内拾八石弐斗壱升　　泉沢村
同弐拾五石三斗八升七合八勺　与作村
残高
弐拾九石六升五合
此出米拾七石弐斗六合六勺
内七斗弐升　組代免
残り米　拾六石四斗八升六合
軽升拾八石壱斗三升四合
但し三斗入六拾表と壱斗弐
升八合
此代四拾五貫三百弐拾文
外ニ
四拾八貫弐百九拾五文
小役銀四百六拾八匁八分九
厘代両替百三文と考
二口〆九拾三貫六百拾五文
此払

一、三拾六貫文　能代御払木羽三万枚駄賃
共ニ
一、八貫文　短尺厚木羽壱万枚同断
一、六貫文　同薄木羽壱万枚同断
一、　屋根ふき雇代
一、　石持しすり（カ）ニわほ
う木の代
右之外惣御修覆・御作事共悉皆ニ而、余分有之年ハ御作事方の備ニ致候

【Ⅰ】

一、当高三拾壱石壱斗四升三合
小役文銀弐百目九分六厘
御馬屋方諸用悉皆ニ而、定番壱人之御扶持・御給銭・渡味噌、御馬飼代・諸雑費共ニ悉皆ニ而三拾石之御仕切、毛引・組代免等之為壱石壱斗四升三合御仕切、但シ此高ヨリ収候小間物、無残御備方へ相渡ス、大豆引受可申定之事
雄勝郡
内弐拾三石　麓村
平鹿郡

同八石壱斗四升三合　　大屋新田(町)村
〆三拾壱石壱斗四升三合
　内拾八石六斗八升五合　四六年指上高
残り高拾弐石四斗五升八合
此出米七石三斗七升五合
軽升八石壱斗壱升弐合

〈米方〉------------
　此払
一、三斗四升壱合　　村々組代免三斗壱升
　　　　　　　　　　かん米共
一、弐石九斗七升弐合　定番壱人十二ケ月御扶持
一、三石　　　　　　大豆三石六斗之代米
一、弐斗三升　　　　荏油弐斗三升之代米
　但し此水油弐升九合九勺壱ケ月渡方、大之月弐合五才《(ママ)》、小の月弐合四勺可相渡
〆六石五斗四升三合
残り壱石五斗六升九合
　此代三貫九百文　但シ三斗ニ付七百三十文
小役銀弐百目九分六厘

此代弐拾貫六百九拾八文
両替百三文
二口〆弐拾四貫五百九拾八文

〈銭方〉------------ 内

一、八貫文　定番給銭
一、六百文　同人へ渡味噌壱ケ月五拾文宛
一、四貫弐百五拾文
干草弐百五拾丸九月節句ヨリ五月節句迄
一、壱貫六百文　青草代五月節句より九月節句迄
一、弐貫四百文　仁別松ノ木弐釜代、但し壱釜拾弐匁宛受取、定番わり代不被下定
一、六百文　右駄賃三百文宛
一、三百文　蝋燭代壱ケ月廿五文宛
一、八百四拾文　三月ヨリ十月迄沓百廿足、但し壱ケ月十五足宛、壱足代七文宛
但し御馬遠方へ参、又ハ他へ御用立候節ハ、其日之沓代ハ御出し、定番受取可申定
一、百八拾文　塩九升代壱升廿文宛
一、三百文　馬の鍼（カ）取壱ケ月かへニ而六度参候節、一度五拾文宛御酒代
一、五貫文　粉糧御買立代

但し粉糧拾四石四斗、壱日四升かへ、此代八貫四百《(ママ)》四拾文、壱石ニ付六百文、壱ケ月壱石弐斗宛、右之内有
物糧引落残り御買立之分、但し御有物無是節、三貫四百四十文ハ表方ヨリ
〆弐拾四貫七拾文
残り五百九拾八文　御馬屋不時用
右者四六年

〈半知年見積〉…………

半知年
一、五貫文　御割過出米軽升弐石弐升八合代
右半知年余分御馬屋方備致、御馬屋修覆・諸道具手入之差引有之年の備ニ相成
一、弐貫文　わら三千把買立之代
一、五貫文　舟木三百把、但駄賃共ニ十七文積
一、弐貫文　青草代五月節句ヨリ九月節句迄
一、五貫文　九月節句ヨリ五月節句迄、干草三百貫目、但し十貫目百七十文かへ
〆弐拾六貫五百文
残り壱貫六百九拾八文御馬屋不時用
右之通と積候得共、猶吟味致候而省略致、余分ハ御馬屋方備ニ致候事

【J】

一、当高六百七石三斗四升壱合
御家中家督・部屋住・御歩行・一季御中間御扶持、寺院渡米、御奉納米悉皆ニ而、五百五拾石之御仕切へ、
毛引・作食・組代免之為五十七石三斗四升壱合相増ニ而、年々悉皆御仕切
雄勝郡
内五石七斗九升五合　川連村
同郡
同四石弐斗壱升壱合　大館村
同郡
同三拾四石壱斗四升九合　麓村
同郡
同弐拾四石八斗弐升七合　川向村
同郡
同弐拾七石壱斗九升四合　二井田村
岩崎村
雄勝郡
同弐拾壱石壱升六合　小野村
同郡
同弐拾八石弐斗八合　桑崎村

同郡
同三拾石　大沢村
平鹿郡
同五石四斗四合　上樋口村
同郡
同九石壱斗壱升六合　東関（里）村
同郡
同拾五石七斗五升八合　阿気村
同郡
同弐拾五石　関根村
仙北郡
同四拾四石四升八合　金沢西根村
同郡
同弐拾石　金沢新西根村
同郡
同弐拾六石八斗壱升九合　高関上江村
同郡
同拾八石九斗弐合　高関下江村

同郡
同拾石　四ツ屋村
同郡
同弐拾四石七斗壱升壱合　千屋村
同郡
同弐拾五石　神宮寺村
同郡
同弐拾石　梅沢村
川辺郡
同百弐石六斗三升四合　諸井村
同郡
同四拾五石壱斗壱升　大沢村
秋田郡
同弐拾三石九斗三升壱合　山内村
同郡
同拾五石五斗九合　八田村
〆六百七石三斗四升壱合
此指上高三百六拾四石四斗四合六勺

但し四六年
但半知年ハ三百三石六斗壱升五合也、六拾石余之余分ハ、御軍用御備方へ入置、非常之凶作之備ニ致候而、格別之御備と相成ル
内五石六斗弐升六合　川連村
同三拾三石六斗　麓村
同弐拾三石　川向村
同拾七石壱斗九升四合　岩崎村
同弐拾石八斗　小野村
同弐拾七石七斗五升八合　桑崎村
同弐拾九石五斗　雄勝郡 大沢村
同五石三斗四合　上樋口村
同八石壱斗五升　東関（里）村
同拾五石四斗五升四合　阿気村
同弐拾四石六斗　関根村
同四拾石五斗四升八合　金沢西根村
同拾七石五斗　金沢新西根村
同弐拾四石八斗壱升九合　高関上江村
同拾六石九斗弐合　高関下江村

同拾石　四ツ屋村
同弐拾弐石弐斗壱升壱合　千屋村
同拾八石　梅沢村
同三石四斗三升八合六勺　神宮寺村
残高弐百四拾石三斗四升四合四勺
此出米百四拾三石八斗壱升八合
軽升百五拾八石壱斗九升九合

〈米方〉（扶持米等）--------------

此払
一、六石六斗七升七合位
村々組代免六石七升、かん米共ニ
一、七石五斗
四人御扶持
十二月半分　丹堂永助
此内ヨリ小之月壱人御扶持ニ付五合宛引落候事、公儀御定之通
一、七石五斗
四人御扶持
十二月半、渡方右同断　青山権之助

一、九石三斗七升五合
　　五人御扶持
　十二ケ月半、渡方右同断　片岡新右衛門
一、五石六斗弐升五合
　　三人御扶持
　十二月半、渡方右同断　野口市三郎
一、六石五斗六升弐合五勺
　　三人半御扶持
　十二月半、渡方右同断　内藤強助
一、六石五斗六升弐合五勺
　右同断　寺山名右衛門
一、九石三斗七升五合
　　五人御扶持
　十二月半、渡方右同断　小野市兵衛
一、五石六斗弐升五合
　　三人御扶持
　十二月半、渡方右同断　渡部源八
一、五石六斗弐升五合

三人御扶持
十二月半、渡方右同断　阿部舎人
一、四石六斗八升七合六勺
弐人半御扶持
十二月半、渡方右同断　佐藤新八
一、五石六斗弐升五合
三人御扶持
十二月半、渡方右同断　福原嘉右衛門
〆七拾四石六升弐合　家督斗惣御扶持三拾八人半御扶持ニ而、拾弐月半分
内九斗六升弐合五勺　当卯十月朔日より辰九月十五日まて小ノ月五ケ月引落
残七拾三石九升九合五勺
右村々ヨリ収り次第壱ケ年分無残相渡し候

------（部屋住扶持米）------

一、弐石壱斗五升六合弐勺
白米一人御扶持十二月半分、
但し壱ケ月壱斗七升弐合五勺　片岡新八
一、弐石壱斗五升六合五勺

右同断　　　　内藤第力
一、弐石壱斗五升六合五勺
右同断　　　　福原桂
〆六石四斗六升八合七勺
部屋住之外大小差引無ク
村々ヨリ収り次第可相渡事

（役料等）

一、三石七斗五升
弐人御扶持　　御家老役料
一、壱石八斗七升五合
壱人御扶持　　御膳番役料
一、壱石八斗七升五合
右同断　　　　右同断
一、三石九升
一人半御扶持
十二月半分　　一季　御門番一人
内弐石一斗五升弐合五勺
同九斗三升七合五勺

一、三石九升
右同断　一季　水汲一人
内右同断
一、六石壱斗八升
右同断　一季夜廻シ　小遣一人
但壱人前《(ママ)》右同断
一、三石九升
右同断　一季　鳴子一人
内右同断
一、弐石壱斗五升弐合五勺
白米一人御扶持
十二月半　一季　御飯たき
〆弐拾六石八斗七升弐合五勺
御仲間御扶持十二月半分是迄之通月々之渡

--------（寺社給付米等）--------

一、五斗　浅舞佐藤宇右衛門ニ被下候高
一、六石五斗壱升弐合　大悲寺
一、壱石五斗　永源院

一、壱石八斗七升五合　円福院 十二月半分
一、三斗壱升　　　　金毘羅山奉納米
〆拾石六斗九升七合五勺
惣米合百四拾九石三斗四升弐勺
引残り八石八斗五升八合
　残米毛引減米之為年々備置候分
右御高ヨリ収候小間物者、無残り御備方江相渡候而、代米定法之通受取可申候、右余分之考ハ不足之様ニ者相見得候得共、此軽升ハ中とかけの軽升ニ而、渡方ハ正軽升故、三斗入壱表ニ付壱升近キ出目有之、平均七合出と考候而も四石余之出目有之、尚御扶持壱人御扶持大の月ハ壱斗五升、小の月者壱斗四升五合渡し故、此出目壱石余、御普代之者へハ壱ケ年、拾弐月半宛、新穀収り次第ニ年内中無残り相渡可申候、尤暑中ニ相成候升減・鼠喰等も候得共、右之余分ニ而者間ニ合申候

〈銀方〉----------

小役文銀三貫九百拾九匁壱分七厘
　右六百七石三斗四升壱合之小役銀なり
同百拾八匁八分
　土免宥捨高弐拾石七斗三升五合之小役銀、百三拾三匁八分之内、麓村ニ而拾五匁、内宥捨之分引落残り小役銀
〆四貫三拾七匁九分七厘

（頭注）「
士免宥捨
一、三石一斗一升五合　大館村
一、弐石九斗六升一合　麓村
一、二石八升六合　小野村
一、弐石四斗九升七合　阿気村
一、八石五斗五升一合　諸井村
一、壱石六升九合　山田村
一、四斗五升六合　八田村
〆廿石七斗三升五合」

十二月渡
内六百五匁
家督拾壱人御給銀、六百六十目之内、五拾五匁御貸上之引落残り壱人前五拾五匁宛、半知年者御割違之出米代之内を以、五拾五匁相渡
同八拾弐匁五分
部屋住三人御給銀九拾目之内、七匁五分御貸上、残壱人へ弐十七匁五分宛、半知年者不足分御割違出米代之内を以相渡ス

同百六拾五匁
御歩行三人御給銀百八拾目之内、十五匁御貸上、壱人前五十五匁宛、半知年ハ拾五匁不足之分、御割違出米
之内を以相渡ス
〆八百五拾弐匁五分　御給銀
残銀三貫百八拾五匁四分七厘
此代銭三百弐拾八貫百三文
但し両替壱匁百三文と積
〈銭方〉――――――――――
此払
半銭ハ四月渡ニ、
半銭ハ十二月渡ニ指上候
一、三拾貫文
御隠居様拾貫文、沖負様拾貫文、友治様拾貫文、右御三人様へ御召料代御仕切
右同断両度指上候
一、三拾貫文
又太郎様御召料代御仕切

右同断両度ニ指上候
一、三拾貫文
奥方様・於金様・冨五郎様・松治様・鉄蔵様御召料代御仕切、右御惣躰様五人之御分也
一、六拾八貫五百文
一季御歩行壱人、御仲間八人、飯たき壱人、御給銭
内四拾弐貫文　三月節句前渡
同弐拾六貫五百文　十二月渡
一、九貫六百文
右ハ侍部屋住三人、御歩行四人、御仲間八人、御飯焚壱人、都合拾六人、渡味噌壱人壱ケ月六百目宛、拾弐月半ニ而七貫五百目宛、拾六人ニ而、味噌目形百弐拾貫目御買立代、但し壱貫目ニ付、八拾文宛、但御普代之者一年分宛十二月渡ス、但し十二ケ月半宛分也、一季御奉公人ハ毎月朔日渡
一、弐拾三貫百文
右ハ焚炭正味七百貫目御買立代、正味拾貫目ニ付三百三拾文かへ、届駄賃共ニ

〈焚炭払〉---------

此払御仕切左之通
一、焚炭五拾九貫五百目　御番処
内拾八貫目　正月、十一月、
一日三百目ツヽ、
同拾貫目　二月、十月、一日弐百目
同六貫目　三月、九月、一日百目宛
同七貫五百目　四月ヨリ八月迄
一日五十目宛
同拾五貫目　十二月、一日五百目
同壱貫目　正月元日ヨリ五日迄
一日二百目宛増被下候分
一、同五拾九貫五百目　御家老御役処
但渡方御番処之通
一、同百四拾七貫目　御台処御仕切
内三十六貫目　五月ノ節ヨリ八月終迄
一日三百目宛
内四十八貫目　二月ノ節ヨリ四月ノ終迄并九月、一日四百目宛
内四十五貫目　正月、十月、十一月

一日五百目
内十八貫目　十二月
右之通ニ而御茶屋御仕切、御内客御肴焚煮等御座候而も、此御仕切ヨリ相増申間敷候
一、格別之御客来ハ臨時之吟味ニ而、高下可有之事
一、同拾弐貫目　年始御客用
但し元日ヨリ五日迄七日と日数六日分一日弐貫目ツ、
一、同百五十二貫目　御台処湯わかし
但夏冬平均一日四百目ツ、三百六十五日分、寒三十日ハ一日弐百目増共ニ
一、同三十九貫目　門鳴子番
内十二貫目　二月ヨリ九月マテ
一日五十目ツ、
同十八貫目　正月、十月、十一月
一日弐百目ツ、
一、同弐百三十一貫目　不時用
格別之御客来有之、又ハ御公用臨時品々不時用
右焚炭渡方ハ、立春ノ日ヨリ啓蟄ノ日マテ、三十日ハ正月分の積を以相渡、啓蟄ノ日ヨリ清明ノ日迄、三月分相渡候、其外も暦ノ二十四節ニテ吟味致、相渡時ハ閏月之渡方も相分り、寒暑ノ違も無之候間、二十四節にて其月之渡、

相定可申候、但年ニヨリ焚炭高直之節ハ、不時用ニ而炭相減ニ而、残高増候事曽而致間敷事
（頭注）
焚炭渡方
卯ノ十二月九日ヨリ
辰ノ正月九日マテ　十二月分ニ渡
同正月十日ヨリ
二月十日マテ　正月分ニ渡
二月十一日ヨリ
三月十一日マテ　二月積ニ渡
三月十二日ヨリ
四月十二日マテ　三月積ニテ渡
四月十二日ヨリ
五月十三日迄　四月積ニ而渡
五月十四日ヨリ
六月十三日迄　五月積ニ而渡
六月十四日ヨリ
閏六月十五日迄　六月積ニ而渡

閏六月十六日
七月十五日　七月積ニ而渡
七月十六日ヨリ
八月十六日　八月積ニ而渡
八月十七日ヨリ
九月十七日迄　九月積ニテ渡
九月十八日ヨリ
十月十九日　十月積ニ而渡
十月廿日ヨリ
十一月廿日迄　十一月積ニ而渡
十一月廿一日ヨリ
十二月廿日迄　十二月積ニ而渡
十二月廿一日ヨリ　正月ノ積也

別紙ニ有之分
拾貫目　御番処
十貫目　御役処
正　月　十五貫目　御茶屋

十貫目　　御客用
六貫目　　門鳴子
〆五十一貫目
二　月
六貫目　　御番処
六貫目　　御役処
十二貫目　御茶屋
壱貫五百め　門鳴子
〆廿五貫五百目
八月分ヨリ
二月分迄　　〆弐百三十五貫五百め
三貫目
三貫目
三　月　十二貫目　　右同断
壱貫五百目
〆十九貫五百目

壱貫五百目
壱貫五百目
四　月　十二貫目　右同断
壱貫五百目
〆十六貫五百目
壱貫五百目　御番処
壱貫五百目　御役処
五　月　六貫目　御茶屋
壱貫五百め　門鳴子
〆十貫五百目
壱貫五百め
壱貫五百め
六　月　六貫め　右同断
壱貫五百め
〆十貫五百め

七　月　十貫五百目　右同断
八　月　十貫五百目　右同断
三貫目
九　月　三貫目　右同断
十二貫目
壱貫五百め
〆十九貫五百目
六貫め
六貫め
十　月　十五貫め　右同断
六貫め
〆三十三貫め
九貫目
九貫目

十一月　十五貫目　右同断
六貫目
〆三十九貫め
十五貫目　御番処
十五貫目　御役処
十二月　十八貫目　御茶屋
九貫目　門鳴子
〆五十七貫め
合三百七貫目」

一、焚炭三百五拾目不時用掛減
代拾壱貫五百五拾文
一、九貫三百五拾文

右ハ御台処焚用舟木五百五拾把、但し諸向御仕切ニ相成上ハ、斯積指置候而も、格別之御用無是時ハ相渡申間敷候、壱把駄賃共ニ十七文ツヽ、
三月ノ節ヨリ八月終迄六ケ月　一把半宛
九月、二月　百弐拾把　弐把宛
十月、十一月　百五拾把　弐把半宛
十二月、正月　百八拾把　三把宛
〆五百五拾把

一、七拾五貫文
御軍用御備方へ毎年上納、右御備掟書之通

一、五拾壱貫七百三文
右ハ不時用備銭、御勤役中格別之御公務、又ハ格別之御吉凶、不時備銭、無拠分柄ニ而、此御備を以被相弁候節ハ、御家老・御膳番立会評儀吟味之上、無拠義斗此備を以可相弁候、尤重キ御公務、格別之御吉凶之外ハ、御私用ニ者一銭も不相成候、右小役銀相場、年により下直候而、前条之積之通相渡候而、残銭此備ヘ入置、銀相場宜節ハ前条之通積相渡候而、残銭無残此備ヘ入置候而、壱ヶ年限受払致候而、払残之分勘定之上、毎年十二月残銭御備金ヘ入置可申事

【K】
一、当高三百三拾五石七斗八升壱合
小役文銀弐貫百六拾六匁七分九厘
右者御当用御備高、御知行処神社御寄符、内客繕（ママ）米并ニ御当用荏油四石相渡、其外小間物引替代米相渡、残小間物ハ御払ニ相立候而、御借方御向高御返済ニ致、追年御借方相済候ハヽ、此備高ハ格段ニ備指置候而、往々御本家・御蔵・御長屋等、新規御普請等之格別之御用ニ相備可申分也

雄勝郡
内三拾五石五斗八升七合　山田村
仙北郡
同弐拾石　六江東根村
同郡
同三拾石　本堂城廻村
仙北郡
同五拾五石　上深井村
同郡
同拾石　福田村
川辺郡

同九石弐升弐合　二井田村
秋田郡
同拾九石壱斗九升　高崎村
同郡
同弐拾五石　山内村
同郡
同七拾七石六斗三升九合　馬場目村
同郡
同弐石五斗五升九合　宇法木村
同郡
同七石八斗九升壱合　長坂村
同郡
同四斗八升　摩当村
山本郡
同拾五石四斗壱升三合　下岩川村
同郡
同八石　須田村
同郡

同拾石　石川村
同拾石　同郡　目名潟村
〆三百三拾五石七斗八升壱合
此指上高弐百壱石四斗六升八合六勺
四六年
内三拾四石弐升弐合　山田村
同拾七石　六郷東根村
同弐拾七石五斗　本堂城廻村
同五拾弐石五斗　上深井村
同八石五斗　福田村
同拾三石壱斗八升五合六勺高崎村
同弐石五斗弐升五合　宇法木村
同弐拾五石　山内村
同七石七斗五升六合　長坂村
同三石　須田村
同五石　石川村
同五石　目名潟村

同四斗八升　摩当村
残高百三拾四石三斗壱升弐合四勺
〈高方〉…………………
内弐拾石　岩屋十右衛門江向高五拾石之内、指上高三拾石引落残相渡候分、半知年ハ弐拾五石相渡候筈
同六石　畑清馬へ向高拾五石之内、指上高九石引落残高相渡候分、半知年ハ七石五斗相渡候
同六斗　川辺郡大沢村内宥捨壱石之指上方、御家中御扶持方へ相渡候分、半知年ハ五斗相渡候
残高百七石七斗壱升弐合四勺
此出米六拾三石七斗六升五合七勺
〈米方〉…………………
内弐斗九升三合　川辺郡大沢村関免渡米
同壱斗五升　同郡諸井村観音御初尾
同六斗　同村関免渡米
同弐升弐合　秋田郡浜井村虫祭前々ヨリ被下置候分
同六升五合　秋田郡浜井村関免
同三石三斗五升　村々組代免中考
〆四石四斗八升
残米五拾九石弐斗八升五合
右残米ハ小間物品々有之、石数此積ヨリ相増候、御家中引替ハ大豆三斗、米三斗ニ而上納、小豆・荏油同断ニて、

胡麻弐升代米四升ニ而上納、尤軽升受払也
此軽升六拾五石弐斗壱升三合
右之積ニ而此石数より相増候得共、中考
内荏油四石
此水油五斗弐升、御番処・御茶屋・御中の口御役所・御茶の間・御台処、夜廻不時用共、此払方左之通
一、荏水油五升八合七勺弐才　御茶屋御仕切
内壱升七合七勺　正月、二月、但し壱ケ月七合五勺、外ニ大晦日より正月七日迄弐合五勺まし
同壱升五合　二月、十月、十一月、壱ケ月五合宛
同弐升六合弐勺五才　三月ヨリ九月迄壱ケ月三合七勺五才宛
同五升八合七勺五才　御番処、渡方右之通
同五升八合七勺五才　御茶の間、右同断
同五升八合七勺五才　御台処、右同断
同五升八合七勺五才　夜廻り、右同断
同三升　御役処
内壱升　二月ヨリ九月迄、壱ケ月半盃宛
同五合　十月、十一月、壱ケ月壱盃宛
同壱升五合　十二月、正月、三盃宛
右六ケ処へ油入物六ツ、但し壱ケ処へ壱ツヽ、毎月朔日定之通相渡、其節壱ケ所へ附木弐把、とうしん

三分、行事御雑用ヨリ渡ス
同壱斗九升六合四勺　不時用
但し不時用ハ壱升宛、御役所へ受取指置、御公用、格別の御客様、火の要心等之為ニ備指置候而、臨時吟
味の上相渡ス
残而六拾壱石弐斗壱升三合
此分小間物故石数相増候得共、中考弐百四俵と考、御払直段三斗ニ付平均七百五拾文と積、此代百五拾三貫文位
（↓銭方へ繰入）

〈銀方〉--------------------
小役銀弐貫百六拾六匁七分九厘
右三百三拾五石七斗八升壱合小役銀
内三百弐拾弐匁六分五厘
右者岩屋重右衛門江御向高、当高五拾石之小役銀ニ而、同人へ渡ス分
同九拾六匁七分八厘
右者畑清馬江御向高、拾五石之小役銀ニて、同人へ相渡分
〆四百拾九匁四分三厘
残銀壱貫七百四拾七匁三分六厘

内八百八拾八匁　郡方御拝借諸井村当卯年上納銀利八朱、未年迄五ケ年崩
同五百四拾四匁　同郡大沢村ニ而拝借銀当卯年上納銀利八朱、未年迄五ケ年割
〆壱貫四百三拾弐匁

〈銭方〉----------

残銀三百拾五匁三分六厘
此代銭三拾弐貫四百八拾弐文
両替銀壱匁ニ付百三文中考
外ニ銭百五拾三貫文（米方より繰入）
米小間物御払代之中考
二口〆百八拾五貫四百八拾弐文
御備方御取扱之分
右御借方追年御返済相済候ハヽ、此備高ハ格別ニ備置候而、往々御本屋・御蔵・御長屋等、新規御普請被成置候格別之御備ニ致可申、半知御借上之年ハ、右積ヨリ相増候、未年迄ニ郡方御拝借相済候迄、一統御借方・御買物代等者、未年迄五ケ年中即みな御断被成置候而、中年郡方郡方（衍）御拝借相済候上、御借方・御買物代、段々御取扱被成置候御定ニ御座候
前件之通、此度御改格、諸向御仕切御財用之御

基本被定置候間、右御仕□（破損、法カ）を以、御基本相立候様ニ可仕候、以上
丁卯
十一月

組下給人の借知
――十二所給人曲木氏の記録から――

半田 和彦

はじめに

秋田藩の借知分野の研究は大きく分けて三つの方向からの分析がこれまであった。第一の方向は藩の側から借知制度を分析するもので、その代表的論文は高橋務氏の「中期秋田藩の借知政策について」である。(1) この中で宝暦元(一七五一)年から文化十二(一八一五)年までの範囲で、宝暦元年をはじめ九年間は借上率未詳とはしているが、それ以外は各年ごとの借上率を表(同論文中の表2)として示している。また、「四、借知と支配政策」の部分で借知が藩の在方支配にどのように反映したかを明らかにする中で検地役の事務取扱量の増大に対応して天明元(一七八一)年十一月十五日に郷村奉行が設定されたことを示している。

第二の方向は村の立場から見た借知制度で、その代表的論文は茶谷十六氏の「秋田藩における地方知行制の実相」である。(2) 同論文中の表2で一八世紀以降の秋田藩の知行借上げ率を『近世の秋田』(3) から転載し秋田藩では借知割合が半知から四六へ漸次移行していく姿を示している。この中で特筆すべきは仙北郡国見村を分析対象として文久二(一八六二)年給人別指上高、特定給人の百姓ごとの指上率、上納高別百姓一覧等を作成し地方知行制下の指上高の徴収に関わる事務手続の複雑さとその正確さを論じている点である。

第三の分析方向は指上高を出す給人の立場からのもので、半田市太郎氏は『秋田県史』第三巻近世下において武士の生活部分で給人益子氏、吉沢氏の村ごとの指上高(表28)や、百姓ごとの知行高に占める指上高(表29)を明らかにしている。(4)

以上、三つの方向からの分析があるが、本稿は第三の給人の立場からの借知制度の観点に立ちながら従来分析できていなかった一七世紀後半の借知制度開始からその終了となる明治元年までの指上率を表として示すとともに、九〇年間と長期にわたる借知状況と知行村から見た指上高の配分についての二つの側面が具体的に分かる十二所の組下給人曲木《まがき》源五兵衛家を分析対象として明らかにしたい。なお、「借知」、「借上」と「指上(差上)」の表現は、藩の立場から見れば家臣への知行の一部を財政難対策として借り上げるため「借知」、「借上」と表現されている。一方、家臣の側からは知行高の一部を藩財政窮乏への対策の一環として自主的に藩に差上げる「指上げる」との考えから「差上高」、「指上高」と表現している。秋田藩では「借知」への藩からの返還はなかった。

一　十二所給人の概容

南部領境の十二所では藩成立当初から城代、後に所預となる重臣が藩の直臣家臣団を組下として預かりながら自らの家臣団(陪臣)である家中を支配し駐屯していた。秋田藩領で組下給人と自らの家中家臣団が居住していた地点はこの十二所のほか大館、檜山、角館、横手、湯沢、院内の合計七地点である。十二所の城代・所預の変遷は次の通りとなる。
・赤坂下総守朝光　慶長八（一六〇三）～元和元（一六一五）年、城代。
・塩谷伯耆（知行四〇〇石）　元和元～元和六年、城代、十二所城破却以後、延宝七（一六七九）年まで所預。
・梅津五郎右衛門　延宝七～天和三（一六八三）年六月、所預、病気により辞任。
・茂木筑後（知行二五〇〇石）　天和三年横手より移動、所預。
以上、四代の城代、後の所預が置かれている。十二所の組下給人数及び知行高を示すと表1の通りである。なお知行高は正徳四（一七一四）年時のものである。

表1　十二所給人の知行高分布

知行高	人　数	
2,500石以上	1人	
300石　〃	1人	
150石　〃	4人（内1人　非組下）	
100石　〃	12人	
70石　〃	12人（内1人　その他）	
50石　〃	19人	
30石　〃	12人（内1人　その他）	
30石以下	34人	合計知行高
計	95人	8,768石262
足　軽	60人	494石002
合　計	155人	9,262石264

表2　曲木家の知行高

年代（西暦）	当　主	知行高
正徳　4年（1714）	曲木弥五兵衛	70
元文　4年（1739）	曲木源兵衛	71石余
宝暦　9年（1759）	曲木忠左衛門	71.3
文政　4年（1821）	曲木惣内	69.539
天保12年（1814）	曲木惣内	68.446

出典　正徳4「御国中分限帳」（県公文書館）
元文4「秋田藩分限帳」（　〃　）
宝暦9「久保田藩分限帳」（大館市立図書館）
文政4「佐竹次郎分限帳」（県立博物館）
天保12「久保田藩分限帳」（大館市立図書館）

本報告の曲木源五兵衛家の初代は同家系図によると「奥州曲木と申処住居仕候故曲木と申候由、伊達政宗に仕える」とされており、慶長七（一六〇二）年一七歳の時「仙台から秋田江罷越申候」とあり赤坂朝光とともに「阿仁、米内沢ニ住し」同地方の一揆勃発のとき戦功があり同八年朝光と共に比内新田村に移り、そこでの一揆でも功があったため同九年五〇石を賜り十二所に住すとある。(5) 以上から佐竹の秋田入部とともに仙台の伊達政宗家臣から離れ、赤坂朝光とともに阿仁地域の一揆鎮圧に功があり、赤坂の組下給人的存在として十二所に居住して以後、塩谷・梅津・茂木と所預が入れ替わっても十二所の組下給人として南部境を守る直臣団の家であったことが分かる。歴代の当主は惣内、源兵衛、源五兵衛（一時弥五兵衛、兵部、治部、忠左衛門の時もある）と名乗っている。
源五兵衛家の知行高を種々の分限帳から確認すると表2のようになる。基本的には藩政期ほぼ七〇石台の給人であったことが分かり、その知行高の内訳は御判紙が確認されていないため詳細は不明であるが、「年々指上高覚」(6)から知行村は山館村、中野村、森合村、大葛村、十二所と五か村であった。

二　「年々指上高覚」から

秋田県公文書館の東山文庫中に「年々指上高覚」と題される史料がある。これは十二所茂木筑後組下給人曲木源五兵衛家の延宝八（一六八〇）年から明和六（一七六九）年まで九〇年間にわたる指上高関係の記録である。同史料の記載形式は次の五つの様式に分かれている。まず、第一の様式部分、延宝八年～元禄七（一六九四）年は次のようである。

高七拾石　　曲木源兵衛
此御役米八石四斗　　五ヶ一　延宝八申ノ年
同七拾石
此御役米八石四斗　　五ヶ一　同九酉ノ年
同七拾石
此御役米八石四斗　　五ヶ一　天和二戌ノ年
（以下略）

知行七〇石の内、その五ヶ一に相当する二〇パーセントが指上高になるわけだから数値的には一四石が正しい筈だが、「此御役米八石四斗」とあることから考えると、一四石の六ツ成とすれば、一四×〇・六＝八石四斗となるので、ここでの「此御役米」とは藩に指上げる貢租量を示していると言える。

第二番目の様式は元禄九年〜同十一（一六九八）年までで、

同七拾石
此指上高拾七石五斗　四ヶ一地形ニ而百姓前より上納　同九子ノ年
此米拾石五斗

とあり、七〇石の四ヶ一に当たる一七・五とあり、その横に「此米」とあって貢租量が書かれている。しかし、「地形ニ而百姓前より上納」とあるように年貢徴収段階から指上対象高を耕作する農民が給人曲木氏を介さずに直接藩役人に納めていたことを物語っている。これは、指上米が給人を通して藩に納入されるシステムを取ると給人による未納がしばしば発生する傾向があったため、その対策として行われたものであった(7)。

第三の様式は元禄十二年〜享保元（一七一六）年までで、指上米に該当する百姓名とその指上高が列記されている。ただし、農民名はあるがどこの村の人かは不明。例えば元禄十二年の場合は次のようにある。

此指上米拾石三斗六升　内　七石九斗七升二合　十二所御蔵納
二石五升九合　野代御蔵納
三斗二升九合　旦那御蔵納
内壱石九斗八升三合　与四郎
同壱石四斗八升　徳兵衛

同弐石弐斗弐升　九郎兵衛
同壱石弐斗四升三合　弥蔵
同壱石四斗五升　三助
同五斗九升弐合　藤兵衛
同五斗九升弐合　清左衛門
同弐斗九升六合　甚太郎
同弐斗九升六合　佐左衛門
同弐斗八合　三十郎

第四の様式は享保二年〜同三年までで、これまでと異なり指上高の内訳と村名そして農民名が入っている。享保二年の場合は次のようになる。

高七拾石　曲木兵部
此指上高拾四石　但五ヶ一　但百石ニ付弐拾石之御割
内　四石五斗六升四合　秋田郡北比内　山館村
内　弐石六斗七升七合　与四郎　同壱石八斗八升七合　徳兵衛
（以下略）

これ以後、決定された指上高をどのように村ごと配分したのか、そしてそれが農民ごとにどのように配分されたのかが具体的に分かる。この年以降、曲木氏の知行村ごとの指上高を示すと表3のようになる。さらに、曲木氏の知行村が山館村、中野村、森合村、大葛村、そして十二所村の五か村であったことがこれ以降の記録で分かり、その中か

表3　曲木源五兵衛家の指上高と各知行村ごとの指上高の推移

年代	指上高	山館村	中野村	森合村	大葛村	十二所村	指上率
享保　2	14,000	4,564	4,276	5,160			20%
〃　3	21,000	6,847	6,416	7,737			30%
〃　4	26,497	8,420	8,116	9,961			45%
〃　7	15,663	5,010	4,873		5,780		26.60%
〃10	10,775	3,480	3,275		4,020		18.30%
〃11	10,775	3,480	3,275		4,020		18.30%
〃12	10,775	3,480	3,275		4,020		18.30%
〃13	13,904	4,480	4,275		5,149		21.70%
〃14	28,743	9,100	9,343		10,300		45%
〃15	28,743	9,100	9,343		10,300		45%
〃20	19,162	5,920	6,342		6,900		30%
元文　3	28,743	9,100	9,343		10,300		45%
〃　4	19,162	5,920	6,342		6,900		30%
〃　5	28,743	9,100	9,343		10,300		45%
寛保　元	19,162	5,920	6,342		6,900		30%
〃　2	28,743	9,100	9,343		10,300		45%
〃　3	19,162	5,920	6,342		6,900		30%
延享　元	28,743	9,100	9,343		10,300		45%
〃　2	31,937	10,160	10,105		11,672		50%
寛延　2	25,550	8,160	8,105		9,285		40%
〃　3	22,995	7,410	7,355		8,230		36%
宝暦　2	28,743	9,100	9,343		10,300		45%
〃　4	28,743	9,100	9,343		10,300		45%
〃　5	23,942	2,607	13,087		8,178	0,070	40%
〃　6	24,922	8,080	4,887		11,835	0,120	45%
〃　7	25,789 ママ(25,781)	7,243	6,987		11,431	0,120	45%
〃　8	27,842	9,208	5,000		13,250	0,384	45%
〃　9	24,558	8,300	4,300		11,631	0,327	45%
〃10	24,698	8,300	7,500		8,514	0,384	45%
〃11	24,166	8,200	7,000		8,582	0,384	45%
〃12	24,009	8,000	6,500		9,125	0,384	45%
〃13	23,363	8,500	6,354		8,136	0,373	45%
明和　元	25,497	10,386	8,394		6,333	0,384	45%
〃　2	25,686	10,386	8,394		6,522	0,384	45%
〃　3	26,131	10,611	8,394		6,742	0,384	51%
〃　4	18,955	4,229	7,588		7,138		38%
〃　5	26,396	5,304	9,700		11,008	0,384	51%

仁兵衛	与右エ門	長　作	喜右エ門	松兵衛	介　七	勘兵衛	半左エ門	伊兵衛	三之助	人数
										2人
										2人
										2人
										2人
										4人
										4人
										3人
										3人
										2人
										3人
										3人
										3人
										3人
										3人
										3人
										3人
仁兵衛										3人
										3人
0,042										5人
0,042										5人
0,042	与右エ門									5人
0,042		長　作	喜右エ門							5人
	0,042			松兵衛	介　七					5人
	0,042	0,068	0,013			勘兵衛	半左エ門	伊兵衛		7人
	0,042	0,112		0,189	0,030					7人
		0,156				0,363	3,686	0,078		5人
		0,156				0,363	5,000	0,078		5人
		0,158				0,363	4,201	0,078		5人
							5,000			2人
		0,156				0,363	4,603	0,078		5人
		0,156				0,363	4,403	0,078		5人
							5,000			2人
							5,925			2人
							5,925		三之助	2人
							6,011			2人
							1,598		2,631	2人
	0,042	0,461				0,423	1,700	0,078	2,600	6人
	0,086	0,502				0,423	5,211	0,078	2,600	6人

表4　山館村指上高と百姓ごとの分訳け

273,451(蔵分5,115、給分268,336)AH611-33　年々指上高覚　曲木源五兵衛　70石

年代	指上高	内山館高	与四郎	徳兵衛	清　八	清四郎	半十郎	長左エ門	小左エ門(肝煎)
享保2	14,000	4,564	2,677	1,887					
〃 3	21,000	6,847	4,017	2,830					
〃 4	26,497	8,420	5,080	3,340					
〃 7	15,663	5,010		2,060	2,950				
〃10	10,775	3,480		1,275	1,725	0,327	0,153		
〃11	10,775	3,480		1,275	1,725	0,327	0,153		
〃12	10,775	3,480		1,328	1,825	0,327			
〃13	13,904	4,480		1,728	2,425	0,327			
〃14	28,743	9,100		3,600	5,500				
〃15	28,743	9,100		3,600	5,300	0,200			
〃20	19,162	5,920		2,520	3,250	0,150			
元文3	28,743	9,100			5,300	0,200		3,600	
〃 4	19,162	5,920			3,250	0,150		2,520	
〃 5	28,743	9,100			5,069	0,431		3,600	
寛保元	19,162	5,920			3,250	0,150		2,520	
〃 2	28,743	9,100			5,069	0,431		3,600	
〃 3	19,162	5,920			3,250	0,150		2,520	
延享元	28,743	9,100			5,069	0,431		3,600	
〃 2	31,937	10,160			5,524	0,431		4,134	0,029
寛延2	25,550	8,160			4,324	0,431		3,334	0,029
〃 3	22,995	7,410			3,949	0,431		2,959	0,029
宝暦2	28,743	9,100			5,521	0,434		3,074	0,029
〃 4	28,743	9,100			5,524	0,431		3,074	0,029
〃 5	23,942	2,607			1,043	0,404		1,008	0,029
〃 6	24,922	8,080			4,520	0,352		2,834	
〃 7	25,789	7,243						2,960	
〃 8	27,842	9,208						3,611	
〃 9	24,558	8,300						3,500	
〃10	24,698	8,300						3,300	
〃11	24,166	8,200						3,000	
〃12	24,009	8,000						3,000	
〃13	23,363	8,500						3,500	
明和元	25,497	10,386						4,461	
〃 2	25,686	10,386						4,461	
〃 3	26,131	10,611						4,600	
〃 4	18,955	4,229							
〃 5	26,396	5,304							
〃 6	25,663	8,900							

ら山館村での指上高に関わる農民名とその指上高を年次ごと示すと表4のようになる。
第五番目の様式は享保四(一七一九)年以降に登場するもので、次のように史料の記載形式が変わる。

高七拾石　　曲木治郎
内　拾壱石壱斗壱升八合　不足
内　壱石四斗三升五合　川　欠　秋田郡北比内　山館村
同　弐石四斗四升四合　川　欠　同郡南比内　森合村
同　七石弐斗三升九合　延宝九酉ノ御竿打減同郡同　比内村
残高五拾八石八斗八升弐合
此指上高弐拾六石四斗九升七合　但高拾石ニ付四石五斗御割　但シ半知
内　八石四斗弐升　秋田郡北比内　山館村
内　五石八升　与四郎　同三石三斗四升　徳兵衛
(以下略)

これまでの借知制度と大きく異なり、川欠や打直検地実施による知行高の減少、いわゆる「打減り」等の減石分を「不足」と表現して御判紙高から差し引いている。その結果、曲木氏が実質的に貢租を確保できる分を「残高」と表現し、この「残高」にその年の指上割合「高拾石ニ付四石五斗御割」すなわり四五パーセントを掛けた分を「此指上高」としている。このようなシステムを展開させる背景には、給人から名目上の御判紙高を基準に指上高が決定されることへの不満があったものと考えられる。また、一七〇〇年代に入り秋田藩では種々の理由により耕地が荒廃し、生産不可能地が各所に発生したことで名目上の御判紙高との間に大きな乖離のあったことも分かる。曲木氏の場合の

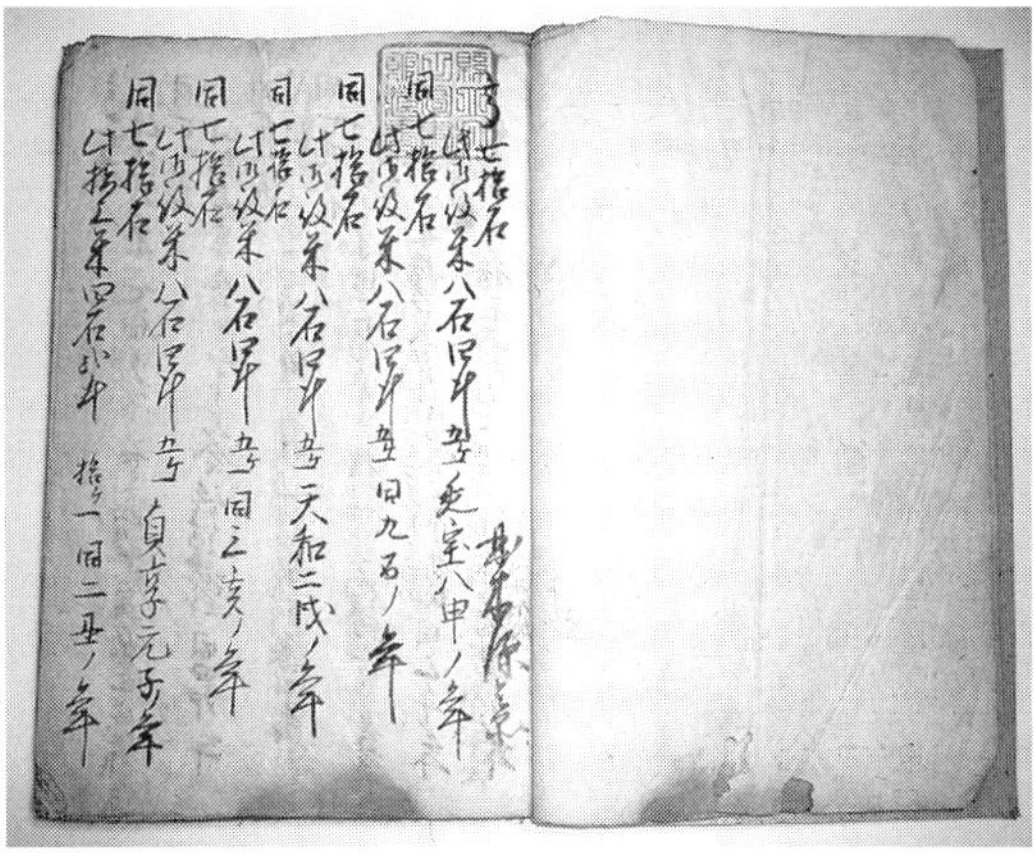

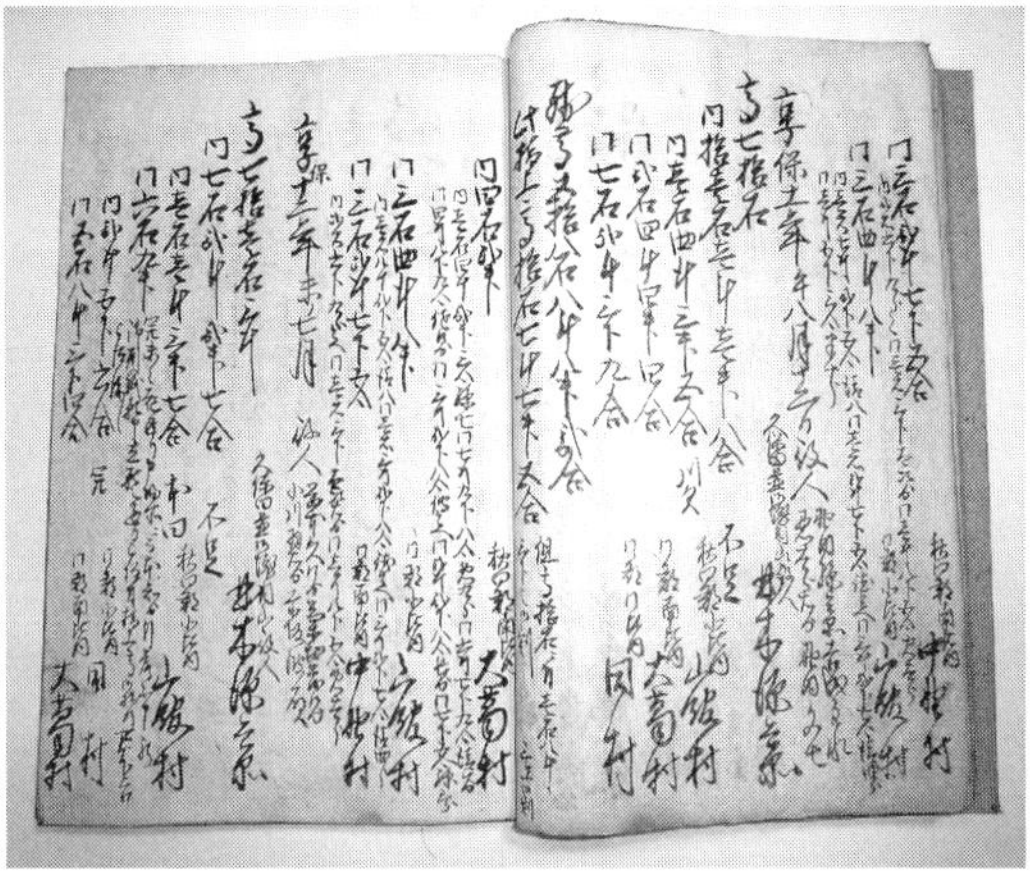

写真　年々指上高覚

不足高は御判紙高の一五・九パーセントであった。この不足割合は単に曲木氏のみの問題でなく、借知制度との関係で藩当局にとっても重要な問題であった。そのためか、寛政八（一七九六）年に「御家中指上高」[8]と題されるものが作成されており、そこには久保田給人七五六名の禄高と不足高、そして残高が記録されている。集計の結果、七五六名の不足高率は一七・五パーセントに達している。

以上、五つの様式で記録された曲木家九〇年間の指上高の推移は、在々給人ではあるがこれまで数多くの方が借知制度を分析してきたどの史料よりも多くの情報を提供している。では、この史料から注目されることを示すと次の四点となる。
①久保田給人と在々給人では指上率に違いがある。
②享保四（一七一九）年から不足高、残高の項目が登場する背景。

表5　久保田給人と在々給人の指上率の違い
（十二所給人曲木氏と横手向組下給人鈴木氏の場合）

年代	久保田給人の規定	在々給人の規定	曲木氏の指上率	
			久保田並	在々給人扱
延宝8	20%			20%
〃 9	20%			20%
天和2	20%			20%
〃 3	20%			20%
貞享元	20%			20%
〃 2	20%			10%
〃 3	20%			3.30%
〃 4	0			？
〃 5	25%			10%
元禄2	25%			10%
〃 3	25%			25%
〃 4	25%			25%
〃 5	25%			25%
〃 6	25%			25%
〃 7	25%			25%
〃 9	25%			25%
〃10	25%			25%
〃11	25%			12.50%
〃12	25%			25%
〃13	25%			25%
〃14	25%			25%
〃15	25%			25%
〃16	25%			25%
宝永元	25%			25%
〃 2	25%			25%
正徳4	5%		5%	
〃 5	5%		5%	
享保元	5%		5%	
〃 2	16.67%			20%
〃 3	25%			30%
〃 4	40%	45%		45%
〃 7	26.60%		26.60%	
〃10	18.30%		18.30%	
〃11			18.30%	
〃12			18.30%	
〃13			21.70%	
〃14	45%		45%	
〃15	45%	50%	45%	
〃20			30%	
元文3			45%	
〃 4			30%	
〃 5			45%	
寛保元			30%	
〃 2		30%	45%	
〃 3	30%	30%	30%	
延享元		60%	45%	
〃 2			50%	
寛延2			40%	
〃 3			36%	
宝暦 2			45%	
〃 4			45%	
〃 5			40%	
〃 6				45%
〃 7				45%

③給人による指上高の村への配分上の工夫。
④山館村名請人ごとの配分。

〃 8				51%
〃 9				45%
〃10				45%
〃11				45%
〃12				45%
〃13				45%
明和元				45%
〃 2				45%
〃 3				51%
〃 4				38%
〃 5				51%
〃 6				45%

久保田給人と在々給人の指上率

年代	久保田給人の規定	鈴木惣左衛門の指上率
文政8	50%	55%
〃 9	60%	63%
〃10	50%	55%
〃13	60%	63%
天保 3	60%	63%
〃 6	60%	63%
〃 7	60%	63%
〃15	不確定	63%

①久保田給人と在々給人では指上率に違いがある

本史料の中で曲木氏当主の名前の付近を示すと、正徳四（一七一四）年の場合「久保田並御境目山役人、曲木兵部」とある。これは曲木兵部の身分上の扱いが十二所所預茂木筑後の組下で身分的には「在々給人」扱いでありながら、城下久保田居住の給人と同列と見なされる山役人と理解できる。曲木氏が「久保田並御境目山役人」であった期間は、正徳四年～享保元（一七一六）年の三年間と享保七年～宝暦五（一七五五）年までの三四年間の二つの時期があった。これらの中で注目される記述があるのは享保二年部分で、

高七拾石　久保田並御境目山役人　曲木兵部
此指上高　拾壱石六斗六升七合　六ヶ一但百石ニ付拾六石六斗六升七合之御割
内四石弐斗九升八合　秋田郡南比内　森合村
同三石八斗四合　同郡北比内　山館村
同三石五斗六升五合　同郡南比内　中館村
享保二年酉八月十三日此書出兵部御境日役御免ニ付捨ニ成ル

とした後に、

高七拾石　曲木兵部
此指上高　拾四石　但五ヶ一　但百石ニ付弐拾石之御割

とある。曲木兵部が久保田並の時の指上高は六ヶ一で一〇〇石につき一六・六六七であったが、同年八月十三日境目役を罷免されたため、指上高は在々給人扱いとなり五ヶ一で二〇パーセントの一四・〇〇〇に増加した事実を示している。このことから秋田藩の借知割合は、知行高による基準とさらに久保田給人か在々給人かによって異なっていたことが分かる。
このことを前提として作成したのが表5である。久保田並であった正徳四〜享保元年にかけて曲木氏は見事に久保田給人規定の五パーセントとなっており、享保二年も当初は久保田並みに一六パーセントとなるはずであったものが在々給人規定の二〇パーセントに変更されている。享保四年は在々給人が四五パーセントで曲木氏側史料でも同一割合になっている。そのほか、享保七、十、十四、十五、寛保三(一七四三)年でも曲木氏が久保田給人規定の割合と一致しているのが分かる。

表6　上級家臣の不足高状況(寛政8年時)

	知行高	内不足高	不足高率
東家	7,628.27	1,155.09	15.10%
戸村十太夫	6,737.75	2,409.46	35.80%
多賀谷菊太郎	3,955.21	1,268.40	32.00%
梅津小右衛門	3,606.31	594.179	16.50%

②享保四(一七一九)年から不足高、残高項目登場の背景

借知制度実施の中で、給人の知行高を考える場合、現実的には「不足高」とされるものが重要な要件なことを示しているのが、享保四年七月二十二日の「向政之日記」にある「覚」である。(9)「在々給人差上高割」、次いで「久保田勤並指上高被召上候者」と知行高ごとに指上高が列記されたその後に、
一、知行高百石以上之者不足高有之候ハゞ、高百石ニ付五石より以上者、内書ニ致残高ニ而前書之御割之通差上高書出可申候
一、知行高百石以下之者、不足高有之候ハゞ少ニ而も内書ニ致前書之御割之通差上高書出可申事
とある。この年以降の指上高関係の通達に必ず登場するこれらの不足高記載事項は、同年以前には見

られないもので、明らかに享保四年から開始された新制度と見なして良いだろう。借知制度の不備、すなわち指上高の基準を名目上の御判紙高にするのではなく、年貢が見込めない不足高を差し引いた実質の有高を基準とすべきとの動きがあったからこそ、このような変更が行われたものと考えられる。

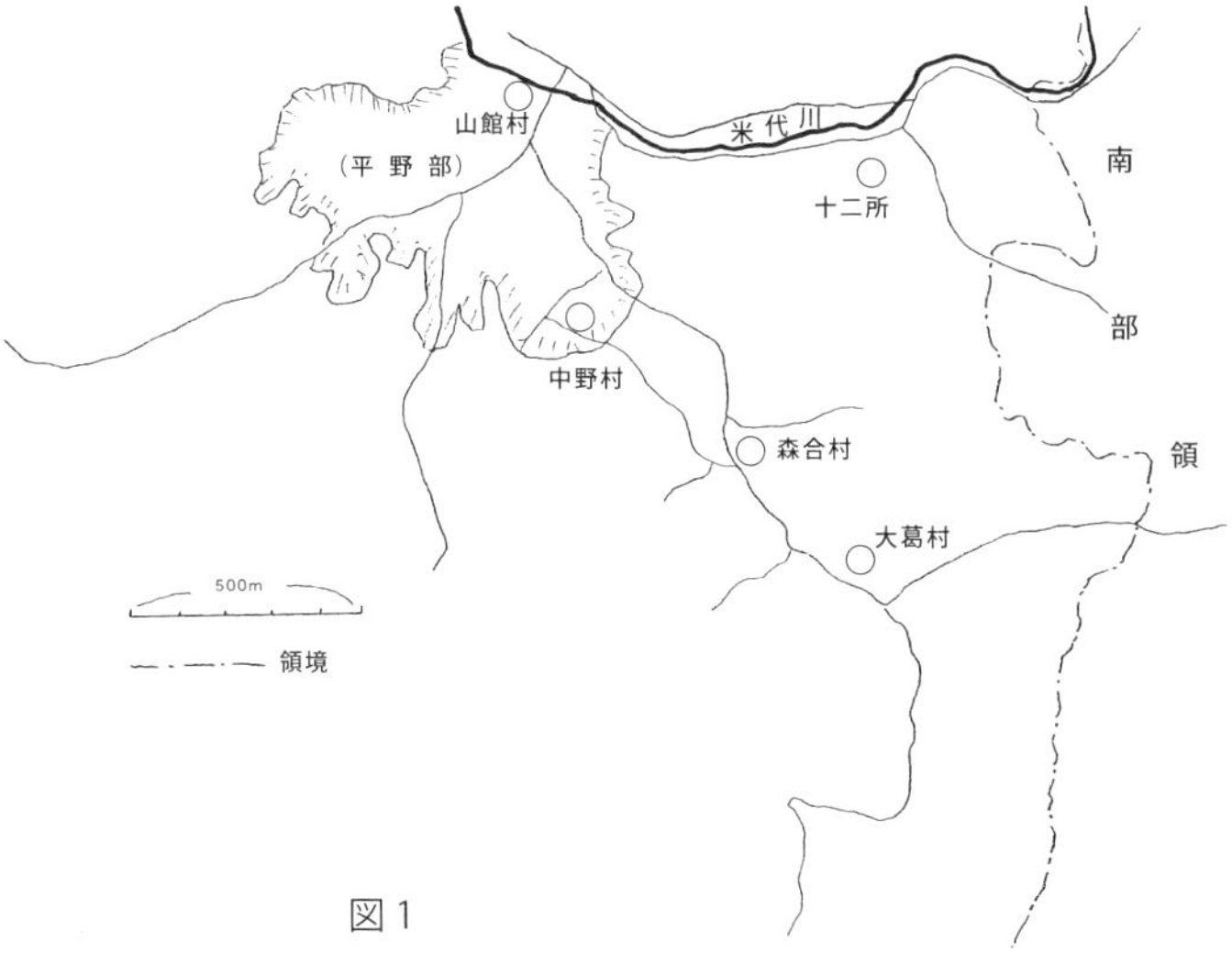

図1

前述したように寛政八年時、久保田給人七五六人の集計であるが不足高割合は、御判紙高の一七・五パーセントにも及んでいる。不足高の二、三の例を示すと表6のようである。不足高が御判紙高の三五・八パーセントにも及ぶ戸村十太夫をはじめ一〇〇〇石以上の上級家臣二〇人の平均不足率は二〇・七パーセント、五〇〇石以上の二二人では一七・五パーセント、三〇〇石以上の三一人では一九・六パーセントとなっている。これほどの不足高が発生する理由の大半は、打直検地による打減りであったことは黒沢甚兵衛家や梅津与左衛門家を例として別の機会ですでに説明したとおりである。[10]
秋田藩の総当高は入部一〇〇年後の宝永二年を最高値三四万九八二九石として以後減少傾向になり[11]、寛政六（一七九四）年には最高値より三万七〇〇〇石余り減少して、三一万二八〇七石になっている。[12]

③給人による指上高の村への配分の工夫

前述したとおり曲木氏の知行村は、指上高帳から推定して北比内の山館村、南比内の中野村を基本とし、享保二年から同四年までは南比内の森合村、同七年からは大葛村、そして宝暦五(一七五五)年からは十二所町が加わり、最大五か村と考えられる。寛政六年二月の「六郡惣高村附帳」[13]で山館村は南比内に入っているが、曲木氏史料では北比内とされている。

表7　十二所給人曲木源五兵衛家の指上高の推移

年代	禄高	残り高	指上高	指上率
延宝8	70,000		(8,400)	20%
〃 9			(8,400)	20%
天和2			(8,400)	20%
〃 3			(8,400)	20%
貞享元			(8,400)	20%
〃 2			(4,200)	10%
〃 3			(1,400)	3.30%
〃 4			(0,933)	?
〃 5			(4,200)	10%
元禄2			(4,200)	10%
〃 3			(10,500)	25%
〃 4			(10,500)	25%
〃 5			(7,560)	25%
〃 6			(10,500)	25%
〃 7			(10,500)	25%
〃 9			17,500	25%
〃10			17,500	25%
〃11			5,250	12.50%
〃12			10,360	25%
〃13			17,500	25%
〃14			17,500	25%
〃15			17,500	25%
〃16			17,500	25%
宝永元			17,500	25%
〃 2			17,500	25%
正徳4			3,500	5%
〃 5			3,500	5%
享保元			3,500	5%
〃 2			14,000	20%
〃 3			21,000	30%
〃 4		58,882	26,497	45%
〃 7		58,882	15,663	26.60%
〃10		58,882	10,775	18.30%
〃11		58,882	10,775	18.30%
〃12		58,882	10,775	18.30%
〃13	71,300	64,073	13,904	21.70%
〃14		63,874	28,743	45%
〃15		63,874	28,743	45%
〃20		63,874	19,162	30%
元文3		63,874	28,743	45%
〃 4		63,874	19,162	30%
〃 5		63,874	28,743	45%
寛保元		63,874	19,162	30%
〃 2		63,874	28,743	45%
〃 3		63,874	19,162	30%
延享元		63,874	28,743	45%
〃 2		63,874	31,937	50%
寛延2		63,874	25,550	40%
〃 3		63,874	22,995	36%
宝暦 2		63,874	28,743	45%
〃 4		63,874	28,743	45%

この五か村を地図上で見ると図1のように山館村と中野村の二か村は平野部に位置し、森合・大葛は谷間の部分に立地している。所預の茂木氏と組下衆のひとりである曲木氏が居住している十二所は、米代川沿いの細長い街道の両脇に発達した町であった。曲木氏の知行高七〇石余りの知行地は、居住地から直線距離で一キロメートル以内にまとまっていることが分かる。これらのうち、四か村の村高を寛政六年「六郡惣高村附帳」で調べると表8のようになる。
その村高の内として給分高が示されているが、その中に曲木氏分も当然含まれている。表3は曲木源五兵衛家の享保二(一七一七)年から明和六(一七六九)年までの指上高として出てくる村名とその高を示したものだが、この中から

〃 5			59,854	23,942	40%
〃 6			55,382	24,922	45%
〃 7			57,309	25,789	45%
〃 8			54,592	27,842	51%
〃 9			54,573	24,558	45%
〃 10			54,885	24,698	45%
〃 11			53,702	24,166	45%
〃 12			53,354	24,009	45%
〃 13			51,917	23,363	45%
明和元			56,659	25,497	45%
〃 2			57,080	25,686	45%
〃 3			51,238	26,131	51%
〃 4			49,882	18,955	38%
〃 5			51,756	26,393	51%
〃 6		▼	57,029	25,663	45%

注1　指上率は史料上の　五ヶ一、拾ヶ一、高拾石ニ付四石五斗御割等の割合を20%、10%、45%とした
注2　指上高の中の(　)のあるものは、史料上の数値のまま記入
8,400＝70石×0.2×0.6(六ツ成となり、貢租高表示にしているものと推定。
注3　元禄9年からは、基本的には禄高×指上率＝指上高になっている。
注4　享保4年からは、
禄高－不足高＝残り高となっており、残り高×指上率＝指上高と基本的にはなっている。

表8　寛政6年　六郡惣高村附帳から四か村の村高

村　名	当　高	内給分
山館村	273石451	268石336
中野村	847.907	707.686
大葛村	102.462	39.264
十二所村	498.058	0

各村ごとに指上高の最高値を抽出すると、山館一〇・六一一石(明和三年)、中野一三・〇八七石(宝暦五年)、大葛一三・二五〇石(宝暦八年)、十二所〇・三八四石(宝暦八年)となる。これら四か村の最高値合計が三七・三三二石となる。

次に、表6ですでに明らかにしたように、享保四年から不足高を差し引いた残高への指上率となっているので、宝暦以降の曲木氏の実質知行残高は五九石〜五一石の範囲となる。その結果、各村の指上高最大値合計との差は二二石〜一四石となり、各村の曲木氏知行高は指上高最大値からそれほど極端に離れた数値ではないと推定される。

さて、曲木氏は知行村四か村の知行残高から求められた四五パーセント余りの指上高を出すために、どのような工夫をしたのか明らかにするために作成した表3をみると、特別指上高の割合を低く抑えている知行村は見あたらないことが分かる。この点は、久保田給人の場合と大きく異なる点だと言える。ただし、一時期指上高に大きな変動のある年が見られる。表9にあるように三ヵ年の中に曲木氏の考え方が示されていると言える。宝暦五年山館を大幅に減少させる一方、中野村は翌年には前年の増加分を解消するかのように約三分の一の減少を行っている。この三年間の変動が村側の事情なのか、または曲木氏側によるものなのか不明だが、何らかの工夫の痕跡を見ることができる。この三年間以外、各村の割合に大きな変化は見られない。この傾

表9　宝暦4年〜同6年の山館・中野両村の指上高の推移

年　号	指上高合計	内山館村分	内中野村分
宝暦4	28,743	9,100	9,343
〃　5	23,942	2,607	13,087
〃　6	24,922	8,080	4,887

	明治2分限高	%	慶応4指上高	分限への割合
平鹿郡9か村	126,876	8.10%	116,750	A92%
仙北郡6か村	444,690	28.50%	270,682	C60%
河辺郡10か村	242,029	15.50%	174,835	B72%
秋田郡6か村	286,435	18.40%	61,743	E21%
山本郡11か村	184,621	11.80%	7,300	E3.9%
6郡48か村	274,974		241,158	B88%

A:90%以上の指上率
B:70〜89%の指上率
C:50〜69%　〃
D:30〜49%　〃
E:29%以下

表10　梅津藤十郎（政景家）分限高と指上高（四六年）
公文書館史料（AH317-274）（AH611-68）

	明治2分限高	慶応4指上高	割合
（雄）			
岩　崎　村	15,701	14,000	B　89%
岩井河村	6,926	6,700	A　97%
猿半内村	9,491	9,283	A　98%
八　面　村	17,971	17,222	A　96%
東福寺村	63,312	56,380	B　89%
大　沢　村	13,475	13,165	A　98%
（平）			
新古内村	36,139	13,700	D　38%
増　田　村	15,085	10,500	C 69.6%
横手前郷村	139,169	80,000	C　57%
大　沢　村	19,062	18,729	A　98%
黒　川　村	11,119	10,933	A　98%
二井田村	11,173	10,320	A　92%
道　地　村	106,470	60,000	C　56%
柏　木　村	93,902	60,000	C　63%
今　宿　村	12,571	6,500	C　51%
（仙）			
金沢新西根	140,768	100,856	B　71%
中田新田村	10,935	10,751	A　98%
堀見内村	36,784	17,730	D　48%
板見内村	9,843	8,500	B　86%
外小友村	0,990	0,973	A　98%
南楢岡村	42,709	36,025	B　84%
（河）			
赤　平　村	0,532	0	E　0%
高　岳　村	109,924	30,000	E　27%
古　野　村	63,693	30,100	D　47%
豊　巻　村	5,382	0	E　0%
芝野新田村	0,232	0	E　0%
豊　成　村	2,309	1,543	D　47%
松本新田村	17,351	0	E　0%
末　戸　村	85,000	0,100	E　0.1%
石　田　村	1,290	0	E　0%
二井田村	0,722	0	E　0%
（秋）			
柳　田　村	11,200	0	E　0%
寺　内　村	0,398	0	E　0%
岩　城　村	3,493	2,100	C　60%
天　王　村	121,375	0,100	E　0%
船　越　村	47,171	0,100	E　10%
荒　瀬　村	0,984	5,100	E　0%
（山）			
天瀬川村	6,079	5,998	A　98%
大内田村	3,646	3,000	B　82%
二井田村	0,188	0,100	C　53%
機　織　村	6,224	6,000	A　96%
鰄　渕　村	1,200	1,180	A　98%
種　　村	0,942	0,500	C　53%
薄　井　村	56,361	50,000	B　88%
比井野村	99,481	85,000	B　85%
大　沢　村	7,850	7,000	B　89%
藤　琴　村	22,818	21,000	A　92%
粕　毛　村	70,185	62,000	B　88%
合　計	1,559,625	872,468	
残り高	1,453,405	(873,068)	60%

向が一番よく現れているのが享保十四（一七二九）年から延享元（一七四四）年にかけてで、表3、6から指上率が四五パーセントの年と三〇パーセントの年が交互になっているが四五パーセントの年の山館、中野、大葛の三村の指上高の数値、及び三〇パーセントの年の三村のそれぞれが全く同じなことによって感じ取れる。

曲木氏の知行地が同家の居住地から一キロメートル以内と比較的近距離にあるため知行地全てにある程度の割合で均等に配分し、数字合わせをしていたものと推定されるが、この傾向、考え方は久保田給人の場合、誰が見ても選定にあたり明確な意図があったと思われるケースが多いことによってその違いが分かる。

城下給人から梅津藤十郎と長瀬主税の二家をその例として示すと次のようになる。梅津藤十郎の祖は、書き残した日記で有名な梅津政景である。藤十郎家の「明治二年分限帳」[14]が秋田県公文書館にあり、それより一年前の慶応四(一八六八)年時の指上高と指上村も同館の史料で分かる。[15]以上二つの史料を使って作成したのが表10である。

なお、この表にある分限高一五五九石六二五は次のような内訳になっている。

知行高　　一六八二石九三四　　(a)
　内　　　二二七石八一五　　惣不足高　　(b)
残高　　一四五五石一一四(計算上は一四五五石一一九)　　(c)
　返納　　一〇四石五一一　　(d)
(c)+(d)　=　一五五九石六二五　　分限高

安政二(一八五五)年の「分限帳」[16]によると幕末時一〇〇〇石以上の給人は二三人であったが、その中に属する藤十郎の知行村の実態は二〇〇石を超える村は一つもなく、藩内の全ての郡である六郡に四八か村の知行村が存在する分散した状況にあったことが分かる。そのうち二八・五パーセントを占めるのが平鹿郡九か村であった。慶応四(一八六八)年の指上村とその内訳を見ると、藤十郎の居住地である久保田からの距離と指上率とがかなり密接に連動していることが分かる。すなわち、久保田から見て遠方になる雄勝・仙北・山本の各郡が指上率がA(九〇パーセント以上)またはB(七〇～八九パーセント)で、逆に城下近郊の河辺・秋田両郡がE(二九パーセント以下)となっている。ここに給人が指上村を選定するに当たり、明らかに居住地久保田に近い知行村は基本的に直納を求める地方知行制をあくまで維持することで、村との関係を断たない方針があったと見ることができる。

表11　久保田給人長瀬氏の文政11年時の指上高

郡名	村名	安政2年御判紙高	文政11年指上高	御判紙高への割合
雄勝郡	川連村	0,042	0,042	100%　A
平鹿郡	上鍋倉村	0,072	0,065	90%　B
	上吉田村	2,936	2,932	100%　A
仙北郡	鐙見内村	86,705	60,902	70%　B
	土崎村	71,869	58,273	81%　B
	板見内村	7,000	6,653	有高の100%　A
	蛭川村	4,250	4,250	0%
	外小友村	0,047	0	0%
	沖郷村	5,000	0	0%
河辺郡	末戸村	4,874	0	0%
	田草川村	3,750	0	0%
	三内村	4,600	0	0%
秋田郡	保戸野村	1,091	0	0%
	黒川村	4,057	0	0%
	北川尻村	9,977	0	0%
	青崎村	15,000	0	0%
	山田村	5,000	5,000	100%　A
	道川村	10,000	0	0%
	乱橋村	5,247	0	0%
	笠岡村	4,353	0	0%
5郡20か村（集計上）		245,893（245,870）	138,117（有高230,195）	60%

次に長瀬主税（平右衛門）家の場合を見ると次のようになる。常陸以来の家臣で同家に残る知行目録から『秋田市史』第三巻近世通史編第四章第二節「給人知行」のところでくわしく同家の知行高の推移が示されている。その中から安政二（一八五五）年御判紙高と、それ以前ではあるが文政十一（一八二八）年の指上高を知行村ごとに示したのが表11である[17]。

文政十一年時の指上率は四六の年であった。表によると城下から遠距離にある雄勝・平鹿そして仙北を中心にAとBが多く、近距離の河辺・秋田郡の大半が指上高皆無となっている。このことから明らかに遠方知行地を捨てて、城下近郊知行地を温存しようとした意図を見て取ることができる。

④山館村の名請人ごとの配分

曲木氏の知行地山館村の場合、表3ですでに示したように曲木氏の指上高に占める割合は基本的には三二パーセント前後で推移しており、中野・大葛村についてもほぼ同様の割合である。このことから、山館村が曲木氏にとり特別指上で配慮した地点ではないことは明らかである。さて、表4で明らかなように享保二年から明和六年までの三八年分の百姓ごとの指上高が分かる。百姓ごとの指上高が三八年分と長期にわたり確認できるケースは今回が初めてである。

同表の中から読みとれることを列記すると次の三つとなる。
(1)　同村の百姓数、及び百姓ごとの持高が不明なため明確には言えないが、三八年分で常に指上高を割り付けられた者はひとりもおらず、登場する百姓数は一七人だが、その中で割付回数が最も多いのが長左衛門で二四年分、最少は一年(回)分の三人である。
(2)　村としての指上高の大小にかかわらず、百姓数は二～七人の範囲となっている。
(3)　指上高が特定の百姓に固定することなく、順繰りに振り分けられ、基本的には名請高の範囲内で平等に負担していたと考えられる。
以上から総合的に分かることは、指上村の決定や村ごとの配分高、そして最終的には百姓ごとの配分に至るまで、全てに給人自らの考えに基づき数量や人選が決定されていたといえる。

まとめ

秋田藩の借知制度への研究は、これまで半田市太郎氏による給人側からの分析が中心であったが、最近茶谷十六氏により豊富な史料の分析で村方の立場からの追求が加わった。今回、十二所所預茂木筑後組下の曲木氏の延宝八(一六八〇)年から明和六(一七六九)年までの約九〇年にわたる借知状況を指上高の推移だけでなく、その指上高が村の中でどのように百姓に配分されたかという二つの側面から分析することができた。この作業の中で、

(1)　在方給人の指上高割合をこれまで以上に具体的に明らかにすることが可能となった。
(2)　借知制度そのものの動きとしてこれまで示されてこなかった享保四(一七一九)年に初めて実施された「半知」制度とほぼ同時に「不足高」を考慮して残高(または有高)を基準とした指上高に変更されたことが分かった(「向政之日記」同年七月二七日の条)[18]。
(3)　指上高が村の中でどのように各名請人に配分されるのか、山館村を例として表4で明らかにできた。その結果、特定人物に集中的に配分するのではなく、広範囲に対象者を定めて負担させていたことが分かった。
藩財政を維持する政策として延宝三(一六七五)年に登場した借知制度は、それを負担する給人にとっては生活の基盤である年貢収入を減少させる施策であったから、給人たちはその損失をできる限り少なくするため努力した。それが、藩として半知に踏み切った享保四年のまさにその年から借知割合を御判紙高を基準とするのではなく、御判紙高から不足高を減じた残高(有高)とさせることであった。

また、給人はどの村を指上地とするかの選定に当たり、自己の経営に最も有利になるよう工夫していた。それは城下給人の場合で見れば、居住地秋田から遠距離の知行地を原則的に指上地に選定している。このことは、知行村の管理のための巡回(廻村)などの諸経費が遠方ほど掛かり増しになることを見れば、経費負担の少ない城下近郊知行地を直納村として温存するのはごく自然のことであった。「黒沢日記」文化十一年十月二十三日の条に「知行所千屋村へ用事有之候付今日より罷越申候」とあるように[19]、同日記や『渋江和光日記』等に秋の頃知行所への廻村記事が頻出している[20]。

以上の分析から借知制度を給人の立場から見れば、藩の施策に対していかに損失を少なくし、自己の家計を維持するのかの静かな攻防戦を展開していたとも言えるだろう。

註

(1) 高橋務「中期秋田藩の借知政策について」(『秋大史学』三四号、一九八八年)。
(2) 茶谷十六「秋田藩における地方知行制の実相」(『秋大史学』五四号、二〇〇八年)。
(3) 国安寛他編著『近世の秋田』(さきがけ新書、秋田魁新報社、一九九一年)。
(4) 『秋田県史』第三巻近世下、六〇～六一頁。
(5) 秋田県公文書館所蔵「源姓曲木氏系図」ＡＨ六二―一八。
(6) 秋田県公文書館所蔵、ＡＨ六一一―三三。
(7) 『国典類抄　雑部二』(秋田県立図書館編、秋田県教育委員会発行、一九八一年)。
(8) 秋田県公文書館所蔵、「御家中指上高　三冊之内上」三一七―四五―七。
(9) 『秋田県史』資料近世編上　五二三頁。
(10) 拙稿「代知と上り地」(『秋大史学』五八号、二〇〇一年)。
(11) 『秋田県史』第二巻近世上　第一〇五表　秋田藩前期当高推移表による。
(12) 『秋田県史』第二巻近世上　第四一表　蔵入高と給分高と給分高表による。
(13) 『秋田県史』資料近世編上　三〇五「寛政六年二月　六郡惣高村附帳」。
(14) 秋田県公文書館所蔵、ＡＨ三一七―二七四。
(15) 秋田県公文書館所蔵、ＡＨ六一一―六八。
(16) 『秋田沿革史大成　下』(橋本宗彦編著、加賀谷書店発行、一九七三年)七〇一頁。
(17) 『秋田市史』第三巻近世通史編　表五〇　文政十一(一八二八)年、長瀬氏差上高による。
(18) 『国典類抄　雑部一』一五五～一五六頁。
(19) 『黒沢家日記』(秋田市立佐竹史料館『黒沢家日記解読資料集(一)』二〇〇〇年、二〇頁)。
(20) 『渋江和光日記』(秋田県公文書館編。文政十年九月七日条、天保四年九月三十日条他)。

佐竹北家の分領統治——秋田藩の所預制の特質について——

加藤 民夫

はじめに

全国諸藩における領内家臣の知行形態の性格をめぐる議論がなされて久しい。まず戦後の研究成果に限ってみても、枚挙に遑ない状況である。

その中で際立って明快な論拠を提示したのは、『体系日本歴史』4幕藩体制の記述である。(1) それによれば寛永十二(一六三五)年の武家諸法度をもって「大名の小国家的地位が確定した」と規定し、幕府軍役の忠実な負担に耐え得るための上士・中士の知行分散を行い相給・坪高《ならしだか》の方法をもって負担の公平を図ったものと、藩の知行形態を位置付けた。

一方、金井圓氏はその著書『藩政』(2) の中で、地方知行を行う武士の土地所有権と行政裁判権は時代と共に次第に否定されてゆき、年貢徴収権のみが残されたと論じている。さらに金井氏は『土芥寇讎記』を使って、元禄期までに地方知行を残す藩は、御三家3・家門3・譜代6・外様30であるとし、全藩数の一七パーセントに過ぎないと結論された。しかし、その一方で一七パーセントの藩の持高が五五パーセントに達する点が重要であると指摘している。

そのまとめとして、地方知行制を藩制確立の指標と見るべきかどうかの観点から次の三つの見解を紹介している。
①地方知行は適合的制度とみる(藤野保氏)。
②地方知行は中世の遺制とみる(谷口澄夫氏)。
③地方知行は藩制確立の指標とはならない(佐々木潤之介氏)。
筆者はこれらの是非について、安易に結論をだすべきではないと考える。なぜなら諸藩の実情を具体的に分析して見なければ、評価できないからである。

ここで小論の秋田藩の一門を中心とする分知政策を考えるとき、前田・島津・伊達などの外様大名の知行形態が参考になると考える。とりわけ、ジョン・F・モリス氏が論じた「仙台藩の地方知行[3]」は、同じ東北の外様大名として検討に値すると思われる。モリス氏の説に従えば、仙台藩の特権的大身給人の実態は、特殊拝領形態であり、必ずしも中世的残存形態と見なすべきではないと論じている。しかも小論が扱おうとしている秋田藩の「所預《ところあずかり》」も同様の形態と位置付けている。

これに対して、『秋田県史』近世通史編では「寛永四年窪田配分帳」を使って、大身層の分析を行っているが、その知行地の統治について具体的な分析は行っていない。つまり軍事的要地である十二所・大館(以上大館市)・檜山(能代市)・角館(仙北市)・横手(横手市)・湯沢・院内(以上湯沢市)の七箇所に一門・重臣を配置して知行を分与したと述べるに止まっている。

以後研究が進み、今野真氏は「初期秋田藩の検地と知行制[4]」において、転封による占領軍の性格から給人の土地支配が進められた。ここでの地方知行は藩権力が給人・農民・村を一体として把握し、六ッ成高制によって物成・諸役の搾取を限定づけたと結論づけた。

また、金森正也氏は『秋田藩の政治と社会』(5)のなかで、所預について触れ、一般の給人の支配形態とは別個に論ずべきであると提案されている。そして江戸後期になって湯沢の佐竹南家と郡方の紛争を取り上げ、所預の特殊権益が藩によって承認された実例を挙げている。

以上の成果を踏まえて、小論は角館領を統治する一門の筆頭である所預佐竹北家を素材として、所預の実態を次の二点に絞って検討を加えてみたい。
(1) 藩主と北家の主従制はいかなる形で貫徹していたのか。
(2) 北家当主と領内家臣との主従制および領民の統治はどんな方針で進められていたのか。
幸いにも江戸初期から明治までの「北家御日記」が存在するほか、「北家文書」「吉成文庫」さらには「国典類抄」以下の諸史料があり、このテーマの解明を可能にしてくれると考えて取り組んだ次第である。

一　所預佐竹北家の成立事情

秋田藩における一門を中心とする有力家臣への分知政策は、関ヶ原合戦の二年後、すなわち、慶長七(一六〇二)年を起点とする。この年の五月八日、徳川氏による佐竹氏の転封が決定し、「出羽国之内秋田仙北の両所」を知行すべしとの判物が下されたことによる。この判物には石高こそ示されていないが、常陸五四万石の佐竹氏にとって大幅な減封であることは確かであった。そこで藩主義宣《よしのぶ》は、将軍家にたいして、どれだけの石高で奉公すべきかを問うたところ、その回答は一八万石であるということであった。(6)この意向にそって、義宣は国替えに当たって、「五十石、百石取りの家臣たちは現地に留まり、自活するように」との指示を与えたのである。

このような過程を経て秋田に足を踏み入れた佐竹氏にとって、当面の課題は、同行した一門・重臣たちにどれだけの知行宛行をすべきかということであった。何しろこれまで所持していた石高の三分の一に減少した状況での配分であり、頭を悩ます問題であった。とりわけ北関東の宇都宮・真壁・多賀谷といった有力な豪族を抱え込んだ家臣構造からみて、彼らをどう処遇すべきか苦心することになる。その中から、冒頭に述べた領内七つの軍事拠点に箭田野（院内）、南家（湯沢）、須田（横手）、葦名のち北家（角館）、多賀谷（檜山）、小場のち西家を称する（大館）、赤坂（十二所）を配置し、これがやがてその分知高の大きさと軍事上の重要性から「所預《ところあずかり》」または「所持《ところもち》」と呼ばれることになる。[7]
小論で取り上げる北家の場合は所預七家の筆頭の位置を占めるようになるが、先学の業績[8]を借りつつ、それに至る過程を簡潔に述べておきたい。秋田における北家の初代当主は義廉《よしかど》である。藩主義宣に従って秋田入りしたのは、慶長七（一六〇二）年のことであった。ただちに仙北長野（大仙市）に知行を与えられ、紫島に根拠地を置くことになった。しかし、当時はまだ一一歳の若さであり、その統治は老臣に頼らざるを得なかった。
その義廉は慶長十九（一六一四）年、大坂冬の陣に従軍しようとしたが、遠州掛川宿で病死する。二三歳の生涯であった。主君を失った家臣らはきわめて不安定な境地に置かれたことになる。しかし、寛永五（一六二八）年、京都の大納言高倉永慶《ながよし》の第二子である重丸を家督に迎え、どうやら安定を取り戻した。この重丸は成長して義隣《よしちか》を名乗り、北家を興隆に導いていった。
承応二（一六五三）年、佐竹義宣の弟盛重（のち義勝と改む）の葦名家が三代千鶴丸の死去により断絶するという非運に見舞われた。その結果として、明暦二（一六五六）年、跡地角館に義隣が分知されることになり、北家の所預時代のスタートが切られた。義隣が二九歳のことであった。しかし、まだ知行高は当高にして三六〇〇石ときわめて少なかった。義隣はこれ以後天和元（一六八一）年九月、嫡子義明に家督を譲るまでの二六年間、角館の所預として政務を行った。しかも義隣は京都高倉家の出身であることから、隠居後も大殿様として当主義明に指示を与え、その権限を保持していた。佐竹宗家の側も義隣にたいして極めて丁重な態度をもって接していたことが、様々な行事の場面で確かめられる。

二　藩における北家の地位について

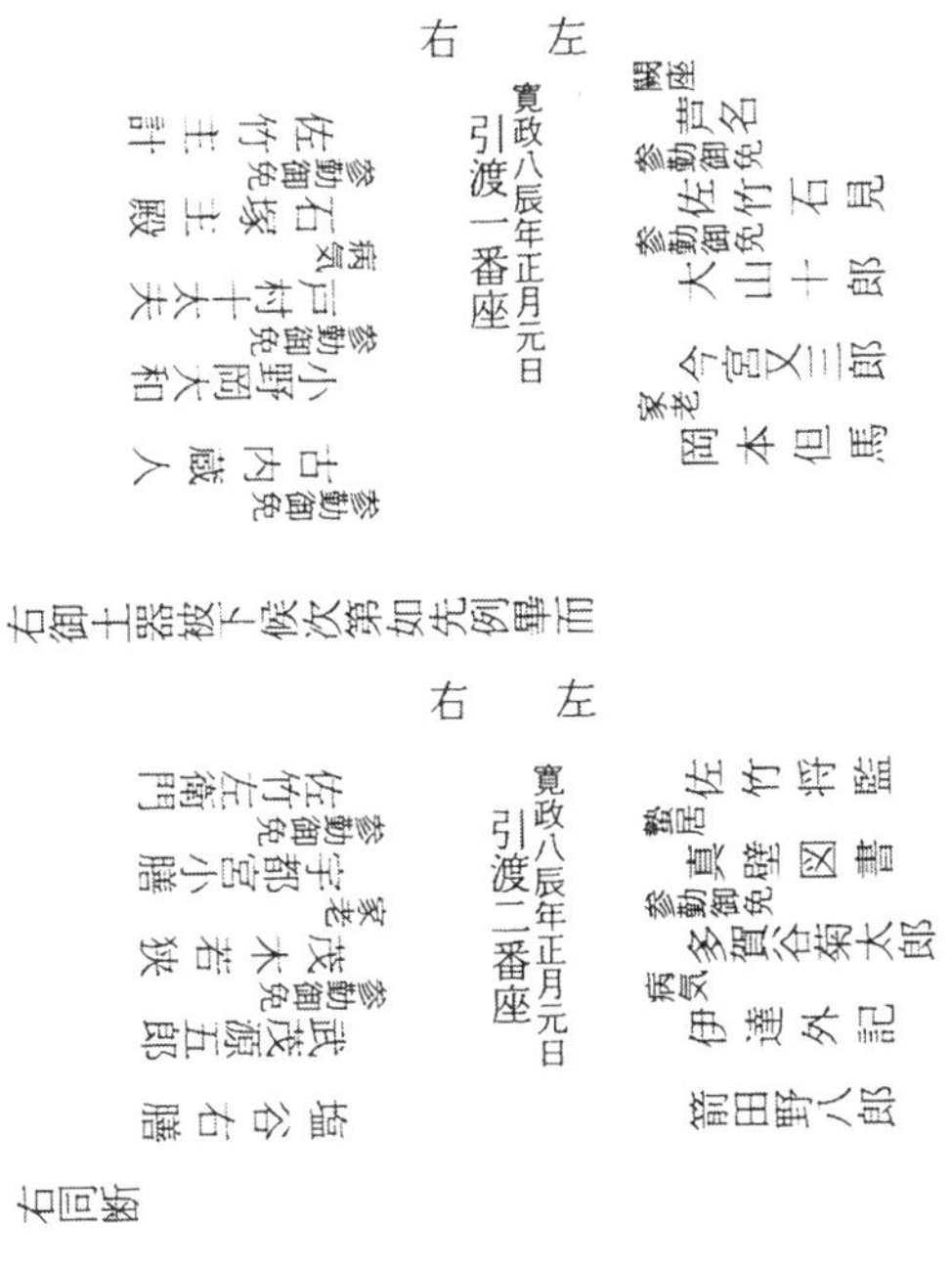

図1　引渡座席図（寛政８年）

まず、佐竹宗家の連枝である北家が他の一門や有力家臣と異なり、所預としても優越した処遇を受けていたことを確かめたうえで、角館地方の領地支配を見てゆくことにしたい。

その第一は家格の中心をなす、藩主の前で正月に杯を賜る座列、すなわち座格はすでに『国典類抄』(9)に関連記事として記されている。さらに後年の記録である『御亀鑑』(10)に図1のごとく示されている。

これを見てわかるように佐竹主計（北家）が引渡一番座の右第一に指定されている。ちなみに左第一番は闕番（葦名氏）とされている。この起源は元和元（一六一五）年正月まで遡るのである。まずは一門の筆頭の家柄であることが確認できる。

第二は藩主の交代、葬儀などの重要事項に関する会議や代行、さらには藩政上の諮問に応ずるなど、一門の重鎮として処遇されていることである。たとえば延宝二（一六七四）年の一月七日の「佐竹北家御日記」[11]（以下「日記」と略す）には、在郷衆与力持の者が支配するすべての与力を「組」と呼ぶことに決定した。しかし、義隣は「組」では同格と受け取られるので、「組下」とすべしと提案してそのように改められた。

また、元禄十五（一七〇二）年十月二十七日（「日記」）には、義隣が死去したが藩は藩主の名代として家老真壁甚太夫を送り、丁重な弔意を示している。翌十六年八月十九日、三代藩主義処《よしずみ》が死去した。そのさいは、当主義命《よしかた》が江戸まで登り、新藩主義格《よしただ》の家督承認につき、将軍綱吉に御礼を述べる席に同席している。しかも、先代藩主義処の法要を義命が名代となって務めている。

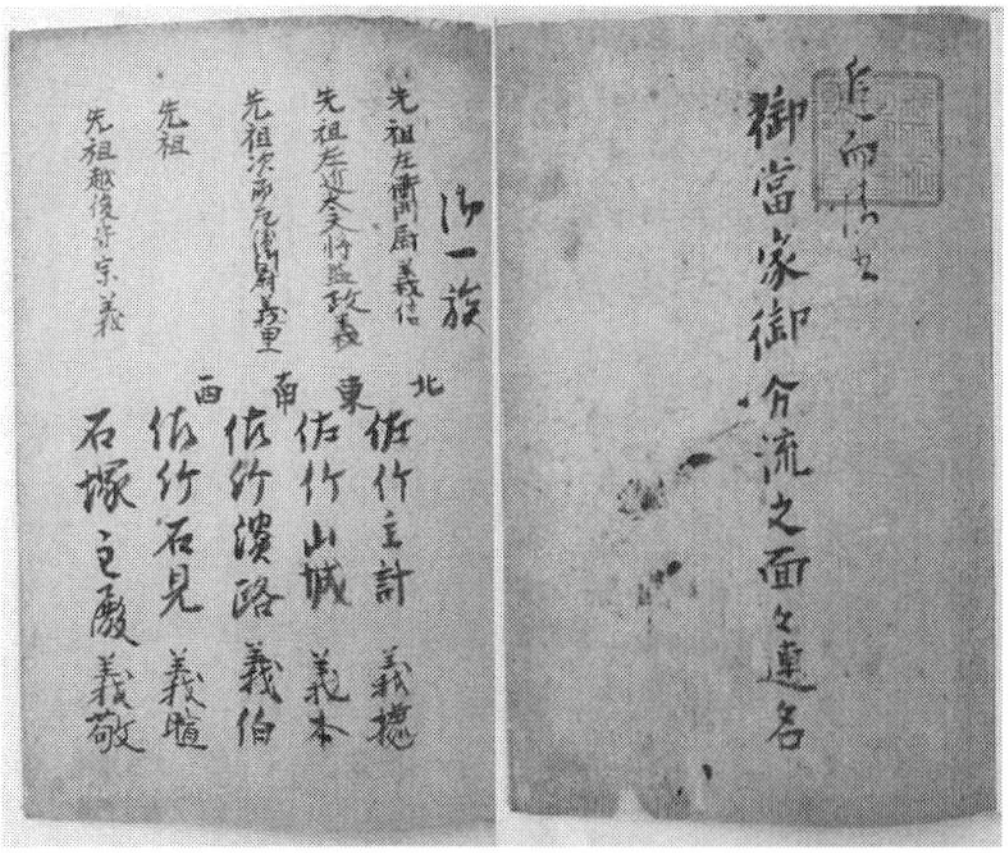

写真１　御当家御分流之面々連名
（秋田県公文書館所蔵　県 A288-3）

天明六（一七八六）年五月二十八日の佐竹河内義躬《よしみ》宛の書状[12]には「この度のご改革につき、向き向きへ御用銀申し渡し候」と述べて、火災など難儀とは存ずるが、ぜひ負担してほしいと丁重に御用銀の醵出を要請している。所預筆頭の協力が不可欠なることを示すものである。

第三は藩政への批判や変更を求める際の中心的な役割を担う点である。たとえば宝暦七（一七五七）年の銀札事件においては、その執行停止を求める急先鋒として、佐竹図書義邦《よしくに》は一旦謹慎を命じられる。しかし、弁明に努め[13]最終的にはその主張が認められ、銀札執行推進関係者がことごとく処罰され、義邦らは恩賞五〇〇石を与えられ決着した。

一方、寛政七(一七九五)年九月に出された郡奉行再設置に関する通達について、北家義躬が敢然と抗議を申し出た時は、事はうまく運ばなかった。再設置が執行されると、所預の権限は大幅に縮小され、角館周辺農村の統治権は郡奉行の掌握することが明らかとなったからである。義躬は再三家老の岡本但馬を通じて、通達の変更を求めたが、藩の執行方針は変わることがなかった。(14)

以上のことから、秋田藩にとって北家の存在は、宗家を守護する頼もしい重鎮であると同時に、時には藩が進める政策に抵抗し、ブレーキをかける極めて警戒を要する両刃の剣に似た存在であった。しかし、何と言っても北家は元文二(一七三七)年に記録された「御当家御分流之面々連名(15)」を見ても(写真1)、「第一族、先祖左衛門尉義信　北佐竹主計義拠」が冒頭に載せられていることでも分かるように、文字どおり、秋田藩を代表する第一の重臣であることは、自他共に認めるところであった。

三　三代当主義明の治世

延宝九(一六八一)年九月七日、これまで角館所預として政務を担当してきた義隣は五四歳にして、家督を嫡子義明に譲った。そのときの様子が「八つ過ぎに久保田より飛脚来たり候、大殿様御隠居の御訴訟六日に御披露、同晩老中三人御城より直々屋敷へ来られ候て、御意の趣隠居の御暇申し上げ候、年はまだしき候らへども、近年は病入にもまかり成り候、その上両度の申し上げ候につき、その通りに願いのごとく仰せつけられ候、左衛門(義明)家督ご相違な

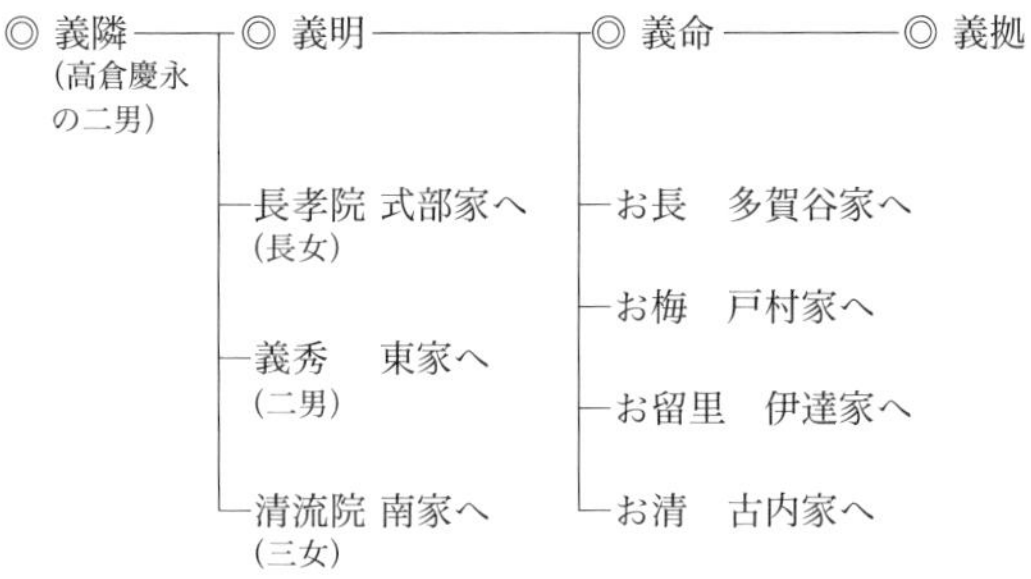

図2　佐竹北家（義隣〜義拠）系図

く組下等まで仰せつけられ候、左衛門に下され候五百石を直々主計（義隣）へ遣わし候」（「日記」）と記されている。

義隣の隠居の決定が本藩において慎重に取り扱われていることが分かる記事である。つまり、老中三人が久保田の北家屋敷を訪れ、義明《よしあき》への家督相続を認めるとともに、組下支配の継続を許した。さらに義隣には義明に与えていた五〇〇石をそのまま継承させたのである。誠に行き届いた藩の対応ぶりである。

こうして、義明の時代へと移行したのである。ところが義明は父義隣に先立つこと三年、元禄十二（一六九九）年一月に死去する。五七歳の生涯であり、一九年の治世であった。ここで義明の治世の具体的な出来事を見ておこう。承応三（一六五四）年、一二歳にして藩の証人（人質）として江戸にはじめて登り、翌明暦元年に帰国する。以後明暦三（一六五七）年、万治三（一六六〇）年と証人を務め、幕府権力の強大さを目の当たりに体験することとなった。やがて延宝九年に前記のとおり所預として実権をにぎるのである。

ここで佐竹北家の関係系図を載せて若干の説明を加えておこう。

この系図（図2）でわかるように、義隣の嫡男義明は妹長子（長孝院）をとおして式部家義寘《よしおき》とは義兄弟の関係である。以後、長孝院との関係から式部少輔家（義寘が八〇〇〇石で宗家から独立）とは深いつながりが生まれ、後述するように、家臣の受け入れなどをめぐって苦慮することになる。つぎに、二男の義秀は東家義寛（高倉永慶の四男）の跡を継ぐことで、北家の血脈がここにも深く流れ込んだことになる。その他、二女は小場石見に嫁ぎ、三女おさえ（清流院）は南家に嫁ぎ、やがて離婚して北家に戻り屋敷をもらい、当主や姉の長孝院と対等な交際を続ける存在となる。四女お春は茂木氏へ、五女お末(貞松院)は石塚氏へと、それぞれ藩内の有力家臣に嫁いでいる。これを見ただけでも、北家の閨閥関係を伴う実力が大きくなりつつあることが、明確となろう。

それでは義明の治世における出来事を二、三取り上げてみる。元禄二(一六八九)年正月六日、城下久保田屋敷(現秋田市中通)の屋敷番皆川名兵衛からの飛脚で、藩からの申し渡しが伝えられた。すなわち、先月二十九日に「在々の者売り物上方より相下し候事、向後無用に候、久保田町にて求め候て、売り候様に、この町へも申し付けるべく候由」(「日記」)という内容であった。

つまり、在郷町では上方(京阪)からの商品買い付けは禁ずる。そして今後はすべて城下久保田町の商品を買うようにとの通達である。これについて、北家当主義明は翌日に「去りながら、この方町は久保田同前にて、田地付かざる商い物一通りにて相続き候間、老中へ訴訟申すべき由、山田・小林等にも申し付け、近日高橋七兵衛其の処へ遣わすべく由申し付け候」(「日記」)と述べて、久保田同様に田地を所有しない角館町は、商業一筋の町であるからこれまでどおり、上方商品の購入を認めて欲しいとの願いを藩首脳へ提出したのである。

同月十五日、高橋七兵衛が久保田へ向かったのであるが、その主張のなかには、角館は久保田同様に先年より田地無いままに、夫伝馬役を勤仕してきている。このたびの法令は角館を脇在郷並に扱われるのは納得できないとの主張が盛り込まれていた。この訴えについて、藩首脳部はいろいろ協議した結果、同年閏正月二日「今年限りはこれまで通りでよい」としながら、来年からは認めないとの結論だった。この出来事は先代義隣が京都出身であることから、当然のごとく上方と角館は物流において、深いつながりを有していたことと無関係ではない。

一方、藩は元禄期にはいって商品経済の拡大が著しく、久保田御用聞商人の在郷への商品販売が、上方商品の直接流入によって大きな支障を生じて来たという理由が、法令の背景にあった。これに対して、角館当主は地元の商人との利害が一致しており、結果として藩に強硬に働きかけたのである。しかし、一年猶予の裁定で決着せざるを得なかった。

次に所預義明の藩政関与の一面についてふれてみよう。元禄七（一六九四）年六月二十六日、義明は弟東家の義秀（主殿）と共に御納戸へ呼ばれた。そこで藩主義処から三人の家老（梅津半衛門・真崎兵庫・宇留野源兵衛）立ち会いのうえ、渋江宇右衛門と梅津与左衛門の両名を新規家老に任命することについて、同意を求められた。もとより二人は異存なしと即答した。これでわかるように、家老の人事について北家義明や東家義秀は相談をうける重要な立場であったことが分かる。

またこの元禄七年の五月には、能代・山本地方を中心に大型地震が起きている。この時の北家の対応は次のように記されている。「今朝六つ半すぎより近年これ無き地震なり、その後度々終日少しずつ震え候、二十度余りなり、其のうち強く四、五度もこれ有り候、家の内に我らは居り候程なり、尤も倅どもは山屋敷へ、お高なども昼の内に遣わし候」（「日記」五月二十七日）とあり、午後は揺れが少なくなったが、朝から家中・組下らも駆けつけている。

当主義明は直ちに久保田へ飛脚を出し、城内の様子を尋ねるように、久保田在番の者に指示している。何よりも藩主と城の安否を気遣う冷静さである。その後「日記」には閏五月十八日まで五回の余震を記録している。閏五月二十七日に使者がもたらした報告によれば、被害は能代町を中心に鶴形村や檜山町（いずれも現能代市）まで及んでいると記している。これを現地側の記録である「旧記抜書之ケ条」(16)から見ると、能代町だけでも家屋の焼失・潰れが一一〇〇軒以上で、死者は男女合わせて三〇〇人にも達する大災害であった。北家当主の情報収集と敏速な対応は、緊急時にあっても極めて適切であったと言えよう。

藩政においても、この元禄七〜八年は家老の交替期に当たっていた。梅津茂右衛門、真崎兵庫、梅津半右衛門が退任し、新たに前記の渋江宇右衛門と梅津与左衛門の他に、同八年に小野崎権太夫が加わった。藩政が三代義処の後半を迎えて、寛文十二(一六七二)年評定所設置以来の職務機構はかなり充実してきている。たとえば延宝・天和期(一六七三〜八二)には、指南与力制および大身代官制が廃止された。それに代わって大身は藩直臣を預かる組下支配を行うことに決まった。また地方の代官には下級身分の藩士が起用されることになった。いずれも藩権力強化の方針が打ち出されたことになる。

さらに、元禄十(一六九七)年には、文書所が開設された。その目的は藩主及び全藩士の系譜を確認すると共に、藩の歩みを記録にとどめようとすることにあった。その最初の作業が家臣や寺社に系図・古文書を提出させることであった。義明もこれに応じて同年四月に北家にかかわる系図本を提出している。しかし、その二年後に義明は死去したのである。そして家督は三三歳の義命《よしかた》へと受け継がれたのである。また、元禄十五年十月には祖父義隣が八七歳の高齢で死去した。藩はその葬儀に藩主名代として家老真壁甚太夫を送り、香典を捧げている。父と祖父の相次ぐ死去によって、北家は新しい方向へと進むことになった。

角館当主の交替に乗ずるかのように、元禄十五年十一月八日、南部領民が生保内の関所を破り流れ込んで来た。これは藩が同年九月に「米留《こめどめ》」の布達をだして領外への米の流出を防ごうとしたことに起因する。角館当主は直ちに家来を差し向け解決したが、緊張を強いられることになった。

また、この年の十一月は一日・十一日と矢継ぎ早に「生類憐みの令」の徹底を図るよう幕府からの通達が伝えられた。すでにこの法令は貞享四(一六八七)年に発布されていたが、内容が次第にエスカレートして、犬に対しては特別に厚遇することが定められ、些細な違反でも厳しく処罰された。「日記」にも鷹狩りの記録は、表向き実施の記事は

表1　元禄16年(1703) 8月の秋田藩首脳一覧

① 宗　家		佐竹義格（よしただ） 8月12日幕府から家督相続を許される。
② 御分家	ア	壱岐守家　義長（よしなが）
	イ	式部少輔家　義都（よしくに）北家義命とは従兄弟
③ 御苗字衆	ア	北家　義命（よしかた）
	イ	東家　義秀（よしひで）
	ウ	南家　義安（よしやす）
	エ	西家　小場義方（よしかた）東家義秀の第五子・元文元年西家を称する。
④ 引渡重臣	ア	茂木筑後（十二所の所預）
	イ	石塚孫太夫
	ウ	戸村十太夫（横手城代）北家義命の妹を妻とする。
	エ	伊達九郎三郎　北家義命の妹を妻に。
⑤ 家　老	ア	渋江内膳処光
	イ	梅津与左衛門忠経
	ウ	小野崎権太夫通貞
	エ	梅津半右衛門忠昭
	オ	岡本又太郎元朝

載せなくなった。そして数匹の捨て犬についても、それぞれ不自然であるが、次々に病死したと体裁を繕っている。

この時期、城下久保田にも変化が起こった。元禄十六(一七〇三)年六月二十三日、三代藩主佐竹義処が死去した。急逝であったため、その後継者の決定に二ヵ月近くの空白が生じた。ここでようやく体制が整った八月段階の秋田藩首脳部の一覧を表で示そう(表1)。

八月十二日、幕府からの認可によって、佐竹義格《よしただ》の四代藩主が確定した。同時に一門壱岐守義長(元禄十四年に二万石となる)の子である求馬(後に五代藩主義峰となる)が義格の跡継ぎに定められた。式部少輔義都《よしくに》(元禄十四年に一万石となる)は前述のとおり、母の長孝院は北家義隣の長女である。以下引渡の重臣から家老に至るまで、北家にとってはきわめて近い関係にあり、藩との折衝には好都合な環境にあったことが分かる。

写真２　善知鳥口の風景（『角館誌』第三巻より）

四　四代当主義命の領内統治

元禄十四(一七〇一)年、北家の家督を継承した義命の時代は様々な政治的課題に直面することになる。まず、藩境の二つの関所の監督の役目が北家に与えられている。一つは生保内口《おぼないぐち》(現仙北市)、他の一つは善知鳥口《うとうくち》(現美郷町)である(写真2)。とりわけ南部領の武士および庶民が往来する生保内口は越境のトラブルが頻繁におこった。前述の「米留」に伴う関所破りへの迅速な処置もその一端である。北家はここに高階囚獄《ひとや》を配置してその任に当たらせた。高階家は累代その関所番を勤め、執務の記録を残している。

一方、元禄十六年一月三日江戸から浅野家浪人による吉良上野介討ち取りの報告が届けられた。ちなみにその記事の正確さは、伝聞に基づく記録であり、後の正確な記録と照合すれば、事実誤認や誤字が目につくが参考までに掲載してみる。「先月十五日、明け方に浅野内匠殿御家老(来)只今内匠殿切腹の後牢人になり、内四十八人吉良下野守(上野介)殿へ参上、上野殿を打留候、上野殿家来手負人数人これあり候、右四八人は御大名衆へ御預けの旨、善兵衛書付参り見申し候、珍事に存じ候」(「日記」)。以上、珍事として江戸の人々の耳目を集める事件であったことは、疑いないところである。

同年二月になると生類憐れみの令にからむ犬の捨て子四匹の処置に思案し、結局一匹

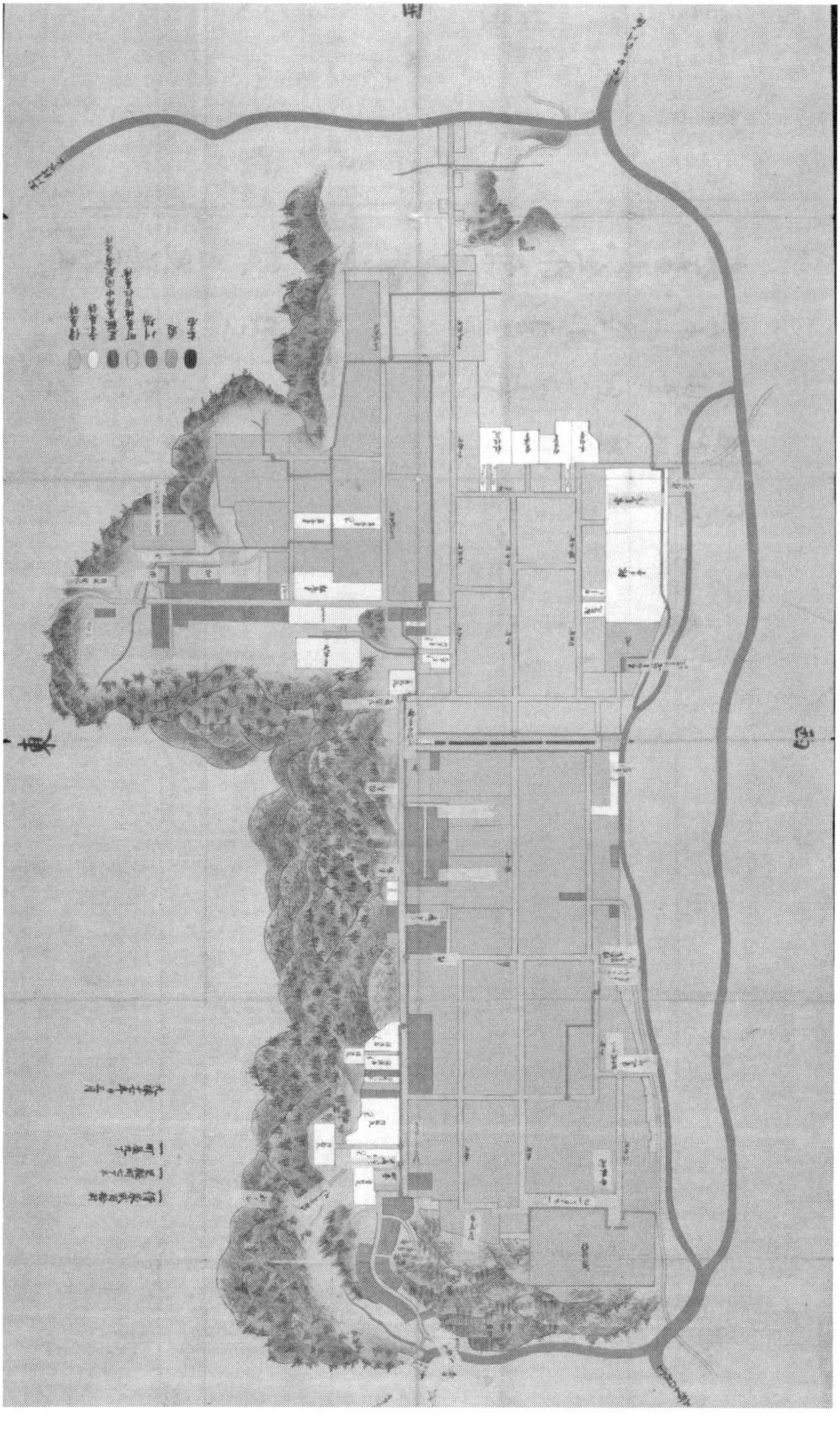

写真３　角館町絵図元禄十七年（秋田県公文書館所蔵）

ずつ順次に病死と偽り処分している。なお、義命は同年八月には江戸に登り義格の家督承認につき、一門として将軍綱吉に拝礼している。同年九月には幕府老中の書付をもって北家以下所預すべてが、藩主に忠誠を誓う誓紙を提出させられた。さらに、「徳雲院(義処)御遺言定之御書付」を拝見し、判形血判をなした。しかも先代義処の法要は、北家義命が御名代となって執行された。

元禄十七年二月、幕府から通例に従い藩主の代替わりに当たって、国目付を来訪させるとの連絡があった。北家も当然ながらそれへの対応が求められた。第一に管轄地域の道路普請が必要となった。しかし、組下持の塩谷民部の受け持つ菅沢町の普請が規定に反することを、義命が咎めて謝罪させている。また、久保田御会所からは角館の内町・外町の絵図を提出するように求められ提出したが、不備があり家数など書き足して再提出した。これも国目付に見せるためのものと考えられる(写真3参照)。

宝永元(一七〇四)年四月二日義命は久保田へ出向き、国目付衆と対面する。六月になって藩の年寄三名が連名で幼少の屋形様(義格、年齢八歳)ゆえ、家中油断なく前代義処の遺言を守り、協力して事に当たるよう通達が北家にも届けられた。

ここで内政の具体的な内容に立ち入ってみよう。先学の研究(17)では義明の時代に当高三六〇〇石(西明寺・生保内・上檜木内の他、長野・今泉・黒沢をふくむ村々)余りであった。しかも、仙北郡の多くの村々は佐竹山城(東家)や戸村大学ら六名に分け与えられ、決して北浦地方(現仙北市および大仙市の大半)を一円支配できないように分割されていた。それに加えて次節で詳述するように、久保田の直臣が組下支配の家臣として多数編成されており、所預の権限は著しく制限されたのである。

そうした条件づきの中で、延宝~正徳期の領内統治の一端を述べてみる。まず領内の犯罪取り締りはどうであったろうか。すでに「日記」のなかに延宝六(一六七八)年、鎌川村(現仙北市)の弥左衛門が父と兄を殺して火炙りの刑罰を受けている。元禄二(一六八九)年上檜内(現仙北市)の市十郎が阿仁(北秋田市)の住民を殺して磔刑となっている。宝永五(一七〇八)年になると、角館下中町の助左衛門が岩瀬の五兵衛を殺して獄門となり、その首は十日間曝らされた。また、正徳元(一七一一)年角館の作兵衛が妻を殺して斬罪となっている。

こうして見てくると、領内の庶民の強盗殺人は領内の目付が取り調べ、当主がこれに断を下し、さらに久保田へ罪人を送る。そこで藩が処刑を行うルールが定着していたことが分かる。しかし、凶悪犯であっても殺人にまで至らなければ、追放や永牢などの方法がとられた。また、一般に金銭の貸借や喧嘩・失火などは、その程度に応じて押し込め・叱り・入寺などの刑が執行された。

次に領民の日常に関する処理事項について見てみよう。元禄十七年二月、町人尾張屋清右衛門が女房・下人ら四人での伊勢神宮参詣を願い出て、久保田の了解のもとで許可されている。また、改元の通達も遅ればせながら領民に通報されている。たとえば元禄から宝永への改元は、三月十三日確定のものが四月十一日に発表されている。

同年六月、長野村と鑓見内村(共に現大仙市)のあいだで、草刈り地をめぐっての紛争があった。これらの調停は両村の村役人に任されるのが通例である。ただし、紛争が深刻化すれば、当然北家当主が解決に乗り出すことになる。次に火災に関する報告は、宝永三年五月に至って、藩は繁雑さを避けて、在郷の火事の報告には肝煎の口上書と百姓の入寺は不要であるとの通達を所預宛に連絡してきた。こうして見ると、藩は領民の警察権で最終的な決定権を持つほか、領外への旅行許可、火災などの災害内容の掌握など、所預の上級支配者の立場をしっかりと確保していたことが分かる。

一方、所預が領域管轄者として、自発的に命ずる事項もある。たとえば、正徳元(一七一一)年四月、上荒井村(現仙北市）の百姓が困窮して生活不能となった。これについて、北家は救済の措置を命じている。翌二年三月十四日、豆腐屋の品質低下について、厳しく取り締まるよう指示している。さらに翌十五日には、博奕・火の用心と並んで下々が野火をつけて火災に及ぶことのないように、厳禁を命じている。同じ日に、五つ（午後八時）の鐘打ち以後は、内町は提灯をつけること、外町は通判を用いることを義務づけ、夜間の犯罪防止を励行している。
以上、領内の統治を子細に見ると、刑罰・領外通行・災害など大局的な支配権は藩当局が握りつつも、領民の日常生活にかかわる権限は概ね所預の裁量に委ねている。しかし、委ねられた施政権にしても、現実には先述のごとく大身家臣の領地や組下持ちの領地が複雑に入り組んでおり、角館町内はともかく、在郷の指令は徹底に欠けることは避けられなかった。それが寛政の郡奉行の設置が断行されると、さらにその権限は縮小されることになる。

五　家臣構成の複合性

次に所預である北家当主と家臣の統属関係について検討を加えてみる。まず、第一は月の一日と十五日の二回、当主への「御礼」をする決まりである。これは特別な場合を除いて、それぞれの所属する家臣たちは順番に当主の御前で挨拶するのが慣例である。ここで参考までに宝永の三年・四年・五年・八年の正月御礼の人数を「日記」から拾ってみよう（表2参照）。

表2　宝永期の北家正月御礼人数

	御家中	御与下	塩谷与下	御支配給人	式部様御家中
宝永3年	52	74	44	21	9
同 4年	57	72	54	19	13
同 5年	60	78	53	12	11
同 8年	57	72	56	4	11

表2から気づくと思われるが、挨拶が五つのグループに分けられてなされていることである。すなわち、
【1　御家中】北家に最初から付き従っている家臣および新規に取り立てられた家臣たち。
【2　御組下】北家が預かる宗家の直臣たち。
【3　民部組下】組下持の塩谷民部が預かる宗家の直臣たち。
【4　御支配給人】宝永元年、式部少輔家から召し放たれ後、宗家から一生御扶持をもらった直臣。北家の支配下となる。
【5　式部様御家中】式部家の家臣で角館に居住するもの。
以上のとおり、複雑な家臣構成であり、大局的には北家当主の配下になるのであるが、この時点では3と4の家臣は塩谷民部や宗家からの承認を必要としており、一円支配の形態とは言えないのである。
このうち、4の御支配給人の中から、新しい変化が生まれた。正徳元(一七一一)年五月二十八日の日付で、佐竹主計(義命)はかつては葦名家譜代であった小野崎杢之助・経徳庄兵衛・蓮沼宅左衛門・君田宅右衛門・畑郷左衛門の五名の組下編入の希望を受け入れた。その理由は五人のものが名字の相続ができるならば、いかなる形の奉公でもかまわないという願いを藩に提出したことによる。これに対して、藩は翌二年三月二十二日、前記五名のほかに、蓮沼五郎左衛門・隠明寺宇左衛門・橋本宮内・原田杢兵衛・青木小平太・青木市郎右衛門・青木七右衛門・植田儀左衛門・舟田三右衛門の九名を加えた一四名が「勤方は殿様御了簡次第」というかたちで、良いということで、北家組下に編入されたのである。
しかし、高久善左衛門・真壁太郎左衛門・平沢助右衛門・篠崎弥一右衛門・須藤弥兵衛の五名は、御支配給人のまま一生御扶持とされたのである。藩も次第に複雑な組下支配を簡明に縮小しようとする意図を示し始めたのである。

この後、式部家は享保九(一七二四)年義都《よしくに》が乱心により深川邸囲(牢居)となる。さらに、同十七年には義都の子義堅が五代藩主義峰の跡継ぎに決まり、式部家は断絶(一万石を宗家に返上)、家臣一七名が角館に移住し、角館本御家中[18]と称した。これがまた北家の家臣統治にいろいろなトラブルを持ち込むことになった。

次に所預北家の職制について考えてみたい。結論を先に述べると、本藩の組織を模倣した小規模形態の組織であると言えるだろう。まず、本藩の家老に準じて年寄三名が常置された。宝永・正徳期には矢野主水・矢野酒造・高柿嘉右衛門(後任は植木孫左衛門)が月番で政務を担当している。当主と最も親密な関係にあり、重要事項はすべて彼らの関与するところであった。その配下には納戸役・台所役・御膳番・勘定役・側小姓・右筆・厩別当・蔵役・金役・御兵具蔵役・大目付・歩行目付・足軽目付などがそれぞれの任務を分担している。

また、御家中や北家組下の家臣は班編成に基づき、番所勤務の当番に振り分けられ、屋敷内の警備や来客の取り次ぎな

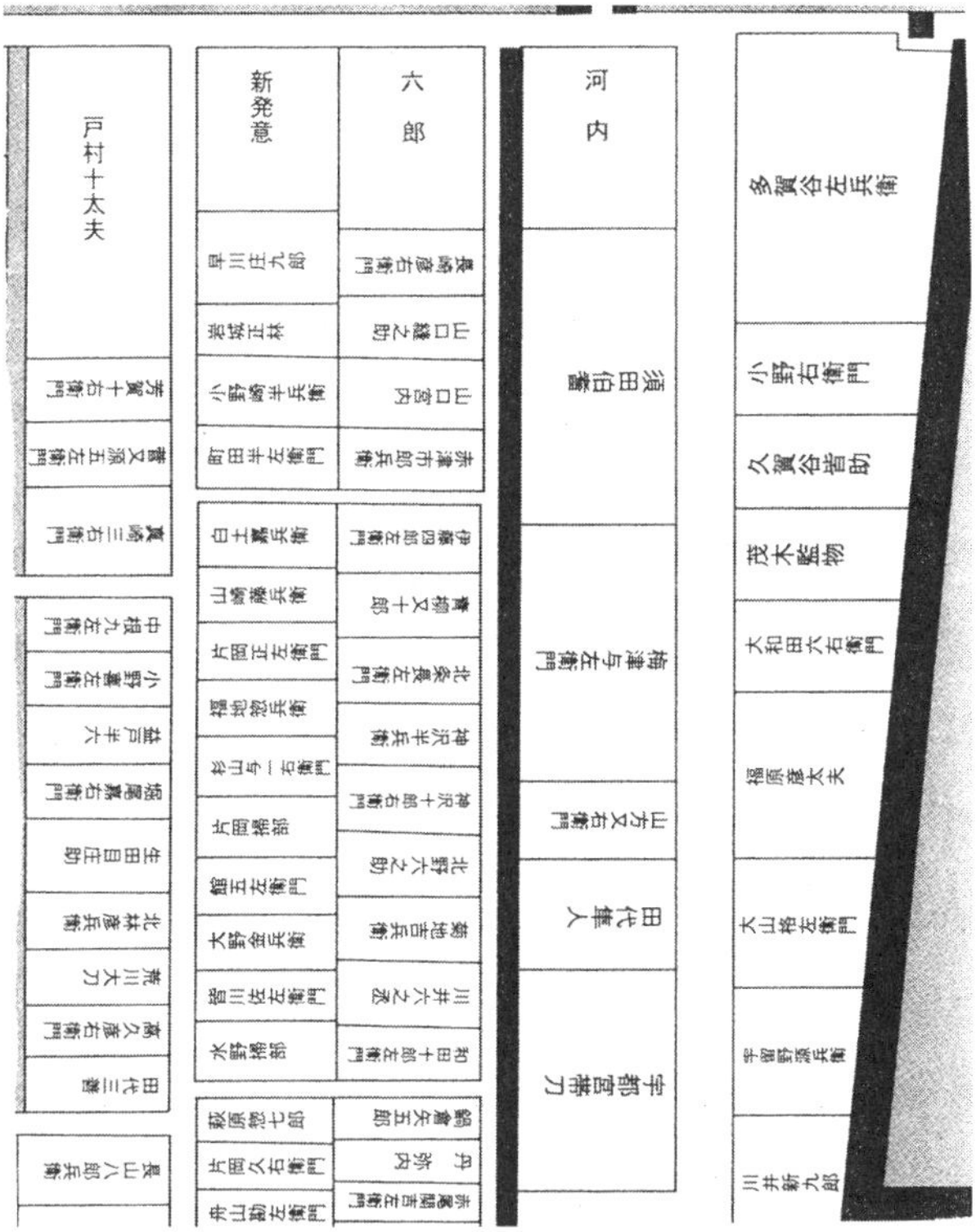

図3　寛文年間城下家臣屋敷図
(秋田県公文書館『研究紀要』第11号より)

どの任務についた。なお、組下への諸伝達の執行業務は組頭惣代が任命された。この時期の担当は河原田新右衛門と蓮沼七左衛門であった。一方、久保田駐留の北家屋敷番の役目は重要であった。その屋敷の位置は大手門に向かう図3の「河内」と記された所である。

屋敷の管理はもとより、本藩と角館を結ぶ様々な用件の伝達や連絡に多忙を極めた。この時期の屋敷番は庄司名右衛門(後任は矢野祐右衛門)が担当している。また、他藩への出入り口は先述のように、生保内口や善知鳥口には関所手判役を置いて、人や物資の流通に証判を与える任務を行わせた。以上、主たる職名を挙げてみたが、鷹匠や漆役・馬の世話役のほか、その都度必要に応じて随時に役名をつけて仕事に当たらせたのである。

最後に当主と直臣・組下家臣との間における支配統制の実態をみておこう。まず、家臣の知行・俸禄の確定は直臣の場合は、当主の承認で決まるが、藩の直臣の場合は本藩の決定による。たとえば、享保七(一七二二)年九月二十七日、「佐尾左学に今日知行御判紙下され候、三十石黒沢村の内にて下され候、御判紙の裏に候残りの二十石は御蔵出しに候ゆえ、三十石分下され候」(「日記」)とあり、佐尾左学の場合、判紙裏表合わせて五〇石の給付となる。

次に家臣の家督相続について見てみよう。まず当主が藩に申請して承認されることが手順となる。これによって藩は領内家臣の動静を確認できる。その知らせを受けた該当者の二人(一般的には親子)は、当主に御礼に上がる。そのさい、家臣は扇子箱などの謝礼の品を献上するのが習わしであった。

また、家臣の日常の欠かせぬ役目としては、当主・奥方・若殿らの寺社参詣にお供することである。鷹狩りへの随行も大切な任務である。その他久保田への用件での出張、江戸勤務へのお供、武芸の稽古など多岐にわたる。なお、重職になるにつれて改名するのであるが、これについても当主の承認が必要である。

いずれにせよ角館所預の場合、家臣の系譜と構成が複雑なため、多くのトラブルが生じた。たとえば宝永元(一七〇四)年四月二十四日、北家家臣の陶又太郎が塩谷民部に出会ったのに礼をしなかったことで、北家当主に抗議がきた。これをめぐって当事者から状況を聞き謝まらせるまで、いろいろ煩わしいやり取りが行われる。当主にとって気苦労が絶えなかった。なお、家臣の個々人の動静は、これまで様々な研究がなされている。葦名家の滅亡とその家臣の行方については、柴田正蔵「芦名氏点描」[19]、湯川京「葦名氏の残影を追って」[20]、また、時代は少し下がるが、北家組下の蓮沼源右衛門の「井蛙談」を素材とした高橋雄七「秋田藩在々給人の『修家』[21]」など貴重な論稿が出されている。

おわりに

これまで五節にわたって角館所預である佐竹北家を素材に所預支配の実態に迫ろうと試みた。史料がどうしても「北家御日記」に偏ることが、最初の懸念どおりになってしまった。しかし、要所には『国典類抄』をはじめ「佐竹北家文書」「吉成文庫文書」「恭温公御譜引証本」『御亀鑑』を文面のなかに取り込んで論じることが出来たので、内容的には均衡を保つことができたと思う。

最初にふれたように『角館誌』が北家全時代にわたって概論を展開してくれているので、本論文の展開に当たって、随所にその内容確認を行うことができたのは幸いであった。

秋田藩において所預に任じられた重臣は、ほかに茂木・小場(のち西家)・多賀谷・戸村・南家・大山の六氏がいる。これらの家々はここで取り上げることはできないが、それぞれの規模・歴史的要因・地域環境などで若干の相違はあるだろう。しかし、その基本的性格は変わらないと考えられる。なお、新しい研究動向として『横手市史　通史編近世』が挙げられる。その中で、執筆を担当された渡辺英夫氏は横手の所預領が須田氏から戸村氏に至る過程で形成されてゆくことが論じられている。(22)今後の指標となろう。

藩の所預設定の意図は何であったろうか。それはやはり大身代官制度のような大まかな在地支配は、藩政運営が緻密化するにつれて支障を生じたためと考えられる。そこで藩は一門・重臣の信頼置ける者を要所に配置して、集権的な体制づくりに向かったものとみられる。しかし、所預の権限が余り拡大せぬように、直臣たちを組下として送り込み、その一円支配を封じたのである。

また、彼ら所預を随時久保田へ参勤させ忠誠の証しを立てさせた。(23)さらに裁判権や知行地の安堵・増減の最終決定権を掌握することで統括を確実なものにしたのである。そして藩政改革が求められる頃には、有能な人材の召し上げまで行うのである。

以上、見て来たことから所預に対して一定の分割統治を認めつつ、藩主交替時には誓紙血判を行わせ、藩主への絶対忠誠を命ずる、一見して二律背反とも言える微妙なバランスを保つ制度であった。

註
（1）昭和四十六年、日本評論社刊。二四〜三〇頁参照。
（2）昭和三十七年、至文堂刊。「第二章　藩の展開　一、二」三六〜八九頁。
（3）藤野保編『藩体制の形成Ｉ』平成三年、雄山閣刊。一五五〜二一〇頁参照。
（4）（3）に同じ。二五五〜二九三頁参照。
（5）平成四年、無明舎刊。「第二章　二　給人統制法について」五一〜五二頁。
（6）秋田県公文書館所蔵『国典類抄』軍部。
（7）『国典類抄』嘉部五十一御所預并組下持の項にその成立までの過程が記されている。
（8）『角館誌』第三巻　北家時代編　上二〜四。昭和四十二年、角館町刊。

(9)『国典類抄』嘉部。
(10)秋田県公文書館所蔵『御亀鑑』秋府十三。
(11)原本は秋田県公文書館所蔵。
(12)秋田県公文書館所蔵「吉成文庫」。
(13)秋田県公文書館所蔵「恭温公御譜引証本」。
(14)秋田県公文書館所蔵「佐竹北家文書」。
(15)秋田県公文書館所蔵「秋田県庁文書」。
(16)『能代市史』史料編近世一、平成十一年、能代市刊。
(17)『角館誌』第三巻　北家時代編　上、一五〜二二頁参照。
(18)「本」御家中の呼び方は「もと」と呼び習わしてきたが、本家筋の家来という意味から「ほん」とも読める。今後の検討課題としたい。角館本御家中御取扱(『国典類抄』後編雑部二十八)を参照されたい。
(19)『出羽路』一三三号、平成十五年、秋田県文化財保護協会刊。
(20)『秋田史苑』第二六号、平成二十四年、秋田姓氏家系研究会刊。
(21)『出羽路』一三三号。
(22)『横手市史　通史編　近世』「第二章第三節　横手の武家社会」。平成二十年、横手市刊。
(23)とりわけ、佐竹義峰は北家義命を享保九年十月二十日から翌十年一月十七日まで滞在させている。家老らと政策審議の必要があったためである。

第2部　近代編

秋田藩維新史における「砲術所藩士活躍説」の誕生

畑中 康博

はじめに

慶応四(一八六八)年の東北戊辰戦争時における秋田藩の藩論は、新政府―奥羽列藩同盟―新政府とめまぐるしく変化した。慶応四年四月、新政府は秋田藩に庄内出兵を命じ、翌閏四月十九日戦闘を開始した。しかし五月三日、会津・庄内両藩の寛典を東北諸藩一致して太政官に願い出ることを目的とした奥羽列藩同盟が結成されると、秋田藩もこれに加盟し庄内藩への攻撃を中止した。ところが七月一日、秋田藩久保田城下に奥羽鎮撫総督九条道孝・副総督沢為量・参謀醍醐忠敬が集結し、秋田藩主佐竹義堯に庄内出兵の再開を要求する。七月四日、佐竹義堯は秋田藩を監視するべく久保田城下に来ていた仙台藩士志茂又左衛門の殺害を命じ、奥羽列藩同盟からの離脱を表明。そして奥羽列藩同盟諸藩と戦端を開くのである。

結局、秋田藩は最終的に新政府側になったことで勝者として戦争を乗り切るが、明治時代に歴史として戊辰戦争時の秋田藩の動きを記した人たちは、新政府から賊軍と位置づけられた奥羽列藩同盟諸藩に与した事実をどのように説

〈表1〉秋田藩維新史の著述一覧

No.	著述名	著者	年代	題字・序文	形態	著述の傾向性
1	戊辰戦争前後之事実	佐竹義脩	明治7年	—	竪帳	(A)
2	戊辰秋田勤王記・戊辰秋田戦争記	佐竹義生(佐竹家戊辰勤王記編輯方)	明治21年	—	竪帳	(A)(B)
3	秋田藩戊辰私記	小野崎通亮	明治22年	小野岡義礼	竪帳	(A)(C)
4	戊辰出羽戦記	狩野徳蔵	明治23年	九条道孝(題字)・桂 太郎	印刷本	(A)(B)
5	秋田藩事蹟集	佐竹義生(佐竹家編輯委員会)	明治25年	—	竪帳	(A)(B)
6	奥羽戊辰之形勢	大久保鉄作	明治27年	徳富猪一郎	印刷本	(A)(C)
7	秋田沿革史大成	橋本宗彦	明治29年	小野岡義礼・小野崎通亮	印刷本	(A)(C)
8	新編北羽発達史	佐久間舜一郎	明治41年	佐竹義生(題字)・下岡忠治	印刷本	(A)(C)
9	秋田藩戊辰勤王始末	秋田県知事官房	明治41年	桂 太郎(題字)・下岡忠治	印刷本	(A)(B)(C)

戸村十太夫が独断で奥羽列藩同盟に調印した(A)
沢副総督の入国に根本通明が尽力した(B)
藩論を勤王路線に定めたのは砲術所藩士である(C)

明したのであろうか。

以前、筆者は明治時代に編纂された秋田藩維新史の著述のすべてを比較し、この問題を考えたことがある(1)。その結果、秋田藩維新史の著述を書かれた年代順に並べると、藩論の転換を説明する特徴的な歴史像が説かれると、それが引用され続け、次第に歴史的事実として捉えられるようになることがわかった。

表1は、明治時代に編纂された秋田藩維新史の著述一覧である。これを見ると、明治七(一八七四)年に著された『戊辰戦争前後之事実』において、秋田藩が奥羽列藩同盟に加盟したのは、藩を代表して白石会議・仙台会議に参加した家老戸村十太夫が独断で調印したからであると説かれ、これが後に出された著述に繰り返し引用されたことがわかる。筆者はこれを「戸村独断調印説」と名づけるが、秋田藩維新史はこの「戸村独断調印説」を基層として、その上に「根本活躍説」や「砲術所藩士活躍説」が加わり、一定のイメージを持つ歴史像が形成された。このうち「根本活躍説」とは、藩庁上層部が奥羽列藩同盟に与する方針をとった時、これに反し奥羽鎮撫副総督沢為量の秋田藩入国に尽力したとする説である。また「砲術所藩士活躍説」とは、旧秋田藩士の小野崎通亮(一八三三〜一九〇三)が明治二十二(一八八九)年に編纂した『秋田藩戊辰私記』で初めて説いた歴史像で、慶応四年七月三日夜、平田

国学を信奉する砲術所（藩営の西洋砲術伝習施設）の藩士たちが決起して家老小野岡義礼を説得し、その小野岡が藩主を動かしたことで藩論が変化したというものである。そして明治四十一（一九〇八）年、秋田県知事官房による『秋田藩戊辰勤王始末』において「戸村独断調印説」「根本活躍説」「砲術所藩士活躍説」が融合し、秋田藩はもともと新政府側の勤王藩だったが、戸村の独断で奥羽列藩同盟に与することになり、それを平田国学を信奉する砲術所藩士が新政府側に戻したという歴史像が県の公式見解になった。(2)

しかし昭和三十三（一九五八）年、戸村家の末裔が自家伝来の史料を秋田県立秋田図書館に寄贈した際、その中に、藩主が戸村に奥羽列藩同盟に加盟することを指示した書状が見つかったことにより、明治時代に形成された秋田藩維新史像は虚像であることが明らかになった。(3)ここから、明治時代に編纂された秋田藩維新史の著述は、誰がいかなる史料をもとに書いたのかを論究する必要が生じたのであるが、この視角での研究は非常に少ない。(4)しかも、藩論の変化を説明した「戸村独断調印説」と「砲術所藩士活躍説」のうち、前者が虚像であると判明しているのに対し、後者は今日に至るまでまったく検証されていない。

昨今、戊辰戦争や維新の記憶が明治時代どのように記録化されたのかを切り口とした維新史研究が数多く発表されている。(5)これらの研究を概観すると、明治時代に編纂された戊辰戦争史や維新史の類いは、太政官による『復古記』や宮内省による『孝明天皇紀』といった中央政府のものから、在野の地方史家による旧藩や人物の顕彰に至るものまで、史実というより、編纂者にとって都合の良い歴史像が著されていることが指摘されている。これは新政府側から奥羽列藩同盟側に秋田藩の藩論が変化したことを説明する場面で使われた「戸村独断調印説」にもあてはまる。ということは、平田国学を信奉する砲術所藩士が、藩論を新政府側に変化させたという小野崎通亮の歴史像にも正当化の論理が含まれているに違いない。これを解明することができれば、明治時代に戊辰戦争を歴史として書こうとする人が過去をどのように捉えようとしていたのかがわかるはずである。
そこで本稿では、次の三つの視角から「砲術所藩士活躍説」の考察を行う。その第一は、明治時代に書かれた秋田藩維新史の著述の中から砲術所藩士決起の場面を抽出し比較する作業を行う。これを通して、小野崎が編纂する以前の歴史像と以後の歴史像との違いを明確にする。第二は小野崎が編纂した『秋田藩戊辰私記』の記述全般を俯瞰し、小野崎が歴史像に色濃く平田国学を反映させた背景について考える。そして第三に砲術所藩士の子孫が小野崎の描いた歴史像に疑義を抱き県庁に訴え出た一件を取り上げ、事実を作り上げようとした小野崎の虚像構築の論理を見いだしていきたい。

一　砲術所藩士決起場面の比較

本章では、明治時代に編纂された秋田藩維新史の著述から、慶応四(一八六八)年七月三日夜に砲術所藩士が決起した場面を抽出し、比較する作業を行う。

写真１「佐竹義脩公写真」
(秋田県公文書館、岡369)

明治七(一八七四)年、佐竹義脩(6)(最後の秋田藩主佐竹義堯の養子)が『戊辰戦争前後之事実』を編纂する。これが東北戊辰戦争時における秋田藩の動きを歴史として記した最初の編纂物である。佐竹義脩が『戊辰戦争前後之事実』を編纂した目的は、当時太政官が維新史の集大成として『復古記』編纂事業を進めており、その資料として提出しなければならなかったからである。[7] 現在『戊辰戦争前後之事実』は、佐竹家から提出したものは東大史料編纂所[8]に、控えが秋田県公文書館[9]に、そして県庁に常備された写本が同公文書館に収蔵されている。[10]
では『戊辰戦争前後之事実』の中で、秋田藩が奥羽列藩同盟を離脱する経緯について述べている部分を見てみよう。

[資料1][11]

(筆者註　奥羽鎮撫総督・副総督・参謀を)七月朔日明徳館え奉迎、報告尽忠之不顧他折柄、同四日兵士共より仙台使者誅戮、軍神ヲ祭申度旨申出候所、使節ヲ殺害致候ハ粗暴ニ至候故、境外え追出可然ト申モ有之、又ハ勤王之大義ヲ立候砌、賊使ヲ其侭追返シ候筋無シト申論モ有之、区々ニ候へ共、兎角大功ハ細瑾ヲ顧ズ断然之処置ニ為致候方ト即日差赦シ誅戮ニ及ハセ、五丁目橋ト申所へ梟首、夫より出兵之手配至急申付戦争ニ及候。

ここで佐竹義脩が述べているのは、仙台藩士の殺害は家臣から出た意見に藩主が許可したことで実施に移されたということである。しかし殺害を言い出した人物については「兵士共」とあるのみで、人物を特定することはできない。もっとも佐竹義脩にとって大事なことは、旧藩主佐竹義堯が下した決断にあり、殺害を意見した人物は太政官へ報告するに値しないと判断したのかもしれない。
佐竹義脩『戊辰戦争前後之事実』に続いて秋田藩維新史の著述を編纂したのは、佐竹家当主佐竹義生である。[12] 佐竹義生は明治二十一(一八八八)年『戊辰秋田勤王記』と『戊辰秋田戦争記』を完成させた。[13] 両書はこんにゃく版で印刷され、限られた一部の人たちに配布されたと考えられる。『戊辰秋田勤王記』『戊辰秋田戦争記』のうち、秋田藩の藩論の変化について書かれているのは『戊辰秋田勤王記』で、『戊辰秋田戦争記』には新政府側となった秋田藩が、奥羽列藩同盟諸藩と繰り広げた戦闘の様相が記されている。両書は佐竹義生が旧藩士から戦時中の様子を記録として差し出させた軍功書き上げから編纂したものであり、その意味で秋田藩士の記憶を統合して出来上がった性格を持っている。[14] それだけに佐竹義生の『戊辰秋田勤王記』と『戊辰秋田戦争記』は、佐竹義脩の『戊辰戦争前後之事実』とは異なり、藩士たちの動きが克明に記されている。砲術所藩士が決起し家老に仙台藩士殺害を意見する場面も次のように書かれている。

[資料2][15]
須田政三郎其他数名執政石塚源一郎ノ邸ニ迫リ、我公ヲシテ討庄ノ先鋒ヲ督府ニ請願アラン事ヲ厳督シ、且ツ仙使ヲ謀戮セン事ヲ論ズ。論議侃々正ヲ執テ屈セズ。時ニ執政右衛門モ亦座ニアリ、感憤シテ其言ヲ納レ、断然公ニ具申スルナリ。

[資料1]の佐竹義脩『戊辰戦争前後之事実』では、仙台藩士殺害を意見したのは「兵士共」であったが、ここではその「兵士共」に焦点が当たっている。すなわち、砲術所総裁の須田盛貞他数名が砲術所藩士の請願書を携え、家老石塚源一郎宅で小野岡義礼に仙台藩士殺害を意見したと書かれている。
これが明治二十二(一八八九)年に小野崎通亮が編纂した『秋田藩戊辰私記』になると、更に克明に記されている。

[資料3][16]
須田盛貞ヲ初メ砲術所ノ役員同士潮ノ沸カ如ク其邸ニ至リ、盛貞先ツ其大旨ヲ述へ、忠安次テ進出テ之ヲ拡充ス。其弁懸河ノ如ク。敢言マタ憚ル所ナシ(他人ハ寂然タリ)。義礼感激断然其言ヲ納ル。次ニ豊間盛彦進メ出テ、仙台ノ使者ハ尋常ノ使者ニ非ラス、盗者ナランモ知ヘカラス。(昔荊軻燕ノ太子、丹ノ為ニ使者タリ。通鑑綱目、之ヲ燕太子丹使盗却秦王不克ト書セリ)乃チ彼ノ使者ヲ戮シテ一ニハ不虞ノ災害ヲ避ケ、一ニハ断然賊中ニ孤立スルノ勢ヲ示サハ、一藩ノ人心始メテ一致シ、国是於是定ラント陳ス。後藤敬吉同音ニ之ヲ助ク。満座遂ニ賛成ス。義礼又其言ヲ納レ直ニ登城シ、我公ニ面陳ス。已ニ鶏鳴也。

筆者註　文中（　）ママ、以下『秋田藩戊辰私記』の引用文については同じ。

［資料2］の『戊辰秋田勤王記』では、家老石塚邸内で仙台藩士殺害を意見したのは「須田政三郎其他数名」としかなかったが、小野崎は須田盛貞以外に吉川忠安・豊間盛彦・後藤敬吉といった人名に加え、仙台藩士殺害を言い出したのは豊間盛彦で、それを後藤敬吉が助けたとある。石塚邸内で交わされた言葉や当事者の様子は従前の著述にはないものである。
この場面は、明治四十一（一九〇八）年に秋田県知事官房が編纂した『秋田藩戊辰勤王始末』では更に臨場感の富んだものになる。

［資料4］(17)

志士百余名邸ノ内外ヲ警戒シ、吉川忠安等数名入リテ小野岡ニ面接シ、先ツ井口糺沢卿ノ旨ヲ伝ヘ、尋テ須田盛貞ハ先鋒ヲ乞フノ大旨ヲ述ヘ、忠安ハ更ニ席ヲ進メテ①今日有志等ノ先鋒ヲ請フハ最後ノ決心ニシテ、若シ此ノ請ヲ容ラレスンハ意外ノ激変ヲ生スヘキコトヲ説示シ、又豊間源之進曰ク②仙使ハ尋常ノ使者ニアラス、彼頻リニ奸臣ト往復シテ権謀ヲ逞ウシ、将ニ三卿ヲ害シ旅館ヲ焼キ味方相争フノ手段ヲ講シツ、アリ、今ニシテ之ヲ誅セスンハ其ノ禍知ルヘカラス、依テ賊使ヲ誅戮シテ一ハ不慮ノ災害ヲ避ケ、一ハ断然賊中ニ孤立スルノ決心ヲ表示シ、勤王ノ臍ヲ固メテ以テ国論ヲ一定セント、辞気慷慨ヲ極ム。右衛門感奮シテ曰ク③我今登城シ諸士ノ願フ所ヲ君公ニ陳述シテ其ノ裁可ヲ得ン。若シ事成ラスンハ再ヒ諸士ニ見エスト即時登城シ、君側ノ吏員ヲ遠ケ有志者ノ企望ヲ陳訴ス。義堯時機ノ至レルヲ察シ直チニ左ノ直書ヲ与ヘ、且申含ムル所アリ。義礼直チニ退城シ再ヒ石塚ノ邸ニ至リ、志士ニ対シテ直書ヲ朗読シ、且義堯ノ内命ヲ伝フ。志士大ニ奮激シ雀躍シテ君恩ヲ感謝セリ。時已ニ黎明ニ近シ。

［資料3］『秋田藩戊辰私記』と［資料4］『秋田藩戊辰勤王始末』を比較してみよう。まず傍線部①の吉川忠安の発言が加えられ、新政府側につくことを藩上層部が認めない場合は「意外の激変」を生じることになると脅迫まがいの強いものになっている。次に傍線部②にあるように仙台藩士の殺害を建言する豊間盛彦の言葉が一層細かくなっている一方で、［資料3］に出ていた後藤敬吉の名が消えている。更に傍線部③にあるとおり、仙台藩士殺害の意見を聞いた小野岡義礼の言葉が加わっている。総じて『秋田藩戊辰勤王始末』の内容は、『秋田藩戊辰私記』を基調として脚色された感がある。

『秋田藩戊辰勤王始末』は、戊辰戦争に対する秋田県の公式見解を示したもので、その編纂委員は、大久保鉄作・大山重華・狩野徳蔵・真崎勇助・長瀬直清である。(18)このうち大久保鉄作は、豊間盛彦未亡人から資料を得て明治二十七(一八九四)年に『奥羽戊辰之形勢』を著した経歴を持っている。(19)豊間の妻は小野崎通亮の妹であることから、大久保は小野崎の歴史像を継承する立場にある。また大山重華は、後に詳しく述べるが、幕末から明治にかけて小野崎通亮と行動を共にした人物である。つまり戦後四十年が経過して、砲術所藩士が決起する場面が『秋田藩戊辰私記』以上に細かく記されたのは、大久保や大山といった小野崎に近い人たちが編纂に携わったからであるといえる。

以上、本章では明治時代に編纂された秋田藩維新史の文献の中から、慶応四年七月三日夜に起きた砲術所藩士の決起の場面を抽出して比較した。その結果、小野崎通亮『秋田藩戊辰私記』以降記述が詳細になり、小野崎の描いた砲術所藩士活躍像は、明治四十一年に県が刊行した『秋田藩戊辰勤王始末』に引用され、県公認の歴史像として示されるに至ったことが確認できた。

二　『秋田藩戊辰私記』編纂の経緯

本章では『秋田藩戊辰私記』の全体像を俯瞰し、同書の特質を捉えたい。

『秋田藩戊辰私記』は、七丁（表紙を含めず）という小規模の編纂物で、秋田県公文書館と秋田市が筆写による複製物を所蔵している[20]。

内容は、文久三（一八六三）年、秋田藩主佐竹義堯上京の際に京都で周旋活動を行った平田銕胤が、国学の著書と政治情勢を小野崎通亮に伝え、その小野崎が雷風義塾という私塾を設立するところから始まる。続いて、慶応二（一八六六）年、秋田藩が西洋砲術伝習施設である砲術所を設立したとき、雷風義塾で講師を務めた吉川忠安が頭取に、著者の小野崎通亮が頭取見習に就任したことが書かれる。そして同三年に高瀬権平、布施銀平、髙橋伝吉ら七名の秋田藩士が、秋田藩勘定奉行太縄織衛の殺害未遂事件を起こし脱藩し、京都に登り沢為量の下に身を寄せ平田門人となったことが書かれている。

この前段を経て、慶応四年の話となる。閏四月に戸村十太夫が独断で奥羽列藩に加盟したことが書かれ、これがために五月に奥羽鎮撫副総督の沢為量が秋田藩に入国しても、藩上層部は沢を領外退去しようとしたとある。その際、小野崎ら砲術所藩士は沢副総督に藩内に留まるよう請願したことが書かれている。続いて七月一日に奥羽鎮撫総督九条道孝、参謀醍醐忠敬が久保田城下に到着し沢副総督と合流。同三日、小野崎が沢に呼ばれ、小野崎の代理として沢の下に出向いた井口糺が砲術所藩士の力をもって藩論を新政府側にするよう指示される話となる。そして同夜、砲術所藩士が決起し家老小野岡義礼を説得。深夜に登城した小野岡は藩主から仙台藩士殺害の命を出させ、四日に久保田城下に滞在していた仙台藩士を殺害する話となって『秋田藩戊辰私記』は終わる。
興味深いのは、秋田藩が庄内藩と交戦した際、砲術所の藩士は遊撃隊という部隊に編成され、小野崎はその参謀として活躍するにもかかわらず、そのことは全く書かれていないことである。つまり『秋田藩戊辰私記』は、秋田藩の藩論が揺れ動く中で、自分たち砲術所の藩士がいかに勤王の精神を持って藩論を新政府側に導いたかを描き出すことを目的として書かれたものだということができる。
小野崎が同書を編纂する直接的契機について、奥書には次のようにある。

［資料5(21)］

予思フ旨アリテ戊辰ノ事ヲ決シテ人ニ語ラス。然ルニ①明治十九年根本氏旧君ノ命ヲ以テ東京ヨリ来リ。其顛末ヲ聞ニ、事ヲ畑江氏ニ請フ。氏之ヲ推ス。予止ヲ得ス筆ヲ執ントセルニ、故アリ果サス。須田氏之ニ代ル。又故アリ半ニシテ果サス。畑江氏紹テ稿ヲ脱ス。②之ヲ根本氏ニ贈レリ。其書悪シキニ非ス。然レドモ③二氏共ニ請先鋒戮賊使ノ日、南部・津軽ニ使シテ在ラサレバ、紀事遺漏多カリキ故ニ、予曽テ増補シタレトモ尚心ニ快カラサレバ這段更ニ大山重華氏ト謀リ、荒川秀種氏ノ遺稿ヲ増補訂正シ、是ヲ小野岡義礼氏ニ質シテ、以テ子孫ニ伝フ。読者二氏ノ書ト似テ而シテ異ナルヲ怪シム事勿レ。

文中傍線部①は、明治十九年『戊辰秋田勤王記』『戊辰秋田戦争記』の編纂に際し、佐竹義生が根本通明を東京から呼び戻し編纂に携わらせたということを意味する。そして、秋田へ戻った根本は畑江道弘に執筆を依頼し、畑江は小野崎通亮に協力を要請したとある。小野崎は執筆を開始するも挫折し、須田氏が小野崎に代わって執筆したが完成させることができず、結局畑江が資料を作成し、それを根本へ提出したとある(傍線部②)。畑江が書いた資料は悪くなかったが、慶応四年七月四日、根本・畑江両名とも使者として南部・津軽方面へ出向いたため詳細な点が間違っている（傍線部③）。そこで荒川秀種が残した資料を大山重華と校訂し、小野岡義礼に確認をとった上で『秋田藩戊辰私記』を完成させたとある。

ここから明治二十二年に小野崎が『秋田藩戊辰私記』を編纂した理由は、前年に出された佐竹義生の『戊辰秋田勤王記』に自分たちの決起が詳しく書かれていないという不満にあったといえる。しかもその根底には、編纂に携わった根本通明に対する不信感がある。『秋田藩戊辰私記』からこのことを示す一文を見てみよう。

［資料6］[22]

去ル明治廿一年ノ著書ニ云ク（中略）根本某此日（七月三日）ノ夜半ヲ以テ発セリト云ヘルモ非ナリ。根本氏何ノ用事カ有ラン、此夜来リテ佐藤時之助（勘定奉行）ト両人石塚邸ノ玄関ニアリ。共ニ黙々然トシテ我有志隊ノ挙動ヲ傍観シ、根本ハ暁星ヲ帯ヒテ帰リ、佐藤ハ日出ニ及ヒテ帰レルハ、我徒二百人ノ親シク目撃スル所ナリ。根本豈ニ夜半ヲ以テ発セル理アランヤ。（中略）此是書ノ妄ナル一大現証ナリ。返々此書ニ欺カル、事勿レ。

ここに「去ル明治廿一年ノ著書」とあるのは『戊辰秋田勤王記』である。同書の七月三日の記事には、藩主が新政府側につくことを決意し、根本通明は院内にその旨を伝えるため久保田から使者として出立したとある。だが小野崎通亮らは七月四日未明まで根本が石塚邸にいたことを目撃していることから『戊辰秋田勤王記』の内容に「欺カル、事勿レ」と非難している。

以上本章では、小野崎通亮の『秋田藩戊辰私記』の全体像を俯瞰し、編纂に着手した経緯を述べた。小野崎は明治二十一年に佐竹義生が編纂した『戊辰秋田勤王記』の間違いを指摘し、その原因は編纂に携わった根本通明にあるとした。では小野崎は、自分たち砲術所藩士の決起をどのように描いたのか、次にこの点を見ていくことにしよう。

三　『秋田藩戊辰私記』の筆致

本章では、小野崎通亮が東北戊辰戦争時における自分たち砲術所藩士の活躍像を描き出すにあたって用いた論理と、その論理を用いて作り上げられた歴史像の特質を述べる。

結論から先にいうと『秋田藩戊辰私記』の特質は、自分たちの決起の背景に平田国学を持ち出していることと、全体を通して小野崎の親類や周辺人物が繰り返し登場することにある。

まず『秋田藩戊辰私記』の冒頭を見てみよう。

［資料7[23]］

文久三年癸亥我公（従二位源義堯朝臣）上京ス。此時公群議ヲ拝シテ断然平田鉄胤（ママ）ヲ挙ケテ本学頭ニ任シ先発セシメ、又其子延胤ニ随駕ヲ命シ、共ニ輦下ニ周旋セシム。次テ延胤ヲ本学教授トス。先是鉄胤父子探索書を屡々公ニ上聞シ、且ツ藩地同志輩ニ寄テ天下ノ形勢ヲ知ラシメ、又古史伝ノ字本及ヒ諸ノ著書ヲ小野崎通亮（通称鉄蔵）ニ贈リ本学ヲ講シ、勤王ノ大義ヲ誘導セシム。通亮ノ父通孝（通称要）其建築費ヲ出シ贈正四位平田翁ノ実家大和田盛胤日用諸費ヲ拾（ママ）シ義熟（ママ）ヲ盛胤ノ邸内ニ設ケ恒舎《ツネノヤ》（一名雷風義熟ト号シ）、此時通亮ノ歌（イサ寄リ来〔コ〕学ノ友等諸共ニイタツキ立テン国ノ真柱）、同学豊間盛彦（通称源之進・通亮ノ妹夫）・井口糺（通亮ノ従弟）・信太意舒（通亮ノ妹夫）・大山重華（順治）・畑江道弘（主税）・沢畑定位（頼母・吉川忠行ノ三子）・小瀬伊教（謙蔵・通亮ノ実弟）等相議、大ニ同志ヲ集メ、吉川忠行（久治）・其子忠安（頼助）ニ請ヒテ講師トス。故ニ塾生多ク忠行父子ニ砲術ヲ学ヒ、又彼門人モ義熟（ママ）ニ遊フ。是戊辰ノ時彼我ノ生徒正義ヲ唱和セル所以ナリ。

ここにあるとおり『秋田藩戊辰私記』の冒頭は、文久三(一八六三)年佐竹義堯上京の際に平田銕胤も上京し、京都で周旋活動を行ったことから書き起こされている。平田から国学の教えを受けた小野崎通亮は、彼の父要が平田篤胤の実家大和田家に建てた私塾雷風義塾で、同学の士と共に吉川忠行・忠安父子から講義を受けたとある。それゆえ雷風義塾生は砲術を学び、また西洋砲術の吉川門人も国学を学び、これが東北戊辰戦争時に「正義ヲ唱和セル所以」、すなわち決起した理由になったとある。ここで注目すべきは、雷風義塾で小野崎と共に国学を学んだ同学の士である。目につくのは小野崎の係累にあたる人物が多いことである。小野崎との関係は括弧書きされているのでわかりやすい。これをあげると、小野崎の弟が小瀬伊教、妹の夫は豊間盛彦と信太意舒、従兄が井口糺である。このうち豊間盛彦は[資料3]で、仙台藩士殺害を建言した人物として登場した人物である。また大山重華と畑江道弘は『秋田藩戊辰私記』の編纂に関与した人物で、大山は明治四十一年秋田県知事官房『秋田藩戊辰勤王始末』の編纂委員も勤めている。
続いて『秋田藩戊辰私記』は、慶応三(一八六七)年十二月の秋田藩勘定奉行太縄織衛殺害未遂について触れている。
[資料8][24]
于時高瀬権平・布施銀平・高橋伝吉・佐々木三郎兵衛・伊藤礼吉・下田佐太郎・高橋虎太郎等我藩勘定奉行大縄織衛カ盛ニ佐幕論ヲ唱フルヲ憤リ之レヲ斬リ。(織衛疵浅クシテ死ニ至ラス)其趣意ヲ藩邸役員ノ舎ニ投シ、遂ニ京都ニ逃レ沢卿ニ寄ル。(高瀬・布施・高橋共平田ノ門人ナリ。殊ニ高瀬ハ延胤ノ妹夫ナリ。蓋シ此一挙帷幕中ニ延胤アリ)
小野崎通亮は、太縄織衛殺害未遂事件を、佐幕派藩士を斬るためであるとして正当化している。更に殺害を教唆したのは平田延胤だったとある。事件の後、高瀬は京都に逃れ沢為量の下に身を寄せるが、慶応四年沢為量が奥羽鎮撫副総督として秋田藩に入国した際、沢副総督と気脈を通じるにあたって高瀬の役割が大きかったと記している。

［資料9］[25]
翌年(筆者註・慶応四年)沢卿ノ奥羽ニ赴ク。権平(時《(ママ)》称美濃)其用人タリ。銀平(時称兵庫)ト共ニ随行ス。其時左京《(ママ)》ノ執政小野岡義礼(右衛門)同シク平田門人ニテ同志ナルヲ以テ陰ニ権平等ニ面会シ、後来ヲ謀ル処アリ。且此輩元来豊間盛彦・小野崎通亮・大山重華・井口糺等ト親友タルヲ以テ藩地ノ同志ト気脈相通スル而巳ナラズ、沢卿我藩ノ志士ヲ信セラレタル爰ニ根起ナリ。

実は、太縄織衛殺害未遂事件を起こし脱藩した高瀬権平が沢為量に従って久保田に現れたことに、秋田藩主佐竹義堯は無礼討ちを命じたほど激怒した[26]。結局、それは実行に移されなかったが、［資料8］や［資料9］を見ると、高瀬に対する評価が同時代と明治では正反対になっていることがわかる。高瀬の脱藩と来秋は藩主が激怒する事態だったにも関わらず、ここではそのようなことは全く書かれていない。そればかりでなく、高瀬は、豊間盛彦・小野崎通亮・大山重華・井口糺と親友の関係とある。後に［資料11］で高瀬権平は美佐雄の名で平田篤胤の神格化運動を進める一人として登場する。つまり、高瀬の来秋は、平田門人、雷風義塾関係者とのつながりによって正当化されているのである。また、何か出来事があるたびに人物名が列挙される筆致は『秋田藩戊辰私記』の特質の一つで、これは、領外退去を申し渡され弘前藩に向けて出発した沢副総督に小野崎らが滞留願いを出した場面でも見られる。滞留願いを出した人物を挙げると次のようになる。

［資料10[27]］
砲術所総裁須田盛貞・総裁見習荒川秀種・頭取吉川忠安・頭取見習小野崎通亮・教授青木定志(理蔵)・後藤敬吉・片岡三太郎・田代左記・厚木多七郎・大山重華・詰役畑江道弘・冨岡虎之助・塩谷友三郎・船坂信頼(順之助)・池田健治・大久保清八・吉川忠継(左記)・遠山規方(直太郎)・須田茂穂・井口糺・竹内徳三郎・青木定宅・

北条理兵衛・石川重次・富岡滝之助、有志豊間盛彦・宇野弥三郎・小瀬伊教・宮沢靹（永治）・曲田勇治・岩谷定玄（時称根本時之進）・樋口定業（銀治）・岩谷宗継（鉄太）・幸丸恒助（盛彦已下雷風義塾生ナリ）
秋田藩主佐竹義堯は、同藩が奥羽列藩同盟に加盟した以上、沢副総督を久保田城下に滞在させておくことはよくないと判断し、領外への退去を願い出ている[28]。小野崎ら右の面々が沢に滞留願いを出すことは、藩主の意向に逆らうことになるのであるが、このことも評価が逆転している。
そして『秋田藩戊辰私記』の内容は、先述した［資料3］の慶応四年七月三日の決起の場面へとつながっていく。全体を通していえることは、砲術所藩士や雷風義塾生が繰り返し登場し、あたかも小野崎通亮と彼の親類及び周辺人物が歴史を動かしたかのように記されていることである。
このように『秋田藩戊辰私記』の特質は、第一に自分たちの行動の正当性を平田国学に置いていること、第二に平田門人間もしくは小野崎とのつながりが強調されていることにある。だが、実は同書には小野崎自身が平田門人となった記述はない。幕末の平田門人の名前を記した『門人姓名録』に小野崎の名前は出てこない[29]。そこで、幕末の時点で門人であるかどうかをはっきり書かない小野崎が、砲術所藩士の決起の背景に平田国学があったとする歴史像を描いた理由について考えをめぐらせていきたい。

四　平田篤胤顕彰運動と小野崎通亮

ここで小野崎通亮の経歴を確認しよう。小野崎は天保四（一八三三）年、秋田藩士小野崎通孝（要）の長子として生まれる。吉川忠行から国学と西洋砲術を学び、慶応二（一八六六）年、藩が砲術所を設立するに伴い頭取見習に就任。この頃、私塾雷風義塾を開き国学を教授したと述べている。同四年の東北戊辰戦争時には砲術所藩士で編成された遊撃隊の参謀として活躍。明治時代に入ると評定奉行から権参事となる傍ら宣教師司を兼務し、廃仏毀釈運動の先頭に立った。

廃藩置県後は表2に示したように神道界に生き、明治三十(一八九七)年には貴族院議員に選ばれた。同三十六年に

〈表2〉小野崎通亮の経歴

年月日	経歴	任命者
天保4年(1833)2月29日	誕生	
明治元年(1868)1月	砲術所頭取(見習)	秋田藩
明治元年(1868)4月	遊撃隊参謀	秋田藩
明治2年(1869)3月	神祇官判事試補	行政官
明治2年(1869)8月	神祇権大史	神祇官
明治2年(1869)10月	神祇権少祐	太政官
明治3年(1870)2月	秋田藩権大参事	太政官
明治4年(1871)2月	兼任宣教司	
明治5年(1872)4月	廃藩置県につき解官	
明治6年(1873)8月	八幡神社祠官	秋田県
明治6年(1873)11月	補権大講義	教部省
明治7年(1874)1月	秋田県神道触頭	秋田県
明治7年(1874)8月	神仏合併中教院長	大教院
明治7年(1874)9月	教導職取締	
明治8年(1875)8月	神道事務分局長	神道事務本局
明治8年(1875)9月	兼任招魂社祠官	秋田県
明治9年(1876)2月	補大講義	教部省
明治12年(1879)5月10日	補権少教正	太政官
明治13年(1880)3月	神宮第五教区教会長	神宮教院
明治13年(1880)4月	神宮教四等教監	
明治15年(1882)10月	古四王神社宮司	太政官
明治19年(1886)10月	叙正八位	内閣
明治21年(1888)8月	秋田県皇典講究分所長	皇典講究所
明治26年(1893)12月	叙従七位	宮内省
明治30年(1897)12月	貴族院議員	内閣
明治36年(1903)7月	正五位	宮内省
明治36年(1903)7月21日	死亡	

秋田県公文書館「小野崎通亮略伝」(AH289-112)より作成

亡くなり、同四十一年戊辰勤王功労者として従四位が贈られた。
小野崎の経歴で注目したいのは明治以降である。[30] 実は明治十年代、平田篤胤の神格化運動が県内外で起きた。ここに神道界に生きた小野崎がどのように関与したのかを考察することから、彼の描いた秋田藩維新史像に平田国学が登場する背景を考えていきたい。
平田篤胤を祭神として祭る神社の創建運動は、平田篤胤の末裔や東京にいる門人たちが起こした。平田神社の由緒を記した「明細書」によると、平田篤胤を祭った祠は、明治二(一八六九)年十一月、平田銕胤が住んでいた西京の屋敷内に創建されたとある。そして銕胤が東京へ移ったことに伴い、同五年八月武蔵国葛飾郡柳島横川町の平田家の屋敷に平田神社が創建された。[31]
同十一年、平田胤雄(銕胤の子・延胤の弟)が東京府知事へ平田神社を正式な神社として認めてもらうよう上申書を提出する。

[資料11][32]

平田神社共有祭祀願
故平田篤胤在世中、大道之衰廃ヲ歎キ、其師本居宣長之意思ヲ継キ、盛ニ敬神尊王之大義ヲ唱ヘ、千思万考砕身粉骨一千余巻之書籍ヲ著述シ、衆諸ヲ教導シ、復古之基ヲ開キ、編ク天下人民ヲシテ大義名分ヲ相弁ヘシム。其功績ノ巨多ナル世人ノ知ル所ナリ。然所御一新以来有功之神霊は夫々御追祭被為在候折柄ニ付テハ、諸国門人共申合、師恩ヲ報セン為メ新ニ一小祠ヲ取立霊璽祭祀仕度兼て志願之所、幸御府下第十一大区二小区柳島横川町十二番地平田胤雄邸内ニ曽テ篤胤ノ男鐵胤追孝ノ為メ小祠造営同家限り祭祀致来候ニ付、右社前ヘ別紙絵図面之通地所取定メ拝殿建設平田神社ト称シ、受持神官ヲモ相立門人等共有トシ永世祭祀仕度。尤該区内ニ於モ信仰之者

共有之候間、御許容被成下候ハヽ、一同難有奉存候。仍て永続方法書相添、此段奉願上候也。
明治十一年四月
第十一大区二小区柳島村　天祖神社　祠掌受持神官　砂原宣久　印
信仰人総代
第拾二大区二小区柳嶋横川町九番地　東京府士族　吉田正功　印
同大区同小区同町拾番地　同府士族原胤昭同居　同　中田新之丞　印
同大区同小区亀戸村六拾四番地　平民農　青木作兵衛　印
門人総代
第五大区二小区浅草新旅篭町壱番地　岡山県平民　生口寛平　印
第五大区二小区浅草新旅篭町壱番地　岡山県平民　長船朔一郎　印
第拾壱大区二小区柳島横川町拾二番地　秋田県士族　高瀬美佐雄　印
第拾壱大区二小区柳島横川町拾四番地
士族三木五百枝父隠居　三木鉄弥　印
第五大区五小区浅草三間町二番地　東京府士族　村瀬　清　印
第三大区四小区富士見町六丁目七番地　大分県士族　渡辺重石丸　印
第三大区五小区牛込若宮町三十二番地　長野県士族　関　葦雄　印
第三大区二小区麹町山元町一丁目五番地
平民　井上頼国　印
第六大区三小区深川東大工町廿八番地　東京府士族　足立正修　印

第六大区壱小区深川冨岡門前町七十番地　士族　古川豊彭　印
千葉県第十四大区一小区下総国香取郡滑川村十七番地
千葉県士族　青柳高鞆　印
第弐大区拾小区芝田町六丁目壱番地　東京府士族　師岡正胤　印
第三大区四小区富士見町六丁目拾五番地　鹿児島県士族　葛城彦一　印
第三大区三小区下二番町四拾一番地　愛媛県士族　矢野玄道　印
第拾壱大区弐小区柳嶋横川町拾弐番地　士族　平田胤雄　印
東京府知事楠本正隆殿

ここで注目したいのは、東京府知事に願い出た十九名のうち、旧秋田藩士は高瀬・三木・村瀬・平田のみだという点である。この上申に対して東京府知事楠本正隆は、明治十一(一八七八)年五月八日付けで許可している。[33]
次に秋田県内における平田神社創建の動きを見てみよう。秋田県内で平田篤胤を祭神として祭る神社の創建運動を行ったのは、日吉神社祠官の小谷部甚左衛門で、明治十四(一八八一)年八月十三日、小谷部は針生源太郎・山中新十郎・桜田誠一郎・羽生氏熟と共に日吉神社境内に平田神社創建を秋田県令に願い出た。これに対し県令石田英吉は、同年八月二十六日付けで認めている。[34]
このように平田篤胤の神格化運動は、平田門人が最初に東京で、続いて秋田で起こしたことを指摘できるが、双方無関係ではないことが次の資料から窺える。

[資料12[35]]

平田神社之儀ニ付願

故平田篤胤ノ墳墓ハ秋田県下羽後国南秋田郡手形村ニ在リ。①抑篤胤ハ当地ノ算ニシテ盛ニ皇道ヲ講明センヨリ県下ノ士族奮興シ、維新ノ際敵中ニ孤立シ大節ヲ全セシメンニ因リテ、該地ノ有志及ヒ其裔孫ト相謀リ霊社ヲ同郡八橋村公園地内ニ建設セリ。②今ヤ全国ノ門人有志者等再ヒ謀リ、該社ノ拝殿造築ノ挙ヲナサントス。而シテカノ三重県下伊勢国飯高郡山室村ナル故本居宣長ノ霊社ハ、昨十四年七月其祠宇改造ノ義ヲ被聞食、宮内省ヨリ金円ヲ下賜セラレタリ。然レハ則チ該社ノ如キモ、亦此ノ例ニ準拠セラレ、特別ノ恩典アランヲ偏ニ切願懇望ノ至リニ堪ヘサルナリ。而シテ窃ニ聞ク、カノ宣長ノ霊社ノ如キハ該県令ノ注意厚キニ由レリト。今回ノ挙ヤ又閣下ノ斡旋アルニ非サルヨリハ、何ソ能ク速ニソノ功ヲ奏スルヲ得ンヤ。伏テ願クハ閣下幸ヒニ生等カ愚衷ヲ憐察シ玉ヒ、宜シク其筋ニ上陳シテ、コノ願望ヲ達スルニ尽力アラセラレン事ヲ敢テ忌憚ヲ憚ラス謹テ奉懇願候也。

明治十五年二月

東京府士族　久保悳鄰　印
同　師岡正胤　印
同　古川豊彭　印
　吉岡徳明　印
山口県士族　渡辺玄包　印
東京府士族　久保季茲　印
東京府平民　井上頼国　印
長崎県平民　丸山作楽　印
愛媛県士族　矢野玄道　印

秋田県令石田英吉殿

この資料は、県外の平田門人たちが秋田県令に対して、八橋公園内に創建された平田神社に対し特別の恩典を求めたものである。ここで注目すべき点は三つある。その第一は傍線部①慶応四年東北戊辰戦争の際に秋田藩が新政府側になったのは、藩士たちが平田国学の思想を学んだことにあるという視点が書かれていることである。この発想は先述したとおり、小野崎通亮の歴史像の底流にある思想と同一のものである。第二は、傍線部②平田神社社殿の建設は全国の門人が関わっているという記述である。そして第三は、願い出た人物に一人も秋田県関係者がいない点である。つまり、秋田県における平田神社創建は、県内の神道関係者だけで起こしたものではなく、東京に結集した平田門人が関わっていたのである。ちなみにこの願いに対し、石田県令は翌三月に金百円を秋田の平田神社に下賜している。[36]
次に平田篤胤の贈位と秋田県内における動きについて述べる。明治十五(一八八二)年十一月二十八日、東京府知事芳川顕正に対し長谷川貞雄・加茂水穂・大伴千秋・鈴木重嶺・井上頼国・羽倉光表・本居豊頴・平田胤雄が、羽倉東満(荷田春満)・加茂真淵・本居宣長・平田篤胤の贈位を願い出た。[37]明治十六年二月二十七日、右の四人に正四位が贈られる。つまり国学の四大人の一人として平田は贈位されたわけである。
平田篤胤の贈位から五ヶ月後の明治十六(一八八三)年七月、秋田県に民間教育団体である順考学会が誕生した。同学会の発起人は小谷部甚左衛門であるが、会長には小野崎通亮、幹事には畑江道弘がそれぞれ就任した。活動内容は毎月六日・二十一日に講師の大山重華と井口糺が土手長町末丁の神宮教会所で講演を行うというものであった。順考学会の規則第一条を見ると、「本会は惟神の道徳を錬磨し、尊王愛国の志操を抱きて万世不易の国体を保守し、大義名分を明かにせんとするを以て首脳とす。故に講師を置きて皇典を講述するものとす」とあり、平田篤胤の敬神思想を教授する会だったことがわかる。[38]同学会の設立に際し、赤川県令が寄せた祝辞を見てみよう。

［資料13[39]］

故平田篤胤翁の皇学を研究し、専ら心を敬神の教に注ぎ、尊王愛国の士気を振作皇張せしは世人の仰慕する処、今又縷述を待たざるなり。故を以て没後四十年の今日に於て、朝廷特旨を以て正四位の爵に叙せられ、其偉勲を旌表せらる。豈其偶然ならん乎。若し夫れ平田翁其人ありと雖ども、子孫門人諸氏の講学布教に心を委ね力を尽くさゞるときは翁の功績或は滅絶に属するも亦知るべからず。然は則其継述の責任は諸子に非ずして何ぞ。今や贈位の栄あるは、独り翁の栄のみならず、諸子の最も栄とする所にして予の以て盛事とする所以なり。況んや諸子嚮きに神号を請ひ、祠宇を建設し、一層神道の興隆に精神を罄《むなし》くすに於ておや。諸氏夫れ能く合議協力して、益伝来の学風を研究し、敬神の教を敷き、愛国の士気を振興し、翁の偉勲を不朽に伝へ、朝廷旌表の盛意に奉答せんことは最も予が冀望に堪へざる所なり。

赤川県令は平田思想の普及を目的として設立された順考学会に大きな期待を寄せている。先述したように平田神社創建に際し石田県令は金百円を下賜していた。これに加えて平田思想の普及団体である順考学会の活動について赤川県令は「最も予が冀望に堪へざる所」と述べている。これは、県による平田神社の擁護と平田思想の普及の後押しを意味する。

このように、明治十年代に県内外で起きた平田篤胤の神格化運動と贈位運動に着目すると、砲術所藩士たちの決起があったからこそ秋田藩は新政府側についたという小野崎の歴史像は、最初東京で、続いて秋田で起きた平田篤胤神格化運動の中で醸成されたことが確認できる。しかも、小野崎と共に平田篤胤を神格化し、その思想の普及に尽力した畑江道弘・大山重華・井口糺は皆砲術所藩士で、『秋田藩戊辰私記』の編纂にも関与していることも確認できた。

ここから、小野崎の『秋田藩戊辰私記』は、幕末・明治を通して小野崎に近い人物が自分たちの過去を書き表し、しかも自分たちの過去の行動を平田国学に結びつけた集団的記憶の産物であると位置づけることができる。

五　後藤誠忠による『秋田藩戊辰勤王始末』批判

小野崎通亮の『秋田藩戊辰私記』の特質の一つに、身内や周辺人物が繰り返し登場していることがあった。同書編纂のきっかけは、小野崎以前に秋田藩維新史を編纂した根本通明が過去を正しく書いていないことに対する不信感があった。しかし、小野崎も『秋田藩戊辰私記』も事実と異なる過去を記している。本章では小野崎が行った歴史像形成の問題から「砲術所藩士活躍説」のもう一つの特質について考えることにしたい。

明治四十一（一九〇八）年十月二十七日、秋田市楢山に住む後藤誠忠が県知事森正隆に上申書を提出する。[40] 後藤誠忠は、秋田藩砲術所教授を勤めた後藤敬吉（敬忠）の子息で、後藤敬吉は慶応四年七月三日夜、家老小野岡義礼に対し砲術所総裁須田盛貞らと共に秋田藩は新政府側につくべきであることを迫った人物である。

後藤誠忠が記した上申書の内容は、須田らと共に小野岡に談判した際、仙台藩士の殺害を建言したのは父敬吉であるというものであった。［資料3］の小野崎通亮『秋田藩戊辰私記』には、仙台藩士殺害を言い出したのは豊間源之進で、後藤は「同音ニ之ヲ助ク」とあるように、豊間の意見を援助したように書かれている。しかし、明治四十一年に県が刊行した『秋田藩戊辰勤王始末』では、［資料4］で示したように後藤敬吉の名前が消えている。後藤誠忠の上申書は、父敬吉の日記を証拠として内容の誤りを指摘し、藩論転換の功績者として後藤敬吉の名誉を認めさせようとするものであった。

上申書に添付された後藤敬吉の日記から、砲術所藩士決起の場面を抜き出してみよう。

［資料14[41]］

①須田政三郎・荒川久太郎・吉川類助・沢畑頼母・青木理蔵・井口糺・豊間源之進ト私含テ八人、石塚氏ノ書院ニ控居候所、小野岡右衛門殿臨席セラレ申候。但シ其節青木・井口・豊間・私ノ四人ハ惣勢押ヘシタメ、跡ヨリ罷出候。右衛門殿臨席ノ上、段々先刻ヨリ一統先鋒願ノ事申上、井口糺今日沢殿ヨリ被仰含ノ次第トモ逐一申聞候テ、愈々押テ御先鋒被仰請候様一統挙テ申立候趣申上候処、右衛門殿委曲承知之趣挨拶セラレ申候。其節私申聞候ハ、申上度儀有之被為聞被下段申述候テ何儀モ無腹蔵可申聞トノ被仰付私聞申候ハ、唯今御先鋒被仰立候トモ第一仙台ニ御同盟諸官員今以テ其地へ被差置候。然ハ何ヲ以テ人心ヲ一致、実ニ朝旨ヲ奉シ御成功可被成や、此所如何被成置可申や伺度段申述候処、至極尤ニ候処如何致シ可然や之趣被仰ニ付、私申上候ハ②幸へ此所ニ仙台ノ使節有之候。是ヲ無残御征罰被成置候ニ於テハ御国内ノ人心初テ一決シ、是レヲ以テ令セスシテ討シ御成功モ可被為成趣縷々申述候。③青木・沢畑引次キ是レヲ論セリ。依之右衛門殿至極尤ニ存候故、唯今登城如何様トモ可被仰上挨拶、直々登城被致候。
ここで注目すべきは三点ある。その第一は［資料3］の小野崎通亮『秋田藩戊辰私記』や［資料4］の秋田県知事官房『秋田藩戊辰勤王始末』では、石塚邸で小野岡右衛門と対座した人物がはっきり書かれていないのであるが、傍線部①から全員の名前がわかる点である。第二は傍線部②で、久保田城下に滞在する仙台藩士の殺害を最初に言い出したのは後藤敬吉だということが記されている点である。そして第三は傍線部③で、後藤の仙台藩士殺害の意見を助けたのは、青木理蔵と沢畑頼母だという点である。小野崎通亮は『秋田藩戊辰私記』において、仙台藩士の殺害を言い出したのは豊間盛彦で、後藤敬吉は、豊間の意見を助けたと述べているのだが、後藤誠忠は父敬吉の日記から、それが誤りであることを説こうとしたのである。

更に後藤誠忠は、父敬吉の日記の他に、決起メンバーの一人である青木理蔵の日記も添付し自説を補強している。

青木の日記を見てみよう。
［資料15(42)］
七月三日有志輩砲術所ニ会シ、議論大ニ沸騰ス。此夜渋江内膳来テ執政石塚源一郎宅ニ議アルヲ告ク。須田盛貞・荒川秀種・吉川忠安・後藤敬吉並ニ諸有志ト共ニ石塚ニ到リ、執政ヲ促シ旧君ヲシテ御三卿ニ先鋒ヲ請願アラン事ヲ哀願ス。此ノ時後藤敬吉仙賊天誅ノ儀ヲ激論ス。於是執政小野岡義礼、当時右衛門、登城シテ旧君ニ有志ノ懇願ヲ陳上セリ。
ここには仙台藩士殺害を主張したのは後藤敬吉とあり、豊間源之進は登場しない。
つまり、明治二十二年に小野崎通亮が『秋田藩戊辰私記』を出して以来、仙台藩士殺害を建言したのは豊間源之進だと言われていたのであるが、後藤誠忠の上申書はこれを真っ向から否定したのである。
実は後藤誠忠が小野崎の歴史像に疑義を抱いたのは、小野崎が『秋田藩戊辰私記』を出した直後であり、明治三十二(一八九九)年には、旧砲術所総裁の須田盛貞を訪ね『秋田藩戊辰私記』の内容が間違っていることを認めさせている。その時、後藤誠忠は次の証明書を須田盛貞に書かせている。
［資料16(43)］
証明書
明治元年戊辰七月四日ニ於テ仙賊使ヲ誅謬ノ儀、其ノ当時砲術所教授後藤敬吉氏ノ意見ニヨリ執政小野岡右衛門氏君上エ言上ノ末実行候儀、敬吉氏自筆ニ成リタル日誌ノ通リ相違無之。依テ為後日此段証明候也。
明治三十二年三月
元砲術所総裁　須田盛貞　印
須田盛貞は、先述したように砲術所総裁として決起メンバーの代表格として小野岡と対座した人物である。その須田が、明治三十二年の段階で後藤誠忠の言うことが正しいと認めているということは、仙台藩士殺害を言い出した人物が豊間源之進であるとする小野崎通亮の歴史像が間違っていることを知りながら、小野崎に真相を話さなかったということになる。言い換えると、須田は小野崎の行う史実の捏造に荷担していたといえる。
更に後藤誠忠は、明治四十一（一九〇八）年、旧家老小野岡義礼を訪問し、須田と同じように『秋田藩戊辰私記』の誤りを認めさせ、次の証明書を書かせている。
［資料17(44)］
証明書
明治元年戊辰七月四日ニ於テ仙賊ヲ誅謬ノ儀、其ノ当時砲術所教授後藤敬吉氏ノ意見ヲ発言セルヲ一同讃成、君公え言上ノ末実行候儀、敬吉氏自筆ニ成リタル日記ノ通リ相違無之、為後日此段証明候也。
明治四十一年七月廿三日　　元執政　小野岡義礼　印
上申書には、後藤が小野岡義礼と対談した際、小野岡は後藤に次のような釈明を行ったとある。
［資料18(45)］
成程明治二十二年中小野崎氏ノ記シタルモノヲ見テ、夫レニ端シ書ヲ附シタル事有之候モ、夫レハ大体上ノ事ニ止マリ、自分ハ戊辰当時執政タリシトハ云ヘ、焉ンソ小野崎氏ノ記シタル細節マテモ悉ク保証スヘケンヤ。
［資料5］に示したとおり、小野岡義礼は小野崎通亮の『秋田藩戊辰私記』の校訂を行っている。しかし右の言葉を見ると、小野岡は小野崎が記した内容の細かい部分までは分からなかったと述べている。だが、小野岡義礼は砲術所藩士に対面した過去を持ち、誰が仙台藩士殺害を言い出したかを知っていたはずである。
後藤誠忠は小野岡に面会した際、父敬吉の日記を見せた。上申書には、後藤敬吉の日記を見た小野岡の言葉も記さ

れている。

［資料19［46］］

全ク自分ノ記憶モ此ノ日記ノ通ナリ。敬吉氏先ツ其ノ意見ヲ発議シ、一同賛成ニ付、君公ニ申上、翌四日有志者ニ天誅ヲ加フヘキ旨申渡シタル次第ナリ。

これは小野岡義礼が小野崎通亮の歴史像が間違っていることを知りながら真相を話さなかった証左である。言い換えると、小野岡も須田盛貞同様、小野崎の行った史実の捏造に荷担していたことになる。砲術所藩士決起の場面に居合わせながら「小野崎氏ノ記シタル細節マテモ悉ク保証スヘケンヤ」と知らないふりをした小野岡義礼について、後藤は「小野岡義礼氏ノ如キハ、小野崎氏ノ著セル戊辰顛末書ニ序文ヲ記サレタルノミナラズ、両氏ノ間ニ私交アリシニ反シ、亡父及私ニハ一切何等ノ私交モナギ」と記している。すなわち、仙台藩士殺害が後藤敬吉の意見によるものと知っていながら、それを豊間源之進であるとしたのは、小野崎と小野岡との間に親交があったからだとしている。

秋田藩が奥羽列藩同盟から新政府側に藩論を転換するにあたって、最も大きな役割をなしたのは砲術所藩士の決起であった。彼らの意見は家老や藩主を動かし、久保田城下に滞在していた仙台藩士の殺害も彼らの手によって行われた。

戦争が終わり明治時代になり、秋田藩の戊辰戦争の記憶を歴史として書く段になり、小野崎通亮は秋田藩の藩論を新政府側に転換させた砲術所藩士を英雄として描いた。そして仙台藩士殺害を意見した人物こそ藩論転換の最大の功労者として位置づけ、そこに妹婿の豊間盛彦を据えた。それが事実と異なるにも関わらず、小野崎と親交のあった須田盛貞や小野岡義礼は沈黙した。須田と小野岡に誤りを糺した後藤誠忠は、秋田藩維新史の著述において、仙台藩士殺害を言い出した人物が豊間盛彦であるかのような間違いがなぜ起きたのかを端的に述べている。

［資料20(47)］
是迄本藩戊辰勤王ノ事ヲ記述シテ著ハサレタル人々ハ、悉ク小野崎氏ニ事情ヲ聞キ、又氏ノ戊辰顛末書ニ拠リ、別ニ当時石塚邸ニ列席シタル諸氏ノ記録ヲ尋ヌルコトモナク記サレタル結果、所謂一丈虚ニ吠ヘテ万丈其ノ実ヲ伝フノ筆法ニテ、皆豊間氏ノ発議トノミ記載シ有之候。

後藤は、当時出されていた秋田藩維新史を編んだ著者・編者たちが戦争当時の関係者の記録に当たることなく、小野崎通亮の「戊辰顛末書」すなわち『秋田藩戊辰私記』を引用し続けたために誤りが生じたとしている。
以上、本章では明治四十一年に後藤誠忠が県に提出した上申書から、小野崎通亮の歴史像が抱えている問題点について考え、以下三点を指摘した。その第一は、身内の偶像化である。秋田藩の藩論が奥羽列藩同盟側から新政府側に変わったことを端的に示す出来事は、仙台藩士殺害事件である。それだけに殺害は誰の発議によるものかを問うことは、明治時代になって戦争の記憶を記録にする段階になると非常に重要な問題となった。事実は後藤敬吉だったのであるが、小野崎はそれを妹婿の豊間盛彦とした。これは明らかに身内を英雄として描こうとした意図があったからに他ならない。第二は、小野崎と共に維新史を編纂した人たちが、仙台藩士殺害を言い出した人物が豊間ではないと知りながら、小野崎が意図的に行った史実の改竄を看過していたことである。そして第三は『秋田藩戊辰私記』の後に秋田藩維新史の著述を編纂した人たちが、資料調査や関係者の聞き取りを行うことなく引用を繰り返したことである。その結果、間違った歴史像が次第に増幅され、小野崎の身内や周辺人物を顕彰する性格を持った筆致が、あたかも歴史的事実であるかのような色彩を帯びていったのである。

おわりに

本稿は、明治二十二(一八八九)年に小野崎通亮が編纂した『秋田藩戊辰私記』を取り上げ、他の著述との比較、編纂した小野崎を取りまく社会的状況、そして小野崎の歴史像に意義を唱えた後藤誠忠の上申書から同書を検証し、秋田藩維新史における「砲術所藩士活躍説」の誕生の経緯とそこに内包する問題点を述べた。論証により得ることができた知見は次の三点に集約することができる。

その第一は、小野崎の『秋田藩戊辰私記』は、秋田藩維新史像を平田国学に結びつけた画期となる著述だったことである。小野崎が同書を編纂したきっかけは、慶応四年(一八六八)東北戊辰戦争時に奥羽列藩同盟側であった藩論を新政府側に変化させたのは平田国学を信奉する砲術所藩士の決起によるとしたことを述べることにあった。従って、同書以前の秋田藩維新史の著述には、秋田藩が新政府側についた思想的背景までは触れていない。しかし、同書以降に出された秋田藩維新史の著述には、平田国学を信奉する藩士の存在が秋田藩の藩論を決定づける要因となったと書かれるようになる。もっともこれは、小野崎の歴史像を継承する人物が秋田藩維新史の著述の編纂に関与したためであるが、その点からも小野崎通亮の『秋田藩戊辰私記』は、勤王秋田藩の歴史的イメージを形づくった著述だったといえる。

第二は、『秋田藩戊辰私記』では、雷風義塾で平田国学を学んだ藩士たちが決起したことで秋田藩は新政府側になったとあるが、明治十年代の小野崎に着目すると『秋田藩戊辰私記』の中で活躍した人物が、皆小野崎と共に平田篤胤神格化運動に関与し、そして同書編纂に関わっていたことである。平田篤胤を祭神として祭る平田神社創建運動は、最初東京で、続いて秋田で起きたが、東京の門人が秋田県令に平田神社への恩典を求めた上申書の中に、秋田藩が最終的に新政府側となったのは平田国学の思想があったからであるという一文があった。言うまでもなく、秋田藩の去就と平田国学を結びつける説明は『秋田藩戊辰私記』に反映されている。ここから小野崎の歴史像は平田篤胤神格化運動の中で醸成されたといえる。

だが小野崎通亮の歴史像は、自分の周辺人物を美化するあまり、事実でないことを事実であるかのように書いた問題点があった。小野崎は、砲術所藩士が家老小野岡義礼に談判した際、仙台藩士殺害を建言した人物は小野崎通亮の妹婿の豊間盛彦であるとしたが、実は殺害を最初に口にしたのは後藤敬吉だった。この事例は、小野崎が意図的に身内を英雄として描こうとしていたことを示すものである。これが知見の第三点である。

維新期の秋田藩の動きを平田国学と結びつけた同書の歴史像が、広く県民共有の歴史認識となった理由については、戊辰勤王功労者への贈位と関わりがある。この問題については拙稿「明治時代における秋田藩維新史像の形成」を参照してほしい[48]。

註

（1）拙稿「明治時代における秋田藩維新史像の形成」（『日本歴史』七七四、二〇一二年）
（2）大正から昭和にかけて出された秋田藩維新史の著述は、特にこの傾向が強い。例をあげると、後藤寅之助（宙外）『秋田戊辰勤王史談』（秋田県振興会出版部、一九一一年）・青柳武明編『秋田戊辰勤王回顧座談会記録』（一九三七年）・東山太三郎『戊辰戦役雑話』（宮野吉松、一九四一年）等がある。
（3）明治以来の秋田藩維新史像を覆す史料が「十太夫宛岡本又太郎書状 附泉恕助書状」（秋田県公文書館、AT212.1-66-1）である。同史料は国許の家老たちが白石会議に向かった戸村十太夫に宛てた書状で、「奥羽一同之事ニて御家斗り御相談御加り無之候ては追々御不都合ニも相成候故、衆議御同意ニ被成置度」という藩主の意向が伝えられた。戸村の奥羽列藩同盟加盟はこの指示によるものであり、独断ではないことが明らかになった。

この史料は、昭和三十六年『秋田県史』第四巻維新編に大きく取り上げられ、明治以来説かれてきた「戸村独断調印説」を誤りであるとした。
（4）前掲註（1）論文の他に、長南伸治「近代の秋田県における「秋田藩史観」形成に関する一考察」（『風俗史学』四五、二〇一二年）がある。
（5）『復古期』や『孝明天皇紀』といった中央政府における史書編纂についての研究は、大久保利謙『日本近代史学の成立』（吉川弘文館、一九八八年）、田中彰『明治維新観の研究』（北海道大学図書刊行会、一九八七年）、宮地正人「『復古記』原史料の基礎的研究」（『東京大学史料編纂所研究紀要』一、一九九一年）、刑部芳則「麝香間祇候の歴史編纂事業」（『日本歴史』七三四、二〇〇九年七月）、箱石大「戊辰戦争史料論」（明治維新史学会編『明治維新と史料学』吉川弘文館、二〇一〇年）等がある。一方、明治時代の地方における史書編纂についての研究は、日比野利信「維新の記憶―福岡藩を中心として―」（明治維新史学会編『明治維新と歴史意識』吉川弘文館、二〇〇五年）、真辺将之「明治期「旧藩士」の意識と社会的結合―旧下総佐倉藩士を中心に―」（『史学雑誌』一一四―一、二〇〇五年）、宮間純一「明治・大正期における幕末維新期人物像の形成―堀田正睦を中心として―」（『佐倉市史研究』二二、二〇〇九年）等がある。
（6）佐竹義脩（嘉永七～明治二十六）佐竹義堯の甥、元治元年に養子。明治五年八月二日家督相続。同十四年八月十六日隠居、養父義堯に家督を譲る。
（7）太政官達第一五一・一五二号
（8）「戊辰戦争前後之事実」（東京大学史料編纂所、4175-1000）
（9）「戊辰戦争前後之事実」（秋田県公文書館、AS212.1-78-1・2）
（10）「戊辰叛賊征討記」（秋田県公文書館、930103-11476）
（11）前掲註（7）史料

（12）佐竹義脩と義生は義理の兄弟であるが微妙な関係にある。明治五（一八七二）年八月、佐竹義堯から家督を譲られた養子の佐竹義脩は、同十四年八月に隠居させられ、家督は養父佐竹義堯に戻った。その佐竹義堯は同十七年十月に死亡し、家督は実子佐竹義生が相続した。
（13）『戊辰秋田勤王記』『戊辰秋田戦争記』（秋田県立図書館 A212.1-66-1・2）
（14）佐竹義生が『戊辰秋田勤王記』『戊辰秋田戦争記』を編纂する際に集めた軍功書き上げは、秋田県公文書館に収蔵されている。この資料群の全体像については、拙稿「『戊辰秋田勤王記』『戊辰秋田戦争記』成立に関する史料群」（『秋田県公文書館研究紀要』一五、二〇〇九年）を参照してほしい。
（15）前掲註（11）『戊辰秋田勤王記』
（16）小野崎通亮『秋田藩戊辰私記』は「勤王家ニ関スル参考書類」（秋田県公文書館 930103-11463）や秋田市役所蔵「明治二十七年庶務事務簿」に綴られている。
（17）秋田県知事官房『秋田藩戊辰勤王始末』（秋田県立図書館、21-33-712）
（18）明治四十一年「秘書」（秋田県公文書館、930103-8704）
（19）大久保鉄作『奥羽戊辰之形勢』（久保田活版所、一八九四年）緒言に次のようにある。
豊間氏未亡人は生前盛彦か各知友との往復せる書簡及手記を一括して之を秘蔵せしか、悉く挙けて予に貸与せり。此篇の材料、之に拠るもの多し。（中略）婦人名は貴恵、小野崎通亮の次妹にして侠骨男子の風あり。
（20）～（25）前掲註（16）史料
（26）『秋田県史』第四巻維新編（秋田県、一九六一年）二七九頁
（27）前掲註（16）史料
（28）「某書状」（秋田県公文書館、AS212.1-51-1）
（29）『門人姓名録』（名著出版、一九八一年）
（30）小野崎通亮に関しては、小野崎から国学を学んだ田崎秀親が明治七（一八七四）年八月十一日、函館でドイツ代弁領事ハーベルを殺害した事件が起きている。函館裁判所は小野崎が田崎に殺害を教唆した線で捜査したが、決定的な証拠が

無かったことから田崎の単独犯行ということになった。(田中正弘『幕末維新期の社会変革と群像』吉川弘文館、二〇〇八年)
(31)「平田神社明細書」(国立歴史民俗博物館、H1615-1-270-1-10)
(32)(33)「平田神社共有祭祀願」(国立歴史民俗博物館、H1615-1-270-1-2)
(34)秋田における平田神社創設については、塩沢清『弥高神社史』(弥高神社、二〇〇二年)に詳しい。
(35)(36)「平田神社之儀ニ付願」(国立歴史民俗博物館、H1615-1-270-1-4)
(37)「羽倉東満・加茂真淵・本居宣長・平田篤胤等ニ贈位ノ恩典有之度上請」(国立歴史民俗博物館、H1615-1-270-1-11)
(38)『秋田県史　資料　明治編下』(秋田県、一九六一年)七五〇頁
(39)「順考学会規則」(「教育課学務掛事務簿　学事之部二番」)(秋田県公文書館、930103-3277)
(40)~(47)「明治四十一年　勤王家其他功労者事績調材料」(秋田県公文書館、930103-8733)
(48)前掲註(1)論文

秋田県下の第三回総選挙

伊藤　寛崇

はじめに

第一回から第六回衆議院議員総選挙（以下、総選挙）は小選挙区制（一人区二一四、二人区四三）の下で、直接国税十五円以上を納入する満二五歳以上の成年男子によって単記（二人区は連記）・記名投票で行われた(1)。
秋田県内には次の四つの選挙区が設けられた。
第一区（定数一人）　秋田市・南秋田郡
第二区（定数一人）　鹿角郡・北秋田郡・山本郡
第三区（定数一人）　河辺郡・由利郡
第四区（定数二人）　仙北郡・平鹿郡・雄勝郡
戦前期の総選挙の概略については『秋田県史』(2)や市町村史などで部分的ではあるものの確認することができる。また全国的に近年の個別研究の蓄積によって選挙戦の実態も徐々に明らかになってきているが、秋田県に限って言えば

R・S・シムズ氏(3)、村瀬信一氏(4)、荒川肇氏(5)のわずか三例を数えるのみである。県内には選挙を執行した機関の史料＝公文書あるいは選挙報道の記録＝新聞記事などが多く残されているにも関わらずほとんど進展していないのが現状である。

近年、上野利三氏によって選挙報道を基とした三重県および静岡県の初期議会期における総選挙の実証的研究が多数試みられている。(6)筆者はこの研究成果を踏まえた上で、史料が整っている第三回総選挙(一八九四〔明治二十七〕年三月一日)を対象として、四選挙区の情勢、投開票結果を明らかにしたいと思う。

さて、第三回総選挙に至るまでの経緯について少し触れておく。第二次伊藤内閣が推進しようとした条約改正路線(内地雑居)に反対する勢力は対外硬路線、すなわち日英通商航海条約締結の反対と清国への早期開戦を掲げて民党と吏党の大連合＝硬六派(大日本協会・東洋自由党・同盟倶楽部・立憲改進党・国民協会・政務調査会)を形成した。一八九三(明治二十六)年十一月二十五日に開会した第五回帝国議会(通常会)では冒頭から政府と硬六派は真っ向から対立し、安部井磐根(大日本協会)が提出した条約励行建議案の取扱をめぐってその対立は頂点に達した。十二月二十九日の衆議院本会議での趣旨説明中に停会が宣言され、直ちに集会及政社法により大日本協会には解散が命ぜられ、ついに翌三十日に衆議院が解散された。このため従来からの民党対吏党の構図が崩壊した中で総選挙を迎えることになった。

一　第一区の情勢

『秋田魁新報』(以下、『魁新報』)は民党(同志倶楽部支持)の立場を取っており、必然的に大久保鉄作《おおくぼてつさく》(一八五〇〜一九二一年)を擁護し、対立候補者である目黒貞治《めぐろていじ》(一八五二〜一九一七年)と二田是儀《ふただこれのり》(一八五〇〜一九一〇年)については一貫して攻撃的な論調を展開した。

（1）大久保鉄作の選挙戦

解散後、第一区で最初に動き出したのは前回、前々回ともに吏党の二田に敗北を喫した大久保だった。[7]
大久保派は解散から五日後の一八九四（明治二十七）年一月四日、秋田市長町（現秋田市中通）の五雲楼に幹部を集めて陣立ての計議を行い、六日には南秋田郡の有志が土崎港町（現秋田市土崎港）の武田亭に会同して選挙対策について話し合った。『魁新報』は大久保の過去二回の敗因について「彼武断派（今の国民協会）の干渉の結果」であるとして正々堂々戦い抜くよう「第一区正義派の凱歌を奏」している。[8]
十日には再び南秋田郡有志五〇余人が武田亭に集合して大久保を候補者に推薦することを早々と決定し、選挙区内の遊説の準備に着手することになった。[9]
早期の候補者決定については選挙区内においても特に異論は出なかった。『魁新報』はその事を示すために敢えて五十目（五城目）地方派出運動員からの書信をそのまま掲載している。[10]

（前略） 扨過般土崎武田亭に於て協議決定致候。第一区候補者大久保氏を推ことに就ては当地も別段異議も無御座候。昨日各村之有力者相会種々相談致し候。其会するもの殆ど三十余名、而して各有志者は第二期総選挙の時より一層熱心なるものゝ如く被存候。第一条約励行、官紀振粛、千島艦事件等の諸問題に付てはあくまで実行すべし。是れ等の目的を達候には是非共改進同盟同志の党派より選出するの決心に御座候。第一区は御承知の通り未だ改進、同盟等の人も無之候故、同志倶楽部の大久保氏を是非共当選せしむるの決心にて、殊に同氏は二度迄失敗致候故如何なる方法を以ても為し得る限りは必死となりて今回こそ目的を達可申とて各自非常の熱心にて夜分迄種々運動の事柄らを相談決定して散会致候。

過去二回の落選の憂き目から是非とも三度目の正直を願うべく支持者たちは一致団結して早々と大久保の候補者擁立に動いたことが分かる。しかしながらこれから一ヶ月半余、『魁新報』は大久保の選挙戦の動向を一切伝えていないため序盤・中盤の動向は不明である。

終盤に至り、大久保派は温厚篤実にして区内の資産家である奈良茂と三浦兼蔵の二人を選挙総長に決定し、選挙区内を五十目、男鹿、土崎、新城、太平、旭川の七部に分け県会議員北島孫吉、加賀谷保吉、太田政光、高橋専之助、町田長秀等に担当させることにした。続けて『魁新報』は対立候補者である目黒について「陣頭に顕れ出て氏(大久保)と頡頏せんとするの心術は深く心ある区民の潔しとせざる所なれば如何に躍起となりて狂呼するとも遂に自滅を免かるゝ能はざるべし」と目黒の選挙戦を批判した上で両者が拮抗状態であるとしている。(11)その目黒派は同時期に広山田、太平地区で投票買収を行っており、(12)このことは大久保の地盤を目黒派が浸食していたことに他ならない。

選挙直前の形勢について『魁新報』は土崎と秋田市は接戦ではあるものの幹部たちの働きによって船越・天王を本拠として新城地方の大半を手中に収め、さらに五十目方面も優勢であることから勝利するだろうと予想している。さらにもう一つの理由として太平地方の目黒派の支持者の多数が大久保派に転じたことも挙げている。(13)

（2）目黒貞治の選挙戦

目黒の動向が初めて『魁新報』に登場したのは一月十二日のことである。「目黒上京の真想」と題して選挙運動費の出処と使途についての噂話を伝え、読者に対して「選挙区民たるもの眉に唾して彼等の巧罠にかゝらざる用心こそ肝要なれ」と注意喚起している。

目黒が候補者に決定したのは大久保に遅れること半月余、一月末のことだった。(14) その選挙参謀について『魁新報』は次のように報じている。(15)

虚か実か候補者と称して動き出したりと云ふ目黒とのゝ為に専ら働き居るは舎弟直松うじ、先年壮士と記して叱りに預かりたる大鉄、野其の二紳士及び舟貞の面々にして男鹿地方は大鉄、野其の受持、五十目地方は直松とのゝ縄張、太平より広山田、旭川辺は重良主、舟貞等の領内として夫々〇票の密約を為しあり。

目黒派の選挙運動は弟の直松以下の幹部が取り仕切っていたことが分かるが、俗称で記しているため具体的に誰のことを指しているのか判然としない。ただ一人、密約の事実を暴露された大平村出身の元県会議員嵯峨重良を知るのみである。

二月に入ると、目黒の動向は前職二田是儀の出馬如何との関係から報じられるようになった。(16) 二田は中旬に至っても在京中の身であったため、『魁新報』は「両氏が接戦の期も早已に目睫の間に迫りたる今日に於て殊更に愈々京地に止り居るは何か深き原因の在りて存ずるにや」と問題提起した上で、在京中の二人の間で候補者一本化に向けた動きであるか、あるいは二田の所属する秋田中正党(以下、中正党)の敵を欺く策戦であるとしている。(17)

二田の動向は目黒派に少なからず影響を与えた。躍起になった幹部の嵯峨重良等は「二田氏応援の為め京地出立を吹聴」(18) して、二田に出馬の如何を迫った。しかし、間もなく二田は出馬を辞退したため、中正党は新たな候補者を擁立することなく目黒派との合同を表明した。(19)

第一区候補者として有志者の為めに推薦せられたる目黒貞治氏との間に於て吾党は愈々這回交渉成り大に其運動を助くる事となれり云々。

さらにその理由について条約励行や千島艦事件等の諸問題で相互の意見が一致したためとしているが、『魁新報』

は自由主義の目黒と国家主義の中正党が合同することは単なる数合わせにすぎず「汝が主義も無く節操もなきことを天下に向て自から吹聴したる」ものだと公然と批判している[20]。

吏党支持者が多い一区において選挙戦終盤で中正党が目黒支持に回ったことは選挙戦の流れを一気に変える大きな要因となった。

終盤戦の形勢について『魁新報』は次のように伝えている[21]。

目黒派は是れまで金略主義を以て選挙区民を誤魔化し、僅かに其虚勢を保つも例の中正党が声援を仮るに好ぎず男鹿の根拠地大に動き五十目、土崎、秋田市地方は全然無勢力とも云ふべき程なり。

こうして『魁新報』の目黒弾圧は終始一貫して徹底的に行われたが[22]、見方を変えれば吏党支持者が多い一区においてそれだけ民党の大久保が劣勢であったことを示している。

(3)二田是儀の出馬辞退

上述のように二田は二月半ばまで表立った選挙運動を行わず、しかも在京中の身であったことから様々な憶測を生む結果となった。二田三選を目指す中正党は窮策をめぐらしながら出馬辞退を想定して他の候補者擁立にも動きつつあった[23]。

ところが、二田は下旬に入って突然出馬辞退を表明した。『魁新報』にはその理由書の全文が掲載されている[24]。それによると解散直後から二田にはある事情[25]のために、支持者の間から出馬辞退を促す声が上がっていた。この理由書には激しい選挙戦を避ける目的から出馬辞退を決意したということになっているが、その実は金銭をめぐる問題から出馬辞退に追い込まれたと見るのが妥当である。選挙運動費についても南秋田郡小泉の豪農某から借り入れたことが報じられるなど、[26]金銭の工面にかなり苦慮していたようである。二田が出馬を辞退したことにより、候補者を失った中正党は吏党の面目を保とうと直ちに目黒支持に動いた。

一区の選挙戦は当初大久保、目黒、二田の三者鼎立の状況を呈したが、終盤に至り二田が撤退したことにより大久保と目黒の一騎打ちが確定した。このほか一区では二田の出馬辞退直後に山本郡鹿渡村（現山本郡三種町）村長牧野健蔵を推立しようという動きもあった。[27]

二　第二区の情勢

当初二区は前職荒谷桂吉《あらやけいきち》が再選を目指して出馬するものと見られていたが、「暫らく政治上の煩塵を避けて実業界に入り徐かに余勇を養はんが為め」に辞退し、[28]代わりに民党の横山勇喜《よこやまゆうき》（一八五二〜一八九七年）、吏党の元職成田直衛《なりたなおえ》（一八四八〜一九一八年）が出馬した。

（1）横山勇喜の選挙戦

横山も一区の大久保と同じく三回目の立候補[29]となったが、解散直後はその噂すら上がっていなかった。全ては荒谷の出馬辞退によって後継者に指名されたことから始まった。

山本郡においては能代港大町（現能代市大町）の村井方に本部を設置して荒谷がこれを監督し、郡を四区に分けて第一区（能代近傍）と第二区（八森地方）は畠山雄三、第三区（二ッ井地方）は市川謙一郎、第四区（森岡地方）は児玉高致が区長となって選挙運動を行うことになった。[30]そして、次のような運動方針を決定して各町村に伝達した。[31]

第一　我党は正義を以て選挙人を説き立憲国民の本分を全うすべき公争を為して必勝を期する事
第二　前項の趣意に基き金銭物品酒食を以て選挙人を誘導するを厳禁
第三　反対党に於て卑劣の手段を以て選挙人を誘導し選挙罰則に抵触すべき事実を認むるときは其筋へ告発し選挙場裏の清潔を図るべき事
二月に入ると横山を支持する民党派の大懇親会が数回催された。まず二日には鹿角郡入りした横山と郡南部の同志者のために石木田小三郎の別亭で盛大に執り行われた。会場入口には緑門が設けられ、また数十の紅灯が釣され、正午以降三々五々隊をなして来会資格者六二人、その他百人余が集結した。午後二時、横山万歳の大歓声の中で一行が着席して開会し、佐々木文太郎が開会の主旨および三郡で候補者となった経緯について述べ、次いで横山が所信を一時間余にわたって演説し大喝采を受けた。酒宴をはさんで大館の快弁士佐賀直政が「第五議会の不始末は其責誰に帰す」と開口して二時間余にわたる長演説を行い、その後に小田嶋卯助が「選挙人に告る」と題して吏党の悪計奸策を説破して満場大笑の中、自由主義万歳、横山万歳を連呼して午後九時に閉会した。(32)
さらに十七日には山本郡桧山町(現能代市桧山)の野呂彦右衛門方、北秋田郡扇田村(現能代市扇田)の木村三治方でそれぞれ六〇余人を集めて大懇親会が開かれ、翌十八日には山本郡塙川村(現山本郡八峰町)でも成田に批判的な同村の実業家高杉保三が主催して能代川の凍氷融解の中で多くの支持者が集結した。(33)いずれの会にも横山の姿はなかったが、桧山町での開催には本部から荒谷をはじめ四人の幹部が出席して演説を行い支持者に感動を与え、さらに団結を強固にした。
選挙戦終盤における二区の報道は成田派の選挙運動批判に集中しており横山の動向は不明であるが、選挙直前の形勢として鷹巣地方の一部落を除く三郡の大半が民党派に属しており横山が優勢であると報じている。(34)

(2)成田直衛の選挙戦

復活こそが最大の目途である成田にとってその出馬については解散直後から広く注目の的となっていた。年明け直後、『秋田民報』は成田が二区から一区にくら替えして出馬するという風説とともに前回と同じく荒谷との一騎打ちの可能性も示唆している。(35)一区くら替え説の背景には二田の出馬辞退の可能性が影響しており、中正党内に吏党の命脈を保つ狙いから擁立を望む声があったことを示すものである。しかし中正党は二田の出馬辞退の直後から目黒支持に動いており成田のくら替え出馬は幻に終わった。

成田の選挙戦については村瀬信一氏による詳細な研究成果があるが(36)、それによると中盤以降成田の選挙戦は本格化したものの行動範囲は山本郡内に止まっており、唯一の遠征は鹿角一回のみだった。しかもある程度の選挙費用を投入したわりにはそれに見合っただけの盛り上がりに欠け、運動の効果を見誤る事態に直面した。

『魁新報』は徹底して成田を攻撃し、金力主義と選挙妨害批判を展開したが(37)、その中でも「買票会議、敵党の卑劣手段」と題して中正党の買収の事実を伝えている。(38)この報道の真偽は別として買収が現金ではなく現物で行われようとしていたことは注目に値する。六円のうち一円を酒食料に残り五円は村会議事堂の建築費に充てるというものだった。当然中正党の謀略に民党派が乗るはずもなく、買収は未遂に終わった。

二区の選挙戦は荒谷の出馬辞退によって横山がその後継者となり、元職成田との一騎打ちの争いが展開され、一区と同じく民党対吏党の構図となった。このように秋田県においては民党と吏党が真正面から対立していたが、中央では硬六派に民党の同志倶楽部と吏党の国民協会が入って政府に対抗しており、中央と地方の政情が乖離した状態の中で明確でない選挙の争点をどこに求めるべきか。『魁新報』は第五議会において条約改正問題で偶然に意見が一致しただけであり、「到頭彼は民党と一致す可きものにあらずして則ち藩閥に殉ぜんとするもの、立憲主義と相容れざる氷炭の如し」と互いの主義が異なっていることを強調して民党＝同志倶楽部の面目を保とうとした。(39)

三　第三区の情勢

中央の動向を踏まえると硬六派にとって自由党は敵対する政党だったことから対立候補を擁立して主義・主張を争うというのが本来あるべき真の姿であった。

三区では自由党支持者がいち早く行動を起こした。一月五日、本荘町(現由利本荘市)の滴翠館《てきすいかん》に五〇余人を集めて新年会を兼ねて解散後の善後策を話し合い、民党＝同志倶楽部の前職野出《ので》鍬三郎《しょうさぶろう》(一八五九〜一九一五年)支持を満場一致で決定し、あわせて民党候補者が全五議席独占できるように応援すべきだという意見が出された。(40) このことは中央の動向に反して三区では同志倶楽部と自由党が盟友関係であったことに他ならない。

二十七日、民党派の由利郡有志大会が本荘町の宮六亭で開かれ前職の野出が候補者に決定した。(41) 大会には本荘町有志県会議員、郡会議員等七〇余人が出席した。主な出席者は次の通りである。(42)

小松亮太郎	遠田勇記	石垣照甫	荘司節	長田藤四郎
中山伝兵衛	佐藤三次	今源吾	須田宇兵衛	須藤金作
工藤善右衛門	中田直吉	鈴木徳三郎	遠藤万右衛門	初瀬是学
今福蔵	仁部虎之助	滝沢七郎	河村四郎	長田規矩太郎
玉米松三郎	増村荘八郎	山田耕作	渡辺常三	藤丸与五兵衛

小田勘兵衛　志村丹平　工藤増右衛門　鎌田有穂　工藤太重郎
富田三次郎　細矢要次郎　北原九十郎　井上栄太郎　石橋専太郎
長原太吉　早川新作　山田徳右衛門　須田吉次郎　三幡惣治
藤嶋定吉　岩井源助
二月に入ると野出は選挙区である由利郡と河辺郡の要所で報告演説会を行ったが、『魁新報』からその経過を辿ると次のようになる。
①二月九日、由利郡塩越村（現にかほ市象潟町）の本隆寺を会場に三〇〇余人が集結して行われた。第三席で野出は如湧の喝采声裡の中登壇し、「第五議会について」と題して演説したが、条約改正問題について言及した中で、解散に踏み切った第三次伊藤内閣を怯懦卑劣とし、さらに慷慨して二度注意を受け、佳境に入るや突然警官から停止命令を受けそのまま散会した。(43)
②十一日、同郡滝沢村（現由利本荘市）の尾留川市之助邸に近村の有権者および傍聴者合わせて二〇〇余人が会して行われた。第二席で野出は政府が理由なく解散に踏み切ったことを痛撃し、そして千島艦と条約改正問題に入り「慷慨の句調を以て得意の雄弁を鼓し」たところで警官から注意を受け、藩閥政府の末路は外交問題にありと述べたところで停止命令を受けて散会するに至った。(44)
③同日、同郡本荘町の永泉精舎に集まった六〇〇余人の聴衆を前に、第五席で野出は条約改正問題について励行案を述べた直後に一度注意を受け、さらにすぐさま停止を命じられ、聴衆が総立ちとなって「野出君万歳」を唱える中で散会した。(45)
④十八日、同郡亀田町（現由利本荘市岩城亀田）の佐々木半四郎邸に三〇〇人を集めて開かれた。第五席で野出は登

壇して「吾人の心」と題して政府攻撃の演説を警官の注意を受けながらも最後まで行った[46]。
⑤二十四日、河辺郡有志の発起で牛島村（現秋田市牛島）で政談演説会が行われた。警官の厳しい監視の中で開会し、第三席で野出は「第五議会解散に就て」と題して論理整然と千島艦と条約改正問題について注意を受けながらも論鋒し、続く解散の始末について本論の佳境に入るやいなや停止命令を受けて散会した[47]。
⑥二十七日、同郡豊島村（現秋田市河辺）の満蔵寺に三〇〇人が集結して行われようとしたが、会主に代わって藤島市蔵が開会の趣旨を代弁しようとしたため警官はこれを許可せず直ちに開会を禁じ、仕方なく有権者六〇余人に対してのみ報告演説することになった。野出は冒頭で警官の処置を論撃した上で、第五議会についての報告演説を行い、条約改正・千島艦問題について天皇は神聖にして冒すべからず云々と言及したところで中止命令が出され散会した[48]。
このように野出の演説会はまさに警官とのにらみ合いの中で行われたことになるが、前回総選挙のような大規模な弾圧が加えられるまでには至らなかった。結局三区には民党の強固な地盤の下に吏党候補者を擁立することができなかった。

野出優勢のまま最後まで突破するものと思われたが、終盤戦にさしかかり突如として矢島町（現由利本荘市矢島町）出身の前県会議員佐藤三次が前回に続いて二度目の出馬をするという噂が浮上した[49]。しかし当の本人は出馬の意志を明確に示さず表向きは野出支持の立場を貫いていたが、出身地矢島町の有権者は区外人排斥主義の下に野出を容易に支持することができなかったため佐藤の意志に反して板挟み状態の中で矢島を中心とする三区の有志が独自に選挙運動を開始した。ただ野出批判の受け皿としての役割を果たすまでの大きな動きにまでは至らなかった。

四　第四区の情勢

二人区である四区は解散直後から民党前職の武石敬治《たけいしけいじ》（一八五八〜一九〇四年）と坂本理一郎《さかもとりいちろう》（一八六一〜一九一七年）以外に目立った動きがなく無風区と化した。
一月十七日、横手町で仙北・平鹿・雄勝三郡の有志者百数十人が集結して党勢拡大を計る目的から候補者予選会が開催された。(50)候補者の選定は三郡から三人ずつ選出された次の委員が行うことになった。
仙北郡　斎藤勘七、　伊藤直純、　中村復治
平鹿郡　木村久蔵、　北島虎之助、柿崎武助
雄勝郡　武石忠一郎、茂木豊治、　鈴木辰之助
翌十八日、九人の委員によって候補者の選考が行われた。前職二人以外に候補者として沼田宇源太《ぬまたうげんた》の名前が挙がったが、今回の選挙では同志間の分裂を避けるという目的から前職を優先して推薦することになり、沼田が辞退したため前職二人の推薦が決まった。委員総代の斎藤から結果が報告され、武石と坂本に推薦承諾を求めた結果二人とも快諾し、これに満堂一致異議なくこれに同意して候補者が確定した。
このように四区において候補者の選定過程で予選会が行われたことは注目に値

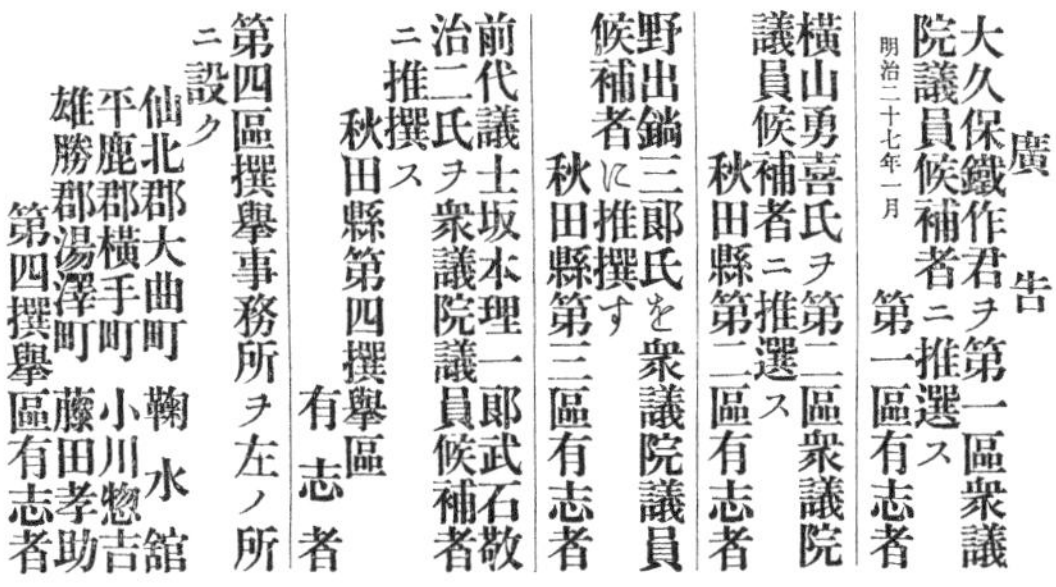
廣告
大久保鐵作君ヲ第一區衆議院議員候補者ニ推選ス
明治二十七年一月　第一區有志者
横山勇喜氏ヲ第二區衆議院議員候補者ニ推選ス
秋田縣第二區有志者
野出鍋三郎氏を衆議院議員候補者に推撰す
秋田縣第三區有志者
前代議士坂本理一郎武石敬治二氏ヲ衆議院議員候補者ニ推撰ス
秋田縣第四撰擧區
有志者
第四區撰擧事務所ヲ左ノ所ニ設ク
仙北郡大曲町　鞠水舘
平鹿郡横手町　小川惣吉
雄勝郡湯澤町　藤田孝助
第四撰擧區有志者

秋田魁新報　明治27年2月3日広告

する。二人区でしかも連記投票となっていた四区では候補者乱立と得票の分散化が懸念事項であったことは間違いない。そのため民党としては選挙に強い候補者を早期に決定することで三郡における全党一致を図ったことに他ならない。二人とも民党候補者として出馬することになったが、有権者に対してはこれまでの活動の経過を丁寧に説明する必要があった。
十九日、武石は湯沢町（現湯沢市）の藤田亭で行われた歓迎会に臨み、来会者五〇余人を前に予選会の経過と自身の自由党脱党の理由を詳しく説明した[51]。武石に限らず秋田県選出の議員の多くは元々自由党に属していたが、星亨主導で党運営が行われるようになるとそれを不満とする議員たちは衆議院議長であった星の進退問題を契機として脱党して同志倶楽部を結成した。武石は自由党脱党の正当性を支持者に説いてこれまで同様の支持を得ようとしたのである。
武石と坂本以外に出馬する動きが見られないまま中盤戦を迎えた[52]。二月九日、大曲町（現大仙市大曲大町）の鞠水館《きくすいかん》に有志数十人が集結して準備会が開かれ、言論活動を主とする次の運動方針を決定した。
第一　大に政治思想を喚起して選挙の実権を挙げしめんが為め各地に演説会を開く事
第二　正義を以て運動の方針となし、言論を以て運動の利器となし、悖行醜徳の挙動あるものは断じて之を排斥する事
第三　選挙区の各町村に部署を定め委員二名宛を置て之を監督する事
当日の主な出席者は次の通りである[53]。
雄勝　武石敬治、武石忠一郎
平鹿　木村久蔵、柿崎武助、北島虎之助
仙北　斎藤勘七、伊藤直純、坂本理一郎、河村寅之助、飯村粋、田口栄吉、

榊田清兵衛、池田亀治、榊田清治、竹内常助、渡辺時習
十二日には六郷町（現仙北郡美郷町六郷）の小西亭に七〇〇余人を動員して政談大演説会が開かれた。坂本は「第五議会を論ず」と題して伊藤藩閥内閣を糾弾し、武石は「条約改正」と題して条約励行の急務を説いた。(54)
さらに十六日には湯沢町藤田亭に有志者四〇人を集めて選挙準備会が開かれ、各村に通信委員を置いて選挙全体の責務を委嘱することになった。当日の主な出席者は次の通りである。(55)
奥山要助　藤木安太郎　戸部富蔵　中村憐徳　東海林武治　石川為治
佐々木嘉代治　佐藤広吉　沓沢源太郎　沓沢弥太郎　茂木豊治　高橋理兵衛
武石忠一郎　芳賀恒助　西村清蔵　飯塚弥惣治　後藤兵太郎　大日向作太郎
山田三郎兵衛　佐藤信比吉　高橋善四郎
こうして四区では武石と坂本が優勢を保った状態で終盤戦まで突き進み、選挙そのものが信任投票と化すに至った。『魁新報』はその特異な状況を「今や競争場裡血を見るあるの時に於て和気藹々の裡に這般の選挙を終了せんとするは天下広しと雖も夫れ本県四区の如き歟」と指摘している。(56)
かくして県内四選挙区には前職三人、元職一人、新人四人のあわせて八人が立候補した。
第一区　大久保鉄作（同志倶楽部・新）
目黒貞治（無所属・新）
第二区　横山勇喜（同志倶楽部・新）
成田直衛（国民協会・元）
第三区　野出鍋三郎（同志倶楽部・前）

佐藤三次（自由党・新）
第四区　武石敬治（同志倶楽部・前）
坂本理一郎（同志倶楽部・前）

五　投票および選挙会

（1）投票の状況

『魁新報』には秋田市の投票状況が記されている。[57] 秋田市では選挙長である市長小泉吉太郎をはじめ四人の書記、秋田警察署から警官二人、秋田県庁から県知事代理として臨監した県属中田直哉が見守る中で長町倶楽部本館で投票が行われた。秋田市の有権者数は六六人でその半数は午前中に、残りも午後四時頃までに全員投票を済ませたが、五人の立会人は投票終了の午後六時まで残った。
秋田県内には二一三カ所の投票所が設けられ、そのうち八九カ所に県官または郡吏員が選挙監督官として派遣された。秋田県公文書館所蔵『事務簿冊』[58]（以下、『簿冊』）にはその選挙監督官が平山靖彦知事に提出した内申および復命書が残されており、選挙当日の状況を知ることができる。
北秋田郡釈迦内村（現大館市釈迦内）に派遣された県属斎藤和郎は選挙当日の景況を次のように上申している。[59]
本村ハ自由党アリ、中正党アリテ、中正党ハ成田直衛ヲ挙ゲントシテ日景弁吉之ガ策謀ヲ為シ、自由党ハ横山勇喜ヲ当選セシメントシテ泉作太郎斡旋怠ラザルガ故ニ競争激烈トナリ、客月二十六七日頃ハ互ニ壮士ヲ運動セシメ一時最モ甚ダシカリシ趣ナレドモ選挙人ノ意志決定シタルト警察官ノ警戒厳重ナリシニ依リ、運動者四散競争地ヲ他ニ披セシモノ、如グ選挙当日ノ如キハ至テ静粛ナリ。今党派別ニ依リ投票ノ当日自由派及中正派ノ得点数ヲ考察スルニ大凡左ノ如シ。
自由派　横山勇喜　十九点
中正派　成田直衛　二十三点
これによると選挙前は壮士を動員して激しい選挙戦が展開されたものの、三月一日の投票は平穏かつ静粛な中で無事に執り行われたことが分かる。全県的に見てもほぼ同じ状況だった。また投票状況については復命書の中で次のように報告している(60)。
選挙人ニシテ文字ヲ書スル能ハザルモノハ吏員ヲシテ代書セシメ、管理者ハ之ヲ本人ニ読聞カセ監督官ノ検閲ヲ経テ捺印投票セシム。而シテ選挙人中代書セシメタルモノ二十一名アリ。
衆議院議員選挙法第三十九条では文字が書けない選挙人の代わりに吏員が投票用紙に被選挙人と選挙人の姓名を代筆する代書投票の実施を定めていたが、釈迦内村では投票した選挙人四二人のうち代書投票を行ったのはその半数に当たる二一人だった。表1からも明らかなように第三回総選挙では県全体の有効投票数六六六三票のうち四四八九票が代書投票となっている。数字の上では実に六七パーセントの投票者が無筆だったということになるが、果たして本当に三割の人しか字が書けなかったのだろうか。
南秋田郡上新城村(現秋田市上新城)に派遣された県属横山為定は復命書の中で代書投票が多い理由について「文政、天保ノ生年者ト農業ヲ専ラニシ生活シ居ルモノ、多キニ依レ

【表1】秋田県内の代書投票数

選挙区	有効投票数	自書		代書	
		投票数	%	投票数	%
第1区	1,166	412	35.33	754	64.67
第2区	1,540	484	31.43	1,056	68.57
第3区	1,781	512	28.75	1,269	71.25
第4区	2,176	766	35.20	1,410	64.80
県計	6,663	2,174	32.63	4,489	67.37

リ」と指摘している。[61]その一方で秋田市では有効投票四六票のうち代書投票はわずか四票に過ぎず、明らかに都市部よりも農業を主体としている郡部の方に無筆が多かったと言える。[62]このように代書投票制度は文字が書けない選挙人を救う重要な役割を担っていたが、そこには投票の秘密保持ができないという大きな欠陥が存在した。代書を行った吏員は選挙人の前で投票用紙に記載した被選挙人の氏名を読み聞かせることになっていたため、必然的にどの候補者に投票したのかをその場に居合わせた全ての人たちが把握できたのである。[63]
この盲点を突いて代書投票制度は無筆による棄権や無効投票を減らすという当初の目的から大きくずれて、有権者と候補者との間で交わされた投票の約束を履行する格好の見せ場と化すに至った。したがって、実際には字が書けるにも関わらずこの制度を利用した有権者はかなりの数に上ったと推測される。[64]やがてこの問題は帝国議会で大きく取り上げられ、ついに改正衆議院議員選挙法（一九〇〇〔明治三十三〕年三月二十八日法律第七十三号）の制定によってその姿を消すことになる。

（２）選挙会の実施

投票が終わると直ちに選挙会会場に投票箱が運び込まれた。一区は南秋田郡役所、二区は北秋田郡役所、三区は由利郡役所、四区は仙北郡役所でそれぞれ選挙会が行われた。選挙会の流れは次の通りである。
①選挙長（一区は南秋田郡長土方和親、二区は北秋田郡長石井新蔵、三区は由利郡長大庭忠規、四区は仙北郡長木村順蔵）は郡吏員の中から書記を四人から五人任命して、さらに各投票所から参会した立会人の中から抽選で六人から七人の選挙委員を決定した。
②選挙委員立会いの下で到着順に投票箱の蓋を開け、封緘のまま投票を取り出して投票総数と投票人総数を計算し、

その両数を記した紙を投票箱に添付して一度蓋を閉めた後で全体の各総数を算出した。
③投票箱の到着順に開票作業が行われ、一票毎に選挙委員が点検して選挙人の住所と氏名、被選挙人の氏名を読み上げ、書記三人はその都度各被選挙人の得点を点数簿に記入し、もう一人の書記は点数簿に記入する毎に其得点数を呼び他の書記とともにその点数を校合した。
④疑問票とされた投票については選挙委員の意見を聞きながら有効票と無効票に判別した。(65)
⑤有効および無効投票数、被選挙人の得票数が確定して当選人が決定した。
⑥選挙長は当選人の姓名を衆議院議員選挙法第五十九条により直ちに秋田県知事に報告した。
⑦投票の点検が終わると、選挙長は各被選挙人の得票総数を朗読し、有効と無効投票を区別してこれを封印して選挙会会場の郡役所に保管した。
⑧最後に選挙長は選挙明細書を朗読して選挙委員および書記と共に署名・捺印して選挙会を閉会した。
この時期の選挙は立候補届出制が取られていなかったため制度上誰に投票しても構わなかった。(66)したがって、一票ずつ点検しなければならないということは選挙に立ち会った者にとってはかなり根気のいる作業であったことは間違いない。特に四区の選挙会は二人区連記投票だったことから作業の終了まで九時間もかかった。

投開票結果は表2の通りであるが、四区以外は九割を越える高い投票率となった。全県平均は前回より六・四四ポイント下回り八七・七二パーセントだった。開票の結果、一区は目黒、二区は横山、三区は野出、四区は坂本と武石がそれぞれ当選した。(67)同志倶楽部は四議席を獲得し、全県の得票率は七三パーセントに及んだ。激戦区となった二区の横山と成田の票差はわずか六〇票で、成田の追い上げも空しく民党側の勝利に終わった。一人はほぼ同数の得票数を得たことから二区の死票率は全県平均二二・六パーセントの二倍超となった。その一方で四区のように無風区

【表２】第３回衆議院議員総選挙秋田県選挙区投開票結果

●投票結果

選挙区	選挙区人口 A	選挙権所有人員 B	失権者数 C	当日有権者数 D	有権者率 E	投票者数 F	棄権者数 G	投票率 H	前回投票率	前回との差	無効投票数
第１区	137,069	1,280	37	1,243	0.91	1,173	76	94.37	94.19	−0.18	7
第２区	210,444	1,731	83	1,648	0.78	1,549	104	93.99	94.50	−0.51	9
第３区	123,065	2,054	103	1,951	1.59	1,789	166	91.70	96.25	−4.55	8
第４区	265,405	2,910	127	2,783	1.05	2,178	605	78.26	92.51	−14.25	2
県　計	735,983	7,975	350	7,625	1.04	6,689	951	87.72	94.16	−6.44	26

※D＝B－C、E＝D÷A×100、H＝F÷D×100。
選挙区人口は1894（明治27）年12月31日現在の数値を示す（秋田県内務部第一課編『明治二十七年 秋田県統計書』、27頁）。

●開票結果

選挙区	候補者	政党	新旧	得票数	得票率	惜敗率	前回得票数	
第１区	◎目黒貞治	無所属	新	776	66.6		132	+644
	大久保鉄作	同志倶楽部	新	386	33.1	49.7	379	+7
	目栗貞治ほか			4	0.3			
第２区	◎横山勇喜	同志倶楽部	新	789	51.2		*521*	*+268*
	成田直衛	国民協会	元	729	47.3	92.4	677	+52
	大里寿ほか			22	1.4			
第３区	◎野出鍋三郎	同志倶楽部	前	1,342	75.5		652	+690
	佐藤三次	自由党	新	378	21.3	28.2	399	−21
	鈴木藤四郎		新	26	1.6			
	横山勇喜ほか			35	1.7			
第４区	◎坂本理一郎	同志倶楽部	前	1,975	45.5		*2,411*	*−436*
	◎武石敬治	同志倶楽部	前	1,945	44.8		1,558	+387
	河原田次亮		新	110	2.5	5.7	59	+51
	大日向作太郎		新	45	1.0		1,255	−1,210
	沓沢徳太郎		新	26	0.6			
	小山田治右衛門		新	25	0.6			
	沼田宇源太		新	18	0.4			
	最上広胖		新	17	0.4		29	−12
	梁田宇吉		新	13	0.3			
	西宮藤剛		新	13	0.3			
	斎藤勘七		新	11	0.3		1,783	−1,772
	畠山久左衛門ほか			139	3.2			

※秋田県公文書館所蔵『衆議院議員選挙事務簿』（930103-10148）。
横山、坂本の前回得票数は第３区、補欠選挙（1893（明治26）年８月３日）での得票数を示している。

【表３】当選者の資格

選挙区	当選者	年齢	住所	職業	身分	直税国税納額	
第１区	目黒貞治	41	男鹿中村	農業	平民	地租 所得税 合計	85.941 3.100 89.041
第２区	横山勇喜	41	大館町	無職	士族	地租 所得税 合計	383.105 15.495 398.600
第３区	野出鍋三郎	34	本荘町	無職	平民	地租	16.975
第４区	坂本理一郎	33	千屋村	農業	平民	地租 所得税 合計	1,148.449 2.030 1,150.479
	武石敬治	35	山田村	農業	平民	地租 所得税 合計	35.955 4.920 40.875

も現れるなど各選挙区の事情を反映した形で結果に大きな差が出た。しかし死票率に限っていえば永山正男氏も指摘しているように、全国的に見ても「死票率は第一回から第六回まで一環して低下して」おり[68]、秋田県においても第一回総選挙の六五・四パーセントの三分の一まで死票を減らす契機となったとても意義深い総選挙であったことは間違いない。

また、『魁新報』の事前予想に反して一区の大久保は三度敗北を喫した。終盤戦で中正党が目黒支持に回ったことが大きな敗因であったと推定されるが、ダブルスコアの差が付くなどとは誰も予想していなかったはずである。吏党支持者を多く抱えていた一区の選挙基盤の特質が浮き彫りになる結果となった。しかし落選した大久保の挑戦はまだまだ続き、これから四年後の第六回総選挙（一八九八〈明治三十一〉年八月十日）でようやく初当選を果たすことになる[69]。

なお『簿冊』には三月十日に井上馨内務大臣に提出した「衆議院議員当選人資格並履歴」の控えが残されている[70]。当選した五人の資格は表3の通りである。納税額トップは坂本で一八九二（明治二十五）年六月十日に実施された貴族院多額納税者議員補欠選挙の互選人名簿では第十位に名を連ねるなど豊富な資金力を有していた。[71]地租額から判明する所有土地面積はトップの坂本が二一一町四反歩余、最低の野出はわずか二町五反歩余とその差は歴然である。[72]

おわりに

秋田県における第三回総選挙は中央と地方の政情が乖離した状態の中で民党である同志倶楽部が大勝して四議席を獲得した。全国的には前回のような政府による大規模な選挙干渉は行われなかったが、吏党である国民協会に対してだけは圧迫が加えられ議席数が半減した。一方、民党ながら硬六派に属さなかった自由党は政府の目下の敵対者とは看做されずに干渉の対象外とされたため大きく議席数を伸ばした。[73]
こうした状況を生み出した原因として政党の地方に対する影響力、言い換えれば立候補者をサポートする役割（支持基盤や選挙資金）が低かったことが挙げられる。成田直衛は自らの財産を潰してまで選挙に打って出なければならなかったし、相当の財力がなければ連続出馬はできなかった。候補者は政党の力にあまり頼らず、有権者もまた政党の力に左右されず候補者の人気や個人的関係によって投票したのである。要するに自由党を脱党して同志倶楽部を組織しようが有権者にとってはあまり関心がなかったと言える。
その一方で、『魁新報』は「秋田同志派の責任」と題する記事を掲載して、自由党脱党の正当性と同志倶楽部の前途に期待感を表明している。[74]この背景には同じ民党ながら全国的には自由党が議席を伸ばしたことを強く意識したことに他ならない。この記事に呼応するように翌日の三月十五日には秋田市の志田亭に同志派二〇余人が集結して、今後の運動方針について話し合われた。[75]

【表４】第４回衆議院議員総選挙秋田県選挙区投開票結果

●投票結果

選挙区	選挙区人口 A	選挙権所有人員 B	失権者数 C	当日有権者数 D	有権者率 E	投票者数 F	棄権者数 G	投票率 H	前回投票率	前回との差	無効投票数
第１区	137,069	1,296	25	1,271	0.93	1,168	103	91.90	94.37	−2.47	3
第２区	210,444	1,810	29	1,781	0.85	1,328	453	74.56	93.99	−19.43	4
第３区	123,065	2,057	28	2,029	1.65	1,762	267	86.84	91.70	−4.86	4
第４区	265,405	2,898	47	2,851	1.07	2,671	180	93.69	78.26	+15.43	2
県　計	735,983	8,061	129	7,932	1.08	6,929	1,003	87.36	87.72	−0.36	13

※Ｄ＝Ｂ－Ｃ、Ｅ＝Ｄ÷Ａ×100、Ｈ＝Ｆ÷Ｄ×100。
選挙区人口は1894（明治27）年12月31日現在の数値を示す（秋田県内務部第一課編『明治二十七年秋田県統計書』、27頁）。

●開票結果

選挙区	候補者	政党	新旧	得票数	得票率	惜敗率	前回得票数	
第１区	◎目黒貞治	無所属	前	632	54.2		776	−144
	大久保鉄作	立憲革新党	新	531	45.6	84.0	386	+145
	石川理紀之助		新	2	0.2			
第２区	◎成田直衛	国民協会	元	1,259	95.1		729	+530
	横山勇喜	立憲革新党	前	43	3.2	3.4	789	−746
	成田直兵衛ほか			22	1.7			
第３区	◎橋本平左衛門	立憲革新党	新	942	53.6			
	野出鍋三郎	立憲革新党	前	761	43.3	80.8	1,342	−581
	橋本兵左衛門ほか			55	3.1			
第４区	◎坂本理一郎	立憲革新党	前	1,807	34.0		1,975	−168
	◎沼田宇源太	立憲革新党	新	1,541	29.0		18	+1,523
	武石敬治	立憲革新党	前	1,472	27.7	95.5	1,945	−473
	伊藤直純	立憲革新党	新	160	3.0	10.4	2	+158
	河原田次亮		新	42	0.8		110	−68
	斎藤勘七		新	36	0.7		11	+25
	大日向作太郎		新	24	0.5		45	−21
	柿崎武助		新	24	0.5		8	+16
	鈴木譲四郎		新	16	0.3			
	沓沢徳太郎		新	15	0.3		26	−11
	長沼光諒		新	14	0.3		3	+11
	最上広胖		新	13	0.2		17	−4
	茂木豊治		新	13	0.2			
	土田彦七		新	10	0.2		1	+9
	北島虎之助ほか			139	2.6			

※秋田県公文書館所蔵『衆議院議員選挙事務簿』（930103-10149）。

一、同志派当初の目的に基きて革新的大運動をなすこと
一、本県内同志者多数の出京を促して運動の労に当らしむること
満場一致でこの方針は可決され、細部については今後の動向をよく見て臨機応援に対応することになった。そして五月九日、第六回帝国議会（特別会）の開会を前に、解散前後から緊密な関係にあった硬六派の同盟倶楽部と同志倶楽部は合同して立憲革新党を結成した。秋田県選出の四人を含む四〇人での船出となった。[76]
しかしその前途は多難であった。自由党が提出した「政府弾劾上奏案（内閣ノ行為ニ対シ本院ノ意志ヲ表明スル件）」が可決（賛成一五三票、反対一三九票）したことに端を発して開会から十八日目で再度衆議院は解散され、わずか三カ月余で再び選挙戦に突入することになった。政戦は絶頂に達しつつあったが、間もなく日清戦争が開戦したため政局は一変し、政府党も反対党も挙国一致、政府を援助して戦争目的の達成に専念することになった。争点が曖昧なまま第四回総選挙はこの年の九月一日に実施されたが、表４の通り中央の動向に反して秋田県では二区以外は激戦区となり、一区は前回と同じ構図となったが、三区と四区は立憲革新党候補者の同士討ちが展開され、郡部間の地域対決と化した。

註
（１）衆議院議員選挙法（一八八九〔明治二十二〕年二月十一日法律第三号）第六条、第三十八条、第四十条。
（２）秋田県編『秋田県史』第五巻、明治編（一九六四〔昭和三十九〕年三月）、第六巻、大正・昭和編（一九六五〔昭和四十〕年三月）。
（３）「秋田県における普通選挙と選挙運動（一九三〇～一九四二）」（秋田近代史研究会編『秋田近代史研究』第三二号、一九九〇年五月）。

（4）『成田直衛日記』にみる明治期の総選挙」（皇學館大學人文学会編『皇學館論叢』第二三巻第六号、一九九〇年十二月）。
（5）「秋田県の翼賛選挙の実態」（秋田近代史研究会編『秋田近代史研究』第三四号、一九九三年三月）。
（6）三重中京大学地域社会研究所叢書九『日本初期選挙史の研究—静岡・三重編—』（二〇〇九年十二月、和泉書院）。
（7）第一回総選挙では二田と同得票数(四三〇票)となり、はじめは年長の大久保が当選者となったが、二田が異議申し立てを行った結果、無効票中に二田票が見つかり逆転当選した。第二回総選挙では二田が五九七票、大久保が三七九票で二田が大勝し再選を果たした。
（8）『秋田魁新報』明治二十七年一月九日。
（9）『秋田魁新報』明治二十七年一月十二日。
（10）『秋田魁新報』明治二十七年一月十九日。
（11）『秋田魁新報』明治二十七年二月二十一日。
（12）『秋田魁新報』明治二十七年二月二十四日。
（13）『秋田魁新報』明治二十七年二月二十七日。
（14）『秋田魁新報』明治二十七年一月三十一日。
（15）『秋田魁新報』明治二十七年二月四日。
（16）『秋田魁新報』明治二十七年二月六日。
（17）『秋田魁新報』明治二十七年二月十五日。
（18）『秋田魁新報』明治二十七年二月二十日。
（19）『秋田魁新報』明治二十七年二月二十五日。
（20）『秋田魁新報』明治二十七年二月二十五日。
（21）『秋田魁新報』明治二十七年二月二十七日。
（22）この他に「目黒氏強制執行に罹れり」と題する次の投書(『秋田魁新報』明治二十七年二月二十四日)が掲載されてい

る。

第一区の候補者目黒貞治氏は船本久治氏よりの負債に係る確定裁判の執行をも果たさず昨今夢中なりて運動中のところ去る二十一日一人の執達吏が目黒氏の出張先に臨み厳重に弁済を促したるに、彼れ低頭平身只管に猶予を求めたる有様は実に気の毒千万にてありしと尚ほ若し期日間に弁済せざるに於ては愈々猶予なく強制執行すると云ふ。

(23)『秋田魁新報』明治二十七年二月二十日。
(24)『秋田魁新報』明治二十七年二月二十二日。
(25)『秋田民報』明治二十七年一月五日雑報。
(26)『秋田魁新報』明治二十七年二月十一日。
(27)『秋田魁新報』明治二十七年二月二十四日。
(28)『秋田魁新報』明治二十七年一月二十三日。
(29)第一回総選挙は二区から出馬して三三六票、第二回総選挙は三区から出馬して五二一票を獲得したものの落選した。
(30)『秋田魁新報』明治二十七年一月二十八日。
(31)『秋田魁新報』明治二十七年二月六日。
(32)『秋田魁新報』明治二十七年二月十七日。
(33)『秋田魁新報』明治二十七年二月二十日、二十二日。
(34)『秋田魁新報』明治二十七年二月二十七日。
(35)『秋田民報』明治二十七年一月五日雑報。
(36)註(4)論文。
(37)『秋田魁新報』明治二十七年二月十六日、二十四日、二十五日。
(38)『秋田魁新報』明治二十七年二月二十三日。
(39)『秋田魁新報』明治二十七年二月二十七日。

(40)『秋田魁新報』明治二十七年一月十日。
(41)『秋田魁新報』明治二十七年一月三十一日。
(42)『秋田魁新報』明治二十七年二月一日。
(43)『秋田魁新報』明治二十七年二月十三日。
(44)『秋田魁新報』明治二十七年二月二十日。
(45)『秋田魁新報』明治二十七年二月二十日。
(46)『秋田魁新報』明治二十七年二月二十一日。
(47)『秋田魁新報』明治二十七年二月二十七日。
(48)『秋田魁新報』明治二十七年三月一日。
(49)『秋田魁新報』明治二十七年二月二十四日、二十五日。
(50)『秋田魁新報』明治二十七年一月二十一日。
(51)『秋田魁新報』明治二十七年一月二十四日。
(52)二人以外に沼田宇源太、大日向作太郎に出馬の動きがあったが(『秋田魁新報』明治二十七年二月六日)、共に辞退した。大日向の真意は告文として掲載された(『秋田魁新報』明治二十七年二月十五日)。
(53)『秋田魁新報』明治二十七年二月十三日。
(54)『秋田魁新報』明治二十七年二月十七日。
(55)『秋田魁新報』明治二十七年二月二十日。
(56)『秋田魁新報』明治二十七年三月二日。
(57)『秋田魁新報』明治二十七年三月二日。
(58)『衆議院議員選挙事務簿』(930103-10147)および『衆議院議員選挙事務簿』(930103-10148)。
(59)『衆議院議員選挙事務簿』(930103-10147)。
(60)註(59)史料。

(61)　註(59)史料。代書投票を行った選挙人の多くは文政から天保期の生まれであることから五〇歳以上だったことが分かる。
(62)　平鹿郡横手町では有効投票数三九票のうち代書投票数二票、雄勝郡湯沢町では有効投票数四五票のうち代書投票数八票、仙北郡大曲町(花館村を含む)では有効投票数五八票のうち代書投票数一八票、由利郡本荘町では有効投票数五一票のうち代書投票数一二票という結果になっている(註(58)史料)。
(63)　復命書の中には代書投票の候補者別得票数、さらには代書投票を行った選挙人と被選挙人の氏名を克明に記しているものもある。たとえば北秋田郡落合村・下小阿仁村(現北秋田市)投票所に派遣された県属椎名政彬は次のように報告している(註(59)史料)。
落合村　代書　八人　悉ク　成田直衛
下小阿仁村　仝　十三人　内　十二人　横山勇喜
一人　横山勇吉
(64)　男爵小沢武雄は貴族院本会議(府県制改正法律案第二読会)で代書投票制度の弊害について次のように指摘している(貴族院記事速記録第四十号、一八九九年三月四日、六二九頁)。
其次第ハ此地方抔ヘ至ルト勿論氏名ヲ書スルコトガ出来ナイモノモナキニシモアラズデハアリマセウケレドモ、又此選挙ニ際シテハ多ク運動ト云フカ色々ナ強制的ノコトガ行レル、ソレ等ニ対シテハ無記名投票デアッタトキニハ其投票ノ前ニ当ッテドレ程ノ運動ヲシテ約束ヲシテ置イタ所ガ其人ガ約束通シテクレタカ、シテクレヌカ、一向認メルコトガ出来ナイニ依テ必ズ其氏名ヲ書センコトヲ強ユルノデ、本人ガ此投票ノ場所ニ於テ氏名ヲ書スルコトガ出来ナイカラト申セバ、此原案(代書投票)ノ通リニナルトソレニ依テ書イテヤラナクテハナラヌ、ソコデ始テ其人ガ某ヲ投票シタト云フコトガ判然分ル訳デアリマス(下略)。
(65)　無効票二六票の内訳は次の通りである。
失権者による投票　一五票
選挙人名簿に記載していない者の投票　四票

被選挙人名の記載漏れ　四票
選挙人名の記載漏れ　一票
選挙人名・被選挙人名の記載漏れ　一票
選挙人名欄に選挙期日を記載したもの　一票
(66) 横山、成田、大里以外の二区の開票結果は次の通りである。
二票ずつ…荒谷桂吉、児玉高致
一票ずつ…館忠資・浜松新七・日景弁吉・勝又平太郎・豊口弁治・大里巳代治
一票ずつ(不詳票)…成田真兵衛・成田直弥・成田直一・成田直負・横山勇吉・成田真衛・工藤辰五郎・
横山直衛・三浦角左衛門
このように不詳票も有効投票として取り扱われた。
(67) 各候補者の市町村別得票数に関する公式な記録は残されていないが、四区選挙会に臨監した県属曲木光弼は復命書に選挙会で発表された町村別得票数を書き記している(註(59)史料)。それによると坂本は仙北郡で一〇九六票、平鹿郡で四九七票、雄勝郡で三八三票、武石は仙北郡で一〇二七票、平鹿郡で五一三票、雄勝郡で四〇五票を獲得している。
(68) 「明治期小選挙区制の効果」(鳥取大学教育学部編『鳥取大学教育学部研究報告』第四九巻第二号、一九九八年九月)。
(69) 巨大与党「憲政党」の誕生により主立った争点がないまま第六回総選挙は行われたが、七八五票を獲得した大久保が前職北島伝四郎(三二〇票)と元職で宿敵の目黒貞治(一〇七票)に大差をつけて初当選を果たした。
(70) 『衆議院議員選挙事務簿』(930103-10148)。
(71) 「互選名簿」(一八九二年四月十九日秋田県告示第四十二号)によると坂本の直接国税総額は一一九三円五〇銭(地租は一四二〇円六七銭三厘、所得税は六六円二五銭五厘)となっている。
(72) 地租納税額を地租税率二・五パーセントで割ると所有土地の総価格が出てくる。この数値を『秋田県統計書』に記載されている一八九四(明治二十七)年の平均田地地価(仙北郡は二一円七二銭八厘、由利郡は二一円五五銭三厘)で割ると所有土地面積を知ることができる。

(73) 第三回総選挙の党派別当選者数は自由党一一九、立憲改進党五一、国民協会二二、同志政社二四、同盟政社一九、政務調査所五、無所属五〇だった(衆議院・参議院編『議会制度百年史』院内会派編衆議院の部、一九九〇年十一月、四三頁)。
(74)『秋田魁新報』明治二十七年三月十四日。
(75)『秋田魁新報』明治二十七年三月十七日。
(76) 次のような綱領を掲げて、政府の内外政策に対しては民党の一翼として批判的立場を取ることを明らかにした(内田健三・金原左門・古屋哲夫編『日本議会史録』第一巻、一九九一年二月、一六〇頁)。
我党は自由進歩の主義を執り、立憲的革新の方針に基き左の綱領を定む
一、立憲の聖旨を奉じ国民の公議に則り上皇室の尊栄を保全し下人民の権利を伸張す。
一、政界を革新し責任内閣の速成を期す。
一、財政を整理し始めて民業の発達を図る。
一、外政は自主的方針を執り国威の宣揚を期す。
一、国防は内外の緩急に応じ其整備を図る。

近代土崎における福祉と資産家

——一八七〇～一九一〇年代の救貧・火災・米価騰貴を中心に——

大川　啓

はじめに

本稿の課題は、近代日本の地方都市に供給されていた福祉の構成とその歴史的性格を検討することにある。具体的には、一八七〇年代から一九一〇年代までの南秋田郡土崎港(湊)町を対象とする。行政による社会政策の開始以前である当該期の場合、地域福祉における資産家の役割とその歴史的性格が重要な論点となる。

当該期における人びとの生活維持について、従来の研究では、個人・家族の自助努力が強調されてきた。(1)その一方で、大都市のスラムでの独自の共同性や農村部における地主の保護などを指摘する研究も蓄積されてきた。(2)後者の場合、地主の「温情」は、小作人の生活維持に必要であると同時に、日常生活における人格的な従属にもつながっていたとされる。筆者も、地方都市において、米価騰貴や火災の際に、生活危機を一定程度緩和するような対応がみられたことを明らかにしてきた。(3)だが、地方都市について、恒常的な救貧などを含めた生活維持のあり方の全体を論じるにはいたっていない。

一方、二〇〇〇年代の格差拡大や二〇一一(平成二十三)年の東日本大震災を背景として、歴史における「生存」や災害への関心が高まっており、[4]具体的な研究成果も蓄積されつつある。この場合、日本近世史や近代史の研究では、富者による広い意味での福祉活動が大きな論点の一つになると思われる。ただし、富者の福祉活動を顕彰するにとどまらず、そうした活動の社会的な動因を歴史的に説明していくことが重要であろう。本稿においても、資産家の供給していた福祉の内容を明らかにするとともに、そうした活動の動因を検討してみたい。

本稿の対象となる旧南秋田郡土崎港町は、現在の秋田市北西部、秋田運河(旧雄物川)河口の港湾地区にあたる。雄物川流域を後背地とした港町で、中世から日本海海運の主要な寄港地となり、近世には秋田藩の外港として繁栄した。一八八九(明治二十二)年に相染新田村を編入して町制を施行。秋田町の市制施行により、南秋田郡役所が移された。本稿の対象時期には、山本郡能代港町(現能代市)や平鹿郡横手町(現横手市)と同程度の人口を有しており、秋田県内では秋田町(市)に次ぐ規模をもつ都市の一つだった。一九四一(昭和十六)年に秋田市に編入された。なお、同町は、町制施行の際に、土崎湊町から土崎港町に呼称を変更している。本稿では、町制施行の前後にわたる時期の同町を指す場合、便宜的に「土崎」と呼称する。

土崎の福祉について、郷土史では、土崎感恩講とともに、麻木家の活動が顕彰されてきた。麻木家は、後述するように、十九世紀の土崎有数の商家である。一九二〇(大正九)年刊行の『土崎郷土史要』では「本町『麻木家』は、秋田の那波家と並び称せらる、名望家で、四代に渉る慈善救恤の事績は実に著しいものである」としており、[5]一九五二年刊行の『港物語』でも「『麻木家四代』によって、貧困のどん底から救われ、餓死をまぬかれた労働者がどのくらいあったかしれないであろう。わが郷土の歴史上、『真実に輝く存在』として、永久に記憶されなければならぬ」と強調している。[6]本稿では、そうした麻木家の活動を確認するとともに、その他の商家・資産家の果たしていた役割にも言及することになる。

一　救貧活動

1　救貧に関する法律とその実施状況

当該期における救貧に関する法律には、恤救規則(明治七年十二月八日太政官達第一六二号)や棄児養育米給与方(明治四年六月二十日太政官達第三〇〇号)などがある。恤救規則は、「廃疾」「老衰」「疾病」「幼弱」で労働不能、かつ家族・隣保・町村・府県等で救済しきれない者を対象とした。(7)対象者のうち、「廃疾」と七〇歳以上には年間一石八斗、一三歳以下には同七斗、「疾病」には一日あたり男性三合・女性二合が支給された。「人民相互ノ情誼」を前提とした極端な制限主義で知られる。また、棄児養育米給与方は、捨て子の養育にたいして、年間七斗の米を一五歳(一八七三年から一三歳)になるまで支給するものだった。なお、明治初年の都市部では、米食が中心になっていたとされる。(8)当時は、副食物が少なかったため、主食の消費量が多かった。このため、一人あたりの米の消費量は、年間で一石を上回っており、一日あたり三合ほどだったという。恤救規則などの支給内容は、そうした都市部における食生活の状況に対応していたと考えられる。

土崎における公的救済の実施状況は、『秋田県統計書』では、一八八六〜七年以外を確認できないため、南秋田郡全体の状況を参照してみたい。表1は、南秋田郡における恤救規則と棄児養育米給与方の実施状況を示したものである。前者の場合、一八八三年から一八九七年までの受給者数はほぼ数人だったが、一八九九年以後、二〇人前後を推移するようになった。一九一〇〜一三年までは六人に減少したが、地方費導入の翌年にあたる一九一四年には一九五

表１　南秋田郡における恤救規則と棄児養育米給与方の実施状況

	恤救規則				棄児養育米給与方					
	国費		地方費		国費		地方費		私費	
	受給者数	費用(円)	受給者数	費用(円)	受給者数	費用(円)	受給者数	費用(円)	受給者数	費用(円)
1883年（明治16年）	1	9.047			54	181.05				
1884年（明治17年）										
1885年（明治18年）	1	8.485			64	197.078				
1886年（明治19年）	3	10.036			74	207.824				
1887年（明治20年）	3	10.045			69	186.876				
1888年（明治21年）	3	12.603			72	185.762				
1889年（明治22年）										
1890年（明治23年）	4	91.582			28	127.526				
1891年（明治24年）	3	12.73			3	91.466				
1892年（明治25年）	3	18.377			22	90.223				
1893年（明治26年）	2	15.088			22	89.396				
1894年（明治27年）	2	28.314			23	80.753				
1895年（明治28年）	2	17.725			23	70.033				
1896年（明治29年）	2	21.144			14	75.348				
1897年（明治30年）	2	22.973			8	84.246				
1898年（明治31年）	—	—			8	61			10	-
1899年（明治32年）	24	105			8	55			13	-
1900年（明治33年）										
1901年（明治34年）										
1902年（明治35年）	21	211			5	26			4	-
1903年（明治36年）	28	236			3	1			2	-
1904年（明治37年）	17	192			0	0			0	0
1905年（明治38年）	17	198			0	0			0	0
1906年（明治39年）	21	217.27			0	0			0	0
1907年（明治40年）	13	233.79			0	0			0	0
1908年（明治41年）	12	215,940			0	0			0	0
1909年（明治42年）										
1910年（明治43年）	6	83			0	0			0	0
1911年（明治44年）	6	110			0	0			0	0
1912年（明治45年）	6	150			0	0			0	0
1913年（大正2年）	6	112,370			0	0	1	16	0	0
1914年（大正3年）	5	67	190	754	0	0	1	49		
1915年（大正4年）	3	43	32	101	0	0	1	60		
1916年（大正5年）	2	37	13	87	0	0	1	0		
1917年（大正6年）	2	58	20	209	0	0	0	0		
1918年（大正7年）	2	84	42	269	0	0	0	0		
1919年（大正8年）	2	68	33	395	0	0	0	0		

出典：『秋田県統計書』明治16・18～21・23～32・35～41・43～45・大正2～8年。

人まで増加し、以後一九一九年まで一五～四四人で推移している。一九一四年の受給者数は、前年に東北一帯を襲った冷害凶作の影響があったと考えられる。当該期の南秋田郡の現住人口は、一〇万人台から一四万人台だった。恤救規則の保護率（人口千人当たりに占める受給者の割合）は、一九一四年の約一・四％を例外として、比較的高い時期では、一九〇〇年代が〇・一～〇・二％台、一九一〇年代後半が〇・一％台から〇・三％前後となる。

全国における恤救規則の実施状況は、明治中後期が保護率〇・三～〇・四％台で、一九〇八年の内務省地方局通牒「済貧恤救ハ隣保相扶ノ情誼ニ依リ互ニ協救セシメ国費救助ノ濫給矯正方ノ件」から大正末までが〇・一％前後から〇・一％台と極めて低い状態で推移している。[9] 秋田県全体では、一八九七年までは全国の保護率の半分未満の低い水準だったが、一八九八年以後は全国的にも高い部類となった。各地の感恩講事業や強固な本家分家関係によって抑制されていた保護率は、前者が組織的停滞に入り始めたこともあって上昇に転じたとされる。[10] 南秋田郡の場合、全国平均や秋田県平均よりも低い水準ながら一八九九年以後に受給者数を増加させており、一九一四年以後には全国平均を上回る状態に転じたことになる。

後者の棄児養育米給与方については、土崎湊町での実施状況を確認できる一八八六～七年の場合、それぞれ二四人・二一人が受給している。同年の秋田町は、それぞれ二〇人・三三人であり、南秋田郡の残りの地域が、それぞれ三〇人・一五人となる。一八九〇年以後は、秋田市を除いた受給者数となるが、土崎港町が一定の人数を占めていたことを想定しうる。なお、全国における棄児養育米給与方の実施状況は、『内務省統計報告』によれば、一八八〇年代をピークに漸減しており、南秋田郡の場合も、同様の傾向にあったといえる。

恤救規則は、その極端な制限主義のため、「維持困難な世帯を家族として存続させるために扶助するのではなく、家族が解体してしまい当分の間形成の見込のない単身の『窮民』を対象とするにとどまった」とされる。[11] また、棄児養育米給与方も、実際には、各地域が独自に養育制度を設けたり、個人の慈善事業によって対応することも多かったという[12]。当該期において、国が供給していた救貧は、極めて限定的なものであり、土崎をふくむ南秋田郡もその例外ではなかったといえる。ただし、恤救規則の保護率が、一九一三年まで全国平均および秋田県平均を下回っていた点には注目しておきたい。

2　民間による救貧活動

当該期の土崎における民間の救貧活動には、土崎感恩講がある。加賀谷三次郎『新しき土崎港』(一九四〇)では、同講を「連綿として本町の唯一の社会事業なる精進を刻苦励精してゐたるもの」と評している[13]。土崎感恩講は、一八三〇(天保元)年、貧民や孤児などを恒常的に救済する施設・事業として設立された[14]。前年に設立された久保田町(現秋田市)の感恩講に倣ったもので、土崎湊町の一六二名の有志が、七三二両を献金し、その資金で知行地を入手して活動の財源にしたという。土崎感恩講は、明治維新後も一時期の中断を挟んで、土崎の資産家たちによって運営されている。講所有地の収穫米に依拠して、恒常的に貧困への対応をおこなった。「土崎感恩講慣例」(一八九三年)では、創立以来の救助者数は、数十余万人に達したとしている[15]。

救貧活動の具体的な内容について、「土崎感恩講慣例」では、以下のように規定している。土崎感恩講の活動区域は、近世以来の町域である一〇町(穀保町・新城町・上酒田町・下酒田町・永覚町・加賀町・小鴨町・肴町・菻町・新町)と御蔵町・稲荷町、一八八一年に分離した七町(新柳町・愛宕町・清水町・本山町・旭町・壱騎町・古川町)だった。救貧の対象となったのは、この区域に「永住スル貧民」のうち、「鰥寡孤独」・「不具、癈疾、疾病、瘋癲、白癡」・「困窮ニテ老幼ノ家族多キ者」のいずれかに該当し、且つ「自ラ生計ヲ為スコト能ハス、且他ニ頼ル所ナキ者及ヒ其家族」である。対象者には、一人一日あたり白米二合六勺(七才未満にはその半分)を一ヶ月に二回まとめて支給した。その他にも、医薬品や衣類、薪炭、職業上必要な器具などの提供が規定上は可能だった。救助期間は、一～三ヶ月以内であるが、生活環境が向上しない場合には更新することも可能だった。ただし、受給者のうち「強壮ナル者」には、「職業ヲ奨励シ、自活ノ道ヲ立テシムルコト」に努め、「遊惰ニシテ貧困ヲ招クモノ」には警告の後、救貧を打ち切ることも規定されている。

一八八九年から一九一九年までの各年における土崎感恩講の活動実績を示したものが、表2である。救貧活動の対象者は、一八八八年から一八九四年までは四五人以上だったが、それ以後はほぼ二〇～三〇人台で推移している。その保護率も、一八九四年までは三%以上だったが、一八九五年以後はほぼ一～二%台で推移している。当該期の全国における恤救規則の保護率は、前述したように〇・一%前後から〇・四%台だった。当該期に土崎感恩講で供給していた救貧が、公的救済よりも大規模だったことを確認しておきたい。なお、土崎感恩講の活動区域の住人は、少なくとも同講の救貧を受給できなかった場合に、恤救規則を適用される可能性が生じたことになる。土崎の場合も、秋田県全体の傾向と同じく、感恩講事業によって恤救規則の適用が抑制されていたといえる。

救貧対象の男女比は、この期間の合計では、三八：六二であり、女性の比率が高かった。受給理由の合計では、女性が「老衰」「疾病」「癈疾」「貧困」「幼弱」の順に、男性が「疾病」「老衰」「癈疾」「幼弱」「貧困」の順に多くなっている。近年のイギリス史研究では、高齢期、病気、寡婦や孤児になった場合など、個人のライフサイクルのなかでも特に貧困に陥りやすい時期があることを指摘している。(16) 土崎感恩講の受給者の場合も、「老衰」「疾病」「癈疾」「幼弱」といった理由が、全体の八五%を占めている。また、世帯単位では、受給者が一人の世帯と複数の世帯では、前者のほうが大きな割合を占めていた。前者を単身世帯と理解して間違いなければ、受給対象は、単身世帯中心だった

表2　土崎感恩講の救貧実績

	土崎感恩講																	土崎港(湊)町	
	救助理由										救助人員			救助戸数(戸)	救助品	保護率(単位：人、‰)	受給者が一人の世帯数(戸以上)	現住戸数(戸)	現住人口(人)
	「癈疾」		「疾病」		「貧困」		「老衰」		「幼弱」										
	男	女	男	女	男	女	男	女	男	女	男	女	計		米穀(石)				
1888年（明治21年）	4	1	13	14	3	3	0	5	1	3	21	26	47	32	32.323	4.84	17	1,584	9,710
1889年（明治22年）																		2,028	11,688
1890年（明治23年）	—	—	—	—	—	—	—	—	—	—	—	—	—	32	—			2,084	11,754
1891年（明治24年）	7	11	13	13	2	2	8	15	10	12	40	53	93	62	56.186	7.79	31	2,054	11,934
1892年（明治25年）	11	12	6	9	5	2	5	8	3	5	30	36	66	46	43.22	5.52	26	2,071	11,951
1893年（明治26年）	5	12	5	4	3	4	1	4	2	5	16	29	45	45	40.27	3.70	45	2,054	12,156
1894年（明治27年）	8	10	8	12	2	5	6	6	4	7	28	40	68	35	23.53	5.54	2	1,815	12,268
1895年（明治28年）	3	5	3	8	1	3	2	4	1	1	10	21	31	31	20.89	2.54	31	1,870	12,204
1896年（明治29年）	3	5	2	6	0	2	0	6	0	5	5	24	29	25	20	2.38	21	1,991	12,200
1897年（明治30年）	3	11	4	2	1	3	3	5	1	5	12	26	38	31	25	3.08	24	2,017	12,344
1898年（明治31年）	3	9	1	4	0	3	2	4	0	2	6	22	28	27	23.668	2.16	26	1,972	12,944
1899年（明治32年）	3	12	4	3	2	2	2	4	4	1	15	22	37	27	25.369	2.98	17	2,077	12,415
1900年（明治33年）													31	25	24.498		19		
1901年（明治34年）													29	27	23.176		25		
1902年（明治35年）	1	1	5	3	2	6	1	6	0	4	9	20	29	27	24.54	2.18	25	2,181	13,283
1903年（明治36年）	1	1	6	2	2	4	2	6	1	5	12	18	30	26	25.819	2.29	22	2,237	13,120
1904年（明治37年）	1	1	6	3	1	5	2	5	1	5	11	19	30	26	26.52	2.26	22	2,262	13,285
1905年（明治38年）	1	0	5	4	1	4	3	6	0	5	10	19	29	26	23.305	2.19	23	2,255	13,234
1906年（明治39年）	1	2	3	3	1	7	3	2	1	2	9	16	25	23	26.52	1.73	21	2,368	14,416
1907年（明治40年）	3	0	4	7	1	7	3	2	1	1	12	17	29	26	22.703	1.96	23	2,416	14,762
1908年（明治41年）	1	2	2	2	0	6	1	1	3	1	7	12	19	17	13	1.25	15	2,503	15,176
1909年（明治42年）																		2,630	16,587
1910年（明治43年）	1	1	3	7	1	4	1	4	3	1	9	17	26	24	17	1.55	22	2,685	16,819
1911年（明治44年）	0	0	1	3	0	2	4	7	1	0	6	12	18	15	16	1.05	12	2,722	17,170
1912年（明治45年）	2	4	2	3	0	4	4	10	3	2	11	23	34	19	21	1.96	4	2,710	17,378
1913年（大正2年）	3	2	5	8	1	4	3	7	3	0	15	21	36	25	25	2.07	14	2,747	17,364
1914年（大正3年）	2	1	8	6	1	5	3	9	2	0	16	21	37	23	23		9		
1915年（大正4年）	3	2	5	3	3	4	3	5	3	3	17	17	34	30	21		26		
1916年（大正5年）	1	1	5	4	1	4	6	8	1	0	14	17	31	31	21	1.80	31	2,823	17,208
1917年（大正6年）	1	2	1	3	0	3	4	6	0	0	6	14	20	20	16	1.13	20	2,840	17,681
1918年（大正7年）	0	1	4	5	0	3	4	7	2	2	10	18	28	12	19	1.57	0	2,871	17,818
1919年（大正8年）	2	3	2	4	0	5	4	4	1	1	9	17	26	—	16	1.48		2,893	17,522
合計	74	112	126	145	34	106	80	156	52	78	366	597	1023	815	715.537				
	186		271		140		236		130										
平均											13.56	22.11	35.28	28.10	24.67	2.68			

出典：『秋田県統計書』明治21・23～32・35～41・43～45・大正2～8年、『各感恩講概要』（1908、秋田県公文書館蔵、AH369-33）、佐藤清作編『最近の土崎』（丸ノ内鉄之助、1914、30頁）、『日本帝国統計年鑑』第10～18。
注1：保護率は、土崎感恩講の救助人員が、土崎港(湊)町の現住人口に占める割合を示す。
注2：受給者が一人の世帯数(戸以上)は、「救助戸数」－(「救助人員の合計」－「救助戸数」)で算出した。
注3：1888年の現住人口は、本籍人口と出入寄留人員より算定。

といえる。以上からイメージされる土崎感恩講の主な受給者とは、高齢で身寄りの無い単身の男女、病気や怪我を抱えた身寄りのない単身の男女となる。なお、受給者が複数の世帯や「幼弱」については、表2から得られる情報も限定されているため、今後の課題としたい。

土崎感恩講の事業において、土崎の商家や資産家の多くは、義捐者として財政面で運営を支えていた。また、その一部には、年番(理事)として、実際に救貧活動を実行する機会もあった。「土崎感恩講慣例」では、年番の定数を三人以上五人以下とし、「其補欠ヲ要スルトキハ在任年番ニ於テ(中略)救恤区域内ヨリ、名望及財産アル者ヲ選定」すると規定している。任期は特に定められていない。選ばれた資産家は「共同シテ本講ヲ代表シ」、下役やその他の使用人を差配して講の運営にあたった。

ただし、土崎の資産家による救貧は、土崎感恩講に限定されるものではなかった。一八九〇年の『秋田日日新聞』(以下、『秋田日日』と略す)は、次のように伝えている。

最早旧暦の歳末に接せるを以て、各地方の富豪者は続々貧困者を憐むの挙ありて、毎度本紙上に報道せしが、土崎港麻木松治郎方にても此度白米百数十俵(代価三百余円)を本月十五日より貧困者に施与せしに、其戸数は弐百弐十戸にして、此人数は四百人余の多きに及へりと謂ふ。尚ほ同家は是迄も年々貧困者に米穀並に金員古着等施与し来りしとのことなり[17]
南秋田郡土崎港町麻木氏は代々慈善の聞え高く、就中先代松四郎と云ふ人は稟性慈善の心最《ママ》と深く、嬛寡孤独火災疾病其他不幸災疫の者を救恤扶助せし事幾何なるか数ふるに遑なく、殊に毎年々末には貧窮困難の細民へ米穀金銭を施与するを以て家例となし、町内の貧民共は其施与を目的に歳暮の支度をする位にて、麻木と云へは之を慕ふこと父母の如く誰一人として其慈善心に感せぬものはなかりけり[18](後略)

土崎港町の麻木松治郎は、同年二月十五日から「貧困者」にたいして白米を「施与」した。また、そうした活動は、同年に限られたものではなく、毎年の旧暦年末における慣例だったという。そして、一八九〇年当時の麻木家が、「代々慈善の聞え高」いといった信用を獲得していたことも確認できる。

麻木家は、十九世紀の土崎有数の商家である。[19]一八一三(文化一〇)年に土崎湊町の商家・加賀屋七兵衛より分家した初代の松之助(一七八二～一八五四)は、呉服太物商から酒造業・質屋業・貸金業と事業を拡大して短期間で資産を形成し、秋田藩の御用商人を勤めた。窮民救恤にも尽力し、前述した土崎感恩講の設立にも貢献している。二代目の松太郎(一八一〇～一八五八)、三代目の松四郎(一八三九～一八八八)も、藩への御用金献納と窮民救恤に努めた。三代目松四郎の代には、『土崎港町史』によれば、一八六四(元治元)年に一〇〇〇両、一八六八年には二七〇〇両を秋田藩に献納しており、いずれも土崎湊町からの献金の最高額だった。[20]三代目松四郎は、明治維新後も地域貢献に努め、里長や戸長にも任命されている。四代目松治郎(一八七三～一九二四)は、前述した土崎感恩講の年番を一八八九年から務めるなど、福祉活動に尽力した。麻木家の経営は、『麻木家四代乃事歴』によれば、一八八〇年七月の火災によって資産の多くを失い、四代目松治郎の代に鉱山事業等への投資に失敗したことで、遅くとも一九〇〇年代までには衰退したとされる。[21]だが、四代目松治郎は、そうした経営の衰退前後にも、町会議員・学務委員を各一期(一八九八～一九〇四)、名誉助役を三年間(一九一〇～一三)務めており、土崎港町の有産者から信頼を寄せられていたことがうかがえる。

前述した一八九〇年の救貧活動は、四代目の松治郎が麻木家を相続してから二回目の旧暦年末にあたる。麻木松治郎のこうした旧暦年末の救貧については、『社会事業功労者表彰書類』大正九年所収の「事績調」に次のように記されている。[22]

表3　麻木家の救貧活動

年	救貧関係	
1881年（明治14年）	金133円20銭	十月中土崎感恩講へ寄附
1884年（明治17年）	白米32石8升	三月惣町極窮人へ施与
1886年（明治19年）	白米8斗9升	四月疱瘡患者極窮人へ施与
	白米4斗1升	四月二十四日疫病極窮人へ施与
1890年（明治23年）	白米30石7升	二月中米価沸騰ニ付極窮人へ施与
	金70円25銭5厘	湊町窮民救助トシ施与
1892年（明治25年）	白米4斗	一月二十九日極窮人へ施与
1893年（明治26年）	白米2斗1升・着類23点	二月九日夜極窮人へ施与
1894年（明治27年）	金100円	二月九日秋田市東感恩講創立ノ際永世窮民救助費トシテ義捐
	金2円20銭・白米1斗	四月二日極窮人へ施与
1894～5年（明治27～28年）	金14円	明治二十七八年戦役ノ際出征軍人家族救恤費トシテ寄附
1897年（明治30年）	金40円	窮民救助トシテ献金
1898年（明治31年）	白米8斗5升・着類33点	二月四日当港極窮人へ施与
	金50円	二月土崎港窮民救助資トシテ当役場へ寄附
1899年（明治32年）	金30円	軍事遺族救護会へ……一月中寄附
	白米1石6升	二月廿八日当港極窮人へ施与
1900年（明治33年）	白米1石3斗2升	一月卅日当港極窮人へ施与
	金200円	土崎感恩講へ寄附
1901年（明治34年）	白米8斗7合5勺	二月十七日当港極窮人へ施与
1902年（明治35年）	白米7斗1升	二月六日極窮人へ施与

出典：「麻木松治郎履歴書」『社会事業功労者表彰書類』大正九年（秋田県公文書館蔵、930103-10259）、諸橋守之編『麻木家四代乃事歴』（秋田県土崎第二尋常高等小学校、1938）。
注1：「麻木松治郎履歴書」と『麻木家四代乃事歴』には、寄付額等に若干の差違がみられる。その場合、前者の数字を記載した。
注2：1890年の「金70円25銭5厘」は、出典では1891年とされているが、「南秋田郡土崎港町　金子小四郎外五十九名　貧民救助ニ付賞与」（『第一課庶務掛事務簿』明治二四年六～一二月、秋田県公文書館蔵、930103-08583、8）の記述により修正した。

(前略)又松治郎ハ克ク家法ヲ守リ、明治二十一年家政相続以来、毎年々末陰カニ貧家ヲ訪問シ、衣類飯米等ヲ救恤スルヲ例ト為セリ。而カモ家道漸ク衰フルニ及ビテ遂ニ之ヲ廃止スルノ余儀ナキニ至レルモ、従来施与セルモノ白米三十二石衣類九百六十点ノ多キニ及ビ(後略)

松治郎は、家の相続から経営の衰退までこうした救貧を継続し、その合計が白米三二石、衣類九六〇点に及んだという。
こうした四代目松治郎の功績を含む、麻木家四代の具体的な社会貢献については、前掲した『麻木家四代乃事歴』や「麻木松治郎履歴書」で確認することができる。[23] そうした社会貢献のうち、麻木家の救貧に関わる活動(災害時を除く)を本稿の対象時期に限定して示したものが、表3である。伝染病患者や軍事関連援護への寄付、感恩講事業への寄付のほか、一八九〇・九七・九八年の米価騰貴に関わる寄付も含まれている。前述した旧暦年末の慣習的な救貧については、前掲した「事績調」にしたがえば、その活動の一部を示すにとどまるが、白米と衣類を「極窮人」に継続的に提供していたことを確認できる。また、『秋田日日』が報じた一八九〇年の白米三〇石七升は、同年の米価騰貴と関係した例外的な規模であり、「事績調」の合計にも計上されていないと考えられる。表３によれば、旧暦年末における救貧の規模は、白米四斗から一石三斗二升までとなっている。その規模から、支給額や受給者数は限定されていたと思われる。ただし、土崎港では少なくとも一八九〇年頃まで、時化の多い冬季には、船舶の出入港が途絶えていたため、「中等以下ノモノハ直ニ無業者ニ等シ」かったとされる。[24] 麻木家による旧暦年末の救貧は、こうした時期における受給者の生活維持に一定程度の役割を果たしていたと考えられる。

こうした慣習的な救貧は、麻木家に限定されたものではなかった。秋田町でも、一八八七〜八八年の年末年始に、那波三郎右衛門・船山忠定・佐藤文右衛門がそうした活動をおこなっていたことを確認できる。[25] 前掲した一八九〇年の『秋田日日』では、「最早旧暦の歳末に接せるを以て、各地方の富豪者は続々貧困者を憐むの挙あり」としており、秋田県内でのそうした救貧の広がりがうかがえる。[26] そして、こうした救貧の広がりは、少なくとも二十世紀初頭までみられたと考えられる。一九〇一年の『秋田魁新報』（以下、『魁』と略す）は、「今吾が富豪の慈善救恤の様を見るに、概して一時的なり。即ち盆暮れに米何斗宛を施すとか、金何拾銭宛を恵むとか云ふ風にして、其の上乗のものと雖、一家と其の生命を同ふし、家運の衰ふるあれは、その家の慈善救恤も則ち止むを常とす」と批判的に論じている。[27]『魁』の批判は、自助論の立場からのものだった。一九〇一年当時においても、そうした批判の対象になるほど、資産家による盆暮れの救貧が、秋田県内で広がりをみせていたことがわかる。

国の供給する救貧が極めて限定的だった当該期において、土崎では、土崎感恩講や麻木家といった民間の供給する救貧が、一定の役割を果たしていたことを確認しておきたい。

二　火災時の救助・支援活動

土崎は、近世以来多くの大火に見舞われた。[28]日本海からの強い西風に煽られるために延焼が速かったことをはじめ、木造の家屋が密集していたことや防火施設・消火用水が充分ではなかったことなどもその原因とされる。『土崎発達史』(一九三四)では、「土崎に背負はされた四大受難」の一つに、「過去の火災の莫大な損害」をあげている。[29]
表4は、明治期の土崎における主な火災を示したものである。五〇戸以上を焼失した火災が一五件あり、そのうち六件では一〇〇戸以上の被害が出ている。頻発した火災は、『土崎発達史』のいうように「莫大な」経済的損失をもたらすとともに、住民の生活を脅かしていたと考えられる。ただし、当時においても、そうした火災の罹災者にたいする救助・支援活動がなかったわけではない。以下では、一九〇七年七月三十日の火災を事例として、そうした救助・支援活動の具体的なあり方を明らかにしてみたい。

1　一九〇七年七月三十日の火災における救助・支援活動

一九〇七年七月三十日の火災は、一五時に萩町から出火、北西の強風に煽られて延焼し、家屋九〇棟を焼失、全潰二棟を出し、同日一六時二〇分に鎮火した。[30]火災の被害は、壱騎町・肴町・萩町を中心に、小鴨町・旭町まで広がっており、現在の土崎港中央五丁目と同三丁目のそれぞれ一部が罹災したことになる。

まずは、行政による救助・支援活動を確認してみたい。罹災者への炊出しは、火災当日から八月三日まで五日間実施された。受給者数は、火災当日が一二七人で、翌三十一日以後は三七三～四一八人だった。白米五石七斗と副食物

（味噌・塩・沢庵）約二一円分を救助に宛てている。また、避難所は、罹災地付近の神社と寺院の二ヶ所に設置された。火災当日は一六戸・六四人、翌三十一日から八月三日までが二五〜二七戸・一〇二〜一一〇人を収容している。避難所の利用は、基本的には八月三日までだった。だが、神社・寺院側の承諾もあって、その後も避難所に留まった罹災

表4　明治期の土崎における主な火災

火災			付1:麻木家の寄付	付2:金沢松右衛門の寄付
1872年（明治5年）	10月2日	新城町より出火し、150戸・土蔵1棟を焼失。		
1873年（明治6年）	7月6日	加賀町より出火し、60戸を焼失。		
1876年（明治9年）	4月30日	見姓寺より出火し、334戸・土蔵2棟・寺1を焼失。	金25円	
1877年（明治10年）	11月28日	肴町より出火し、83戸を焼失。	白米24石3斗	
1879年（明治12年）	7月27日	本住寺借地より出火し、70戸を焼失。		
1880年（明治13年）	7月28日	加賀町より出火、小鴨町・稲荷町に延焼し、100余戸を焼失。		金200円
1886年（明治19年）	9月3日	相染新田村より出火し、80戸・役場1棟を焼失。		金30円
1887年（明治20年）	4月6日	小鴨町より出火し、25戸を焼失。	白米1石2斗	金11円60銭
	12月15日	下酒田町より出火し、312戸・非住家1戸を焼失。	白米20石9斗・味噌105貫目	
1888年（明治21年）	12月26日	相染新田より出火し、60戸・非住家1戸焼失。	白米4石4斗1升	金20円
1891年（明治24年）	11月4日	下酒田町より出火し、83戸・非住家1戸を焼失。	白米4石3斗9升	
1894年（明治27年）	4月7日	下酒田町より出火し、47戸・非住家1戸を焼失。	白米1石3斗	金27円
	11月6日	永覚町より出火し、201戸・非住家9戸を焼失。	白米4石7斗6升	金50円
1895年（明治28年）	4月3日	萩町より出火し、55戸・非住家3戸を焼失。		
	10月19日	旭町より出火し、70戸を焼失。		
1898年（明治31年）	6月18日	新城町より出火し、198戸・非住家8戸を焼失。	白米2石8斗3升	
	11月25日	新町より出火、相染新田に延焼し、40戸を焼失。	白米9斗7升・金3円	
1900年（明治33年）	4月15日	肴町より出火し、24戸を焼失	白米9斗	
1905年（明治38年）	11月4日	清水町より出火し、36戸を焼失。		
1907年（明治40年）	7月30日	萩町より出火し、90戸を焼失。		金50円
1910年（明治43年）	1月27日	電燈会社土崎配電所を焼失。		
1911年（明治44年）	2月12日	蒼龍寺を焼失。		

出典：秋田市編『秋田市史』第4巻（2004、238・498頁）、土崎知善『土崎郷土史要』（土崎読書会、1920）、『読売新聞』1880年7月30日、「土港の火事」『秋田日日』1897年4月8日雑報、「土崎港町の火事」『魁』1900年4月17日雑報、『罹災救助関係書類』明治四〇年代ヨリ同四二年度マテ（秋田県公文書館蔵、930103-00839）。
注1：付1の出典は、『社会事業功労者表彰書類』大正九年（秋田県公文書館蔵、930103-10259）。注2：付2の出典は、渡辺真英『秋田県管内名士列伝　国会準備』1890、『庶務課庶務部事務簿』明治19年07月〜12月（秋田県公文書館蔵、930103-08561）24、『第一部庶務課事務簿』明治20年5〜6月（秋田県公文書館蔵、930103-08564）11、『第一部庶務課事務簿』明治二二年自三月至六月（秋田県公文書館蔵、930103-08575）7、『第一課庶務掛事務簿』明治28年1〜3月（秋田県公文書館蔵、930103-08598）27、『第一課庶務掛事務簿』明治27年11〜12月（秋田県公文書館蔵、930103-08595）23、「救助金寄附」『魁』1907年8月4日雑報。

者が少なくなかった。八月十八日頃の時点でも、一八戸が利用していたという。炊出しと避難所の経費は、南秋田郡役所から県庁に請求されており、県の罹災救助基金から支出したと考えられる。

罹災救助基金法に則った救助には、罹災戸数(世帯)一〇二戸のうち、九四戸が出願した。その受給資格の審査には、八月十五日頃からの数日間、土崎港町役場・南秋田郡役所・県庁の担当者が、各出願者の「実地精査」にあたった。その結果、六五戸にたいして食料五〜二〇日分を、うち五八戸には小屋掛材料(仮設住宅の建設資材)を支給することになった。また、六五戸のうち、大工職・桶屋職・提灯職・麺類製造小売業・餅製造小売業などの八戸には、器具を支給した。救助の支出総額は、食料費目が約二二九円、小屋掛費目が約五三五円、就業費目が約五九円である。平均すると一戸あたり、食料費目約三円五二銭分、小屋掛費目約九円二二銭分、就業費目約七円三三銭分を支給した計算となる。なお、一九〇七年当時の土崎港町における大工職の日給は四〇〜六〇銭程度、桶職が三五〜六〇銭程度、日雇人夫が三〇〜四〇銭程度だった。[31] 罹災者のうち、六五戸は、こうした行政による救助を受給したうえで生活再建を図ることになった。

民間の救助・支援活動では、有志の寄付が実施されている。八月四日までに、金沢松右衛門の五〇円をはじめ、佐々木寅吉・加賀谷保吉の各三〇円、村山金十郎・野口銀平の各二五円、刈田義門・武田榮隆の各一〇円などの申出があったという。[32] 金沢は質屋・金穀貸付業、佐々木・村山は廻船問屋業、加賀谷・刈田は酒造業、野口は米穀問屋を土崎港町で営む商家だった。[33] この寄付による支援の詳細までは確認できていないが、罹災者にたいする救助の水準を引き上げたことを想定できる。

一九〇七年の火災において、行政による救助・支援活動は、罹災者救助基金法に則ったものだった。こうした災害救助に関する法律の救助内容について、本稿の対象時期に関わる範囲で確認しておけば、県治条例別紙窮民一時救助規則(明治四年十一月二十七日太政官第六二三号)では、災害によって困窮した者に米穀を支給すること、家屋や農具などの損害にたいして建築費・農具代・種籾を貸与することが定められていた。その後身で一〇年の時限立法とされた、備荒儲蓄法(明治十三年六月十五日太政官布告第三一号)では、災害によって困窮した者にたいして、食料以外にも、小屋掛料・農具料・種穀料が支給されることになった。また、被災によって地租を納められなくなった者には、租税の補助・貸与をおこなうことも定められている。そして、その後身の罹災救助基金法(明治三十二年三月二十二日法律第七七号)では、食料費・小屋掛費以外に、避難所費・被服費・治療費・就業費への支出が認められた。また、その支給対象には、前身の備荒儲蓄法のような「窮民」といった限定はみられない。当該期において、国と道府県は、こうした法律に則って災害救助を実行しており、一九〇七年の火災後のように、罹災者の生活再建に一定程度の役割を果たしていたといえる。

こうした災害救助に関する法律が、表4であげた土崎の火災それぞれに適用されていたのかまでは確認できていない。だが、罹災救助基金法では、救助の対象を「府県ノ全部又ハ一部ニ亙ル非常災害」、「罹災の範囲前項ニ該当セサルモ多数ノ人民同一ノ災害ニ罹リタルトキ」と限定しており、適用されなかったケースも十分想定しうる。また、救助対象を「窮民」に限定していた、窮民一時救助規則・備荒儲蓄法はもちろん、罹災救助基金法においても、実際の運用では、貧困が要件となっていた。一九〇七年の火災の場合も、出願した罹災者のうち、二九戸は受給資格を得られていない。福祉には〈包摂と排除〉と〈安定と拘束〉の二重の両義性がともなうとされるが(34)、ここには、救助対象の明確な線引きによる〈排除〉の面が現れている。受給資格を得られなかった二九戸と出願をしなかった八戸は、罹災救助基金法に全く依存しないかたちでの生活再建を迫られることになった。

2 火災時における民間の救助・支援活動

民間による救助・支援活動についても、表4であげた土崎の火災すべてで実施されていたのかまでは確認できていない。ただし、前述した麻木家と金沢松右衛門について、各火災時における寄付の実績を、確認できた範囲で示せば、表4の付1・付2のようになる。麻木家の場合、「麻木松治郎履歴書」によれば、表4の付1以外にも、一八九四年九月二十四日の火災の「類焼極窮人」に白米一石六斗三升、同年十月十三日の火災の「類焼極窮人六戸」に白米三斗一升、一八九六年の二件の火災でも「類焼極窮人」に金一円、白米一石五斗をそれぞれ寄付したとされる。金沢松右衛門については、麻木家の関係史料のようにまとまったものは未見であるが、複数の史料から表4の付2に示した事例を確認できる。麻木と金沢の実績だけでも、当該期の土崎における主な火災の多くで民間の救助・支援活動が実施されていたことを確認できる。

そうした民間の救助・支援活動は、一九〇七年の火災にみられるように、麻木家や金沢松右衛門だけにとどまるものではなかった。ここでは、一八八八年の火災と一八九四年四月の火災についても確認してみたい。

一八八八年の火災は、南秋田郡相染新田村(翌年に土崎港町と合併)でおこった。十二月二十六日の二三時三〇頃に相染新田村から出火、強風に煽られて延焼し、六〇戸・非住家一戸を焼失した。(35) この火災でも、民間による救助・支援活動が実施されたことを確認できる。(36) 十二月二十九日、麻木松治郎は、罹災者に白米計四石四斗一升(一三円三七銭三厘分)を寄付した。四一戸が、一斗二升から三升ずつを受給しており、各戸の家族構成に応じた分量だったと考えられる。同日には、金沢松右衛門が、四二戸に計二〇円を寄付している。また、翌十二月三十日、相染新田村の船木伊治が、一八戸に白米計八斗八升(四円六六銭四厘分)を寄付した。さらに、翌年の一八八九年一月二十八日には、加賀谷保吉ら四名が、四四戸に計一八円を寄付している。加賀谷保吉が七円、金子小四郎が五円、加賀谷総左衛門が五円、大橋茂兵衛が一円を負担した。金子・大橋は米穀問屋、加賀谷総左衛門は倉庫業を土崎湊町で営む商家だった。(37)こうした活動の対象となった罹災者には、合計で二斗三升から三升、九二銭三厘から四二銭三厘の寄付が提供されたことになる。

一八九四年四月の火災は、七日午前一時頃に下酒田町から出火、清水町に延焼し、四七戸・郵便電信局等を焼失、同日午前二時過ぎに鎮火した。(38)この火災では、五名による救助・支援活動を確認できる。(39)麻木松治郎が白米一石三斗（一四円四〇銭分）、金沢松右衛門が二七円、金子小四郎・松本與右衛門が各一三円五〇銭、南秋田郡金足村（現秋田市・潟上市）の佐藤寅之助が二円五〇銭を寄付している。松本は、米穀問屋を土崎港町で営む商家だった。(40)『魁』一八九四年四月十日によれば、「細民二十七戸」にたいして、麻木が白米五升ずつ、金沢が一円ずつを支給したという。同紙では、佐藤の寄付も伝えており、麻木・金沢・佐藤の三者が、火災直後にこうした対応をみせたことを確認できる。

以上のように、一八八八年の火災では、麻木松治郎と金沢松右衛門以外に、加賀谷保吉・金子小四郎・加賀谷総左衛門・大橋茂兵衛・船木伊治による救助・支援活動を確認できる。一八九四年四月には、麻木・金沢以外に、金子小四郎・松本與右衛門・佐藤寅之助が寄付をしている。前述したように一九〇七年の場合も、金沢以外に、佐々木寅吉・加賀谷保吉・村山金十郎・野口銀平・刈田義門・武田榮隆の寄付を確認できる。こうした事例は、当該期の土崎での火災時に、資産家や商家などによる罹災者救助・支援活動が広く実施されていたことを示唆している。ただし、一八九四年四月の救助対象が「細民二十七戸」とあるように、民間による罹災者救助・支援活動も、行政のそれと同様に、貧困が要件となっていたと考えられる。

以下では、こうした罹災者救助・支援活動に大きな貢献をしていた、金沢松右衛門について付言しておきたい。金沢は、土崎湊新町で質屋や金穀貸付業を営んだ商家であり、秋田県有数の大地主だった。(41)金沢家は、南秋田郡下新城村(現秋田市)出身の初代松右衛門(一八六四年没)が、土崎湊町で米屋を開業して資産を形成したという。二代目松右衛門(一八七九年没)は、藩への御用金献納と窮民救恤に努め、秋田藩から苗字帯刀を許されている。『土崎港町史』によれば、一八六四年に一八〇〇両、一八六八年には二七〇〇両を藩に献上している。[42]後者は、前述した麻木松四郎と並んで、土崎湊町からの献金の最高額にあたる。三代目松右衛門(一八五〇～一九二四)は、二代目の次男・平治の長男である。地域貢献に努め、学務委員や戸長にも任命された。前述した土崎感恩講の年番も務めている。一八八〇年代に所有地を急増させ、県内有数の大地主にまで成長した。[43]一八八九年頃に、多くの土地を所有していた下新城村に移住している。一八九二年から九七年まで貴族院多額納税議員を務めた。その後、東京に移住し、一九二四年に帰省していた土崎港町の別荘で死去した。『魁』の訃報では、貴族院議員の任期終了後は「悠々自適せられ、寛宏にして頗る長者の風ありし」と評している。[44]
注目しておきたいのは、三代目松右衛門(以下、松右衛門と略す)が、南秋田郡下新城村への移住後も、土崎港町の火災罹災者にたいする救助・支援活動を続けていたことである。同町が出身地であることや商家経営を継続していたことも重要な要因だったと思われるが、後述するような一八九〇年の米価騰貴時の体験も影響していたと考えられる。

三　米価騰貴と地域社会の対応

一九二〇年代はじめまで、米はほぼ自由に取り引きされていた。[45]政府が米の売買をすることはほとんどなく、米穀市場への介入策も輸移入関税の賦課程度だった。全国各地にある米穀取引所では、定期市場と呼ばれる先物取引が活発に営まれており、相場師の買い占めなどによって米価が暴騰することもあった。

米価の高騰は、広範な人びとに生活危機をもたらし、民衆騒擾の要因にもなった。一九一八年の米騒動はよく知られているが、それ以前の一八九〇・一八九七～九八年にも、民衆騒擾が全国各地に広がっている。一八九〇年には、土崎港町でも騒擾が起こった。『土崎郷土史要』では、同年六月に「数百の貧窮者神明社に集合して、救済方を富有者に迫らんことを議し、今にも不穏の挙に出でんとした」と紹介している[46]。

一方で、当該期には、米価騰貴のもたらす生活危機を一定程度緩和するような対応もみられた。一九一八年の米騒動の際、全国各地で米の廉売が実施されたことは知られているが、そうした対応はそれ以前から各地でみられたものだった[47]。土崎港町でも、そうした対応がとられていたことを確認できる。『土崎郷土史要』では、一八九〇年と一九一八年の事例を紹介している[48]。一八九〇年には、有志による廉売が二回実施された。一九一八年にも、九月下旬から十一月末まで、有志による外国産米の廉売が実施されたという。一八九七年と一九一二年についても、地方新聞で確認することができる。一八九七年には、有志による外国産米の廉売が実施されていた。『魁』によれば、十二月一日から開始された廉売は、「細民五百戸余、人員二千余人」を対象に、翌年三月頃まで継続する予定だったという[49]。表3のように、麻木家では、一八九七年に金四〇円、一八九八年二月に金五〇円を「窮民救助」に拠出しており、この廉売への寄付だったとも考えられる。一九一二年の場合、『秋田毎日新聞』によれば、「土崎港町の富豪資産家」が、生活難に配慮して、翌年に予定されていた事業計画を前倒しで実行していたため、市内は好況だったとされる[50]。一八九〇・一八九七～九八・一九一八年が米の廉売、一九一二年は事業計画の前倒しだったが、いずれも土崎港町の資産家による経済的な負担だったことを確認できる。

ただし、『土崎郷土史要』の内容には、関係史料とのあいだに齟齬もみられる。一九一八年の場合、廉売の開始日や販売価格などの点で、『土崎港町町会議事録』大正七年（秋田市役所蔵）や地方新聞とのあいだに異同が認められる。

図1　1890年の土崎相場における米価(一石)

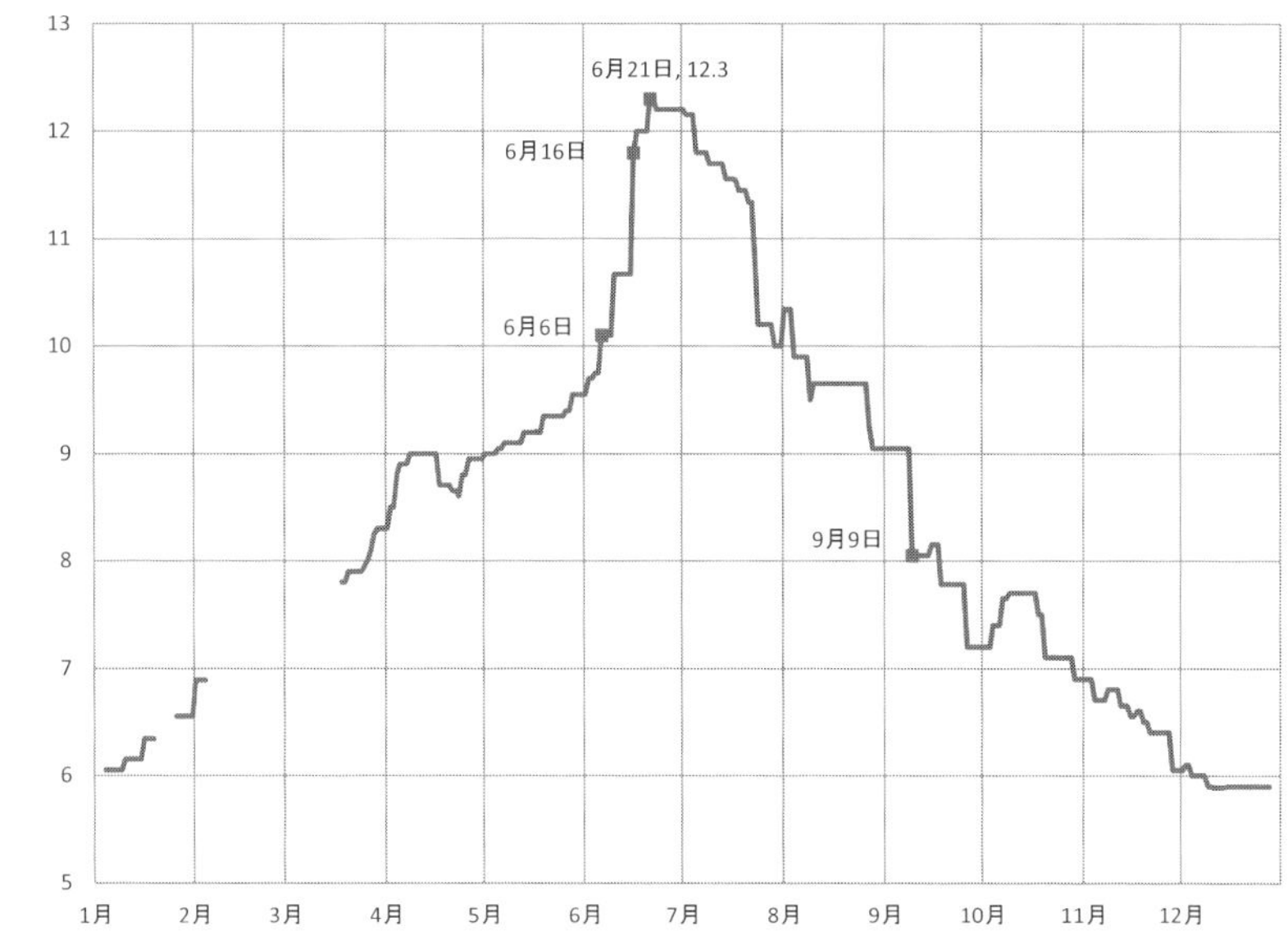

出典:『秋田魁新報』1890年より作成。1月4日から2月4日までは土崎相場の「白米」、3月18日から12月28日までは土崎相場の「白米並」を参照した。

また、一八九七～九八年や一九一二年については、前掲した地方紙の記事で確認できる情報は限られている。当該期の土崎港町における米価騰貴への対応の詳細については、今後の調査研究の進展が待たれる。
以下では、民衆騒擾もみられた一八九〇年を事例として、米価騰貴による生活危機の広がりとそれへの対応について検討してみたい。

1　米価騰貴による生活危機の広がりと地域社会の対応

図1は、一八九〇年の土崎港町における米価の推移を示したものである。全国的な傾向と同様、前年の不作で高い水準にあった土崎相場の米価は、一月から二月にかけて一石六円台を上昇し続けた。二月五日から三月十七日までの詳細な米価は不明であるが、二月下旬の『魁』によれば、八円台まで急騰したとされる。[51]詳細な米価を確認できる三月十八日に

は七円代後半となっているが、そこから上昇を続け四月八日には九円となった。四月中は八円台後半を推移していたが、五月は九円台を緩やかに上昇し、六月に入って急騰した。六月六日に一〇円台、十六日に一一円台、翌十七日に一二円台となり、二十一日には、この年の最高値となる一二円三〇銭を記録している。その後、収穫期に近づき、豊作の見込もあって、米価は続落していった。一八九〇年の土崎港町では、一月に一石六円台だった米価が、六月中旬には、その二倍にあたる一二円台まで急騰していたことがわかる。

こうした米価の高騰は、土崎港町を生きた人びとの生活に多大な影響を及ぼしたと考えられる。そうした生活危機の広がりを県公文書の「米価暴騰ニ付細民生計状況取調回答」で確認してみたい。(52) 一八九〇年六月、秋田県行政は、県内各郡にたいして米価騰貴の影響を照会した。(53)「米価暴騰ニ付細民生計状況取調回答」は、土崎港町を管轄していた南秋田郡役所が、八月八日付で回答したものである。この史料によれば、土崎港町における「貧民」の戸数は、一〇九〇戸とされている。これは、現住戸数の約五二%にあたる。その内訳は、恒常的に慈善家の救助を受けている「第一級」が、七一戸。辛うじて自力で生計を維持していたが、米価騰貴の影響によって親族等の補助を受ける、あるいは「山菜野草海藻等ノ雑飯ヲ食シ生命ヲ保持」するに至った「第二級」は、八一九戸。生計の維持に支障はなかったが、米価騰貴の影響によって収入不足となり「第一級」「第二級」に準ずる状況に至った「第三級」は、二〇〇戸という。なお、南秋田郡全体では、第一級・一三六九戸、第二級・二三五三戸、第三級・一六四五戸、その人口の合計を三万〇二二二人としているが、これは現住戸数の約三四%、現住人口の約三〇%にあたる。(54)

「貧民」の戸数のうち、米価騰貴による生活危機の広がりを示しているのは、恒常的に救貧を受けていた第一級を除いた、第二級・第三級と考えられる。その合計は、土崎港町が一〇一九戸、南秋田郡全体が三九九八戸である。米価騰貴の影響によって、土崎港町では現住戸数の約四九%、南秋田郡全体では約二五%が貧困に陥ったことになる。

また、南秋田郡のなかでも土崎港町への影響が特に大きかったこともわかる。当時の南秋田郡内で町制が施行されていたのは土崎港町だけであり、その都市的な性格が関わっていたと考えられる。一八九〇年の米価騰貴が、土崎港町のような地方都市に大きな生活危機をもたらしていたことを確認しておきたい。
なお、同年の土崎感恩講による救助戸数は、三二戸だった。この戸数が「第一級」に含まれているとすれば、残りの三九戸は感恩講以外の救助を恒常的に受給していたことになる。また、南秋田郡全体における恤救規則の救助者数はわずか四人であり、「第一級」とされた戸数とは大きな開きがあったことも確認できる。「第二級」の場合も、平常時に、辛うじて自力で生計を維持していた階層だったことをふまえれば、前述した救貧の実績と実際の貧困の広がりとのあいだには、膨大な隔たりがあったといえる。
米価騰貴のもたらした生活危機の広がりにたいして、土崎港町では、有志による米の廉売が二回実施された。ただし、この二回の廉売についても、関係史料の内容に齟齬があり、その詳細は必ずしも明らかにはされていない。一回目の廉売は、二月十五日から三月二十二日まで実施された。『秋田日日』によれば、土崎港町長橋本宗彦が、同町の有志と申し合せ、「中等以下の戸数六百戸、一戸五人平均此人数三千人」を対象に、地廻米一升六銭での廉売を五〇日間予定していたという。[55]一升六銭は、当時の相場より二銭割安な価格だった。一人一日分四合の見込とされるので、六〇〇石が必要となり、割引分の費用は一二〇〇円の計算となる。『魁』では、有志二〇余名の寄付で、一二〇〇円に達したとしている。[56]『土崎郷土史要』によれば、この廉売は、米価が次第に低落したため、三月二十二日で終了した。八〇〇余戸・三四〇〇余人に、計三二二石六合六勺を販売したという。[57]
二回目の廉売は、七月上旬から九月まで実施された。後述するように、南秋田郡長黒川春造の斡旋によって、土崎港町の有志が実施することになった。『魁』によれば、有志の相談では、二〇〇〇円余の寄付を募集して、「数千人の

表5　1890年の寄付者一覧

「明治廿三年自二月至九月 貧民救助義捐金配与表」			1889年納税額			住所(土崎港町以外)・職業・役職等
名前	寄付(円)	「受給者人員」	地租	所得税	直接国税	
金子小四郎	110.255	7738	206	23	229	米穀諸物品委托売買／町会議員
松本與右衛門	110.255	7738	173	20	193	米穀諸物品委托売買
村山金十郎	110.255	7738	125	28	153	砂糖紙蝋商并呉服太物古着諸物品委托販売／町会議員
近江谷栄治	110.255	7738	416	28	444	古着伸継綿商并砂糖茶荒物／町会議員
菅禮治	96.204	7738	75	90	165	雄勝郡秋ノ宮村／物産委托商会(下酒田町)・海上保険会社代理店(上酒田町)／町会議員
野口銀平	86.204	7738	34	19	53	米穀諸物品委托売買／町会議員
加賀谷保吉	96.204	7738	91	16	107	酒醤油味噌醸造／町会議員
加賀谷惣左衛門	96.204	7738	243	23	266	倉庫寄托業
田沼彦吉	85.666	7738				南秋田郡北磯分村／廻船問屋并諸物品委托売買(小鴨町)
那波三郎右衛門	65.666	7738	794	81	875	秋田市川反三丁目／生糸商并質屋・国産織物製造
高橋鶴吉	75.666	7738	192	8	200	町会議員
須磨良八	43.102	7738	48	4	52	
鳴海儀助	38.102	7738	116	3	119	
加賀谷東十郎	43.102	7738	83	4	87	米穀諸物品委托売買
大橋茂兵衛	28.102	7738	40	4	44	米穀諸物品委托売買／町会議員
菅谷佐治郎	48.102	7738				
金森正太郎	36.077	7738				紙砂糖綿蝋商
竹内長九郎	26.077	7738				廻船問屋并諸物品委托売買
越後谷周吉	31.077	7738				
出口喜助	31.077	7738	21		21	米穀諸物品委托売買／町会議員
安田常吉	31.077	7738				廻船問屋并諸物品委托売買／町会議員
河井粂治郎	10	3929				滋賀県神崎郡
岩船謙吉	5	3929				
麻木松治郎	70.255	3809	108	31	139	
大橋勘助	10	3809				
升谷助吉	17.564	3809				和漢洋薬種商／町会議員
菅亀治	17.564	3809				
森沢喜蔵	10.539	3809				
保坂和助	10.539	3809				米穀海産物委托売買
舘山滝蔵	10.539	3809	24		24	
岩谷賢助	10.539	3809				
柿崎乙松	10.539	3809				米穀実子縄網商
石田恕助	10.539	3809	164	3	167	
青嶋巳之松	8	3809				
三国谷四郎右衛門	7.026	3809				町会議員
小竹出鉄蔵	7.026	3809				
藤井重之助	5.62	3809				
金子長蔵	5.62	3809				
木村末吉	5.62	3809				町会議員
門間金右衛門	5.62	3809				町会議員
越後谷寅吉	5.62	3809				
橋本周吉	5.62	3809				米穀諸物品委托売買
小野又吉	5.62	3809				米穀荒物商
岡崎己之助	5.62	3809				
石野谷勘助	5.62	3809				米穀委托売買
佐藤吉治	5.62	3809				米穀委托売買／町会議員
越後谷権四郎	5.62	3809	45		45	町会議員
船木伊治	5.62	3809	45		45	
越後谷万蔵	5.62	3809	47		47	海産物煙草仲買商
加賀谷倉松	5.62	3809	27		27	
坂本長治	5.62	3809	25		25	
森山長治郎	5.62	3809				
小野新吉	3.514	3809	35		35	町会議員
野口平治	3.514	3809				
宇佐美銀蔵	3.514	3809				
金子円右衛門	3.514	3809				
笠嶋長之助	3	3809				諸物品委托売買
黒川春造	20	3809				南秋田郡長
本郷吉右衛門	70	3809	1660	77	1737	平鹿郡角間川村
小西傳助	30	3809	711	20	731	仙北郡大曲村
金沢松右衛門	503.606	4072	1621	80	1701	南秋田郡下新城村／金穀貸附業(新町支店)
計	2344.98					

出典：「南秋田郡土崎港町　金子小四郎外五十九名　貧民救助ニ付賞与」(『第一課庶務掛事務簿』明治二四年六～一二月、秋田県公文書館蔵、930103-08583・8)、渡辺真英編『秋田県管内名士列伝』(1890)、白崎五郎七編『日本全国商工人名録』(1892)、加藤助吉編『土崎港町史』(土崎港町、1941)、より作成。

窮民」を対象に、外国産米一升七銭での廉売を予定していた。[58]「極窮者」には、米を無料で給与する予定だったという。『魁』七月十五日付では、買入れた南京米三〇〇石が、七月九日に土崎港に到着し、一升七銭での廉売を開始したと報じている。[59]一方、『土崎郷土史要』では、外国産米を一升八銭の価格で、計四七〇石六斗一升九合を販売したとしている。[60]外国産米を複数回買入れ、廉売価格も変更した可能性もあるが、詳細は不明である。また、外国産米の買入れ価格や受給戸数などを示す史料も確認できていない。一八九〇年の二回の廉売についても、今後の調査研究の進展を待ちたい。
一方、こうした有志の廉売への寄付金額については、県公文書に「明治廿三年自一月至九月貧民救助義捐金配与表」(以下、「配与表」と略す)がある。[61]表5は、この史料を中心に作成したものである。これによれば、寄付者の総数は六一人であり、五〇三円六〇銭六厘から三円までの寄付金が寄せられていた。寄付者には、土崎港町以外の居住者も六名含まれているが、前述した金沢松右衛門のように、出身地や経済活動などの関係があったと考えられる。感恩講事業で名高い、秋田市の那波三郎右衛門も、永覚町で酒造業を営んでいた。[62]土崎港町在住の五五名には、当時の代表的な資産家や商家が含まれていると考えられる。表5の納税額の出典である、渡辺真英編『秋田県管内名士列伝国会準備』では、土崎港町における直接国税一五円以上の納税者として三〇人を記載しているが、このうち二三人は「配与表」でも名前を確認することができる。[63]
「配与表」の「受給者人員」の項目については、人数以外の情報がないため、その詳細までは確認できていない。項目中の「三九二九」と「三八〇九」を足すと「七七三八」なるので、「三九二九」が一回目の廉売、「三八〇九」が二回目の廉売、「七七三八」が、その両方への寄付を指していると考えられる。一方、「四〇七二」は、金沢松右衛門だけである。金沢は、後述するように、一回目の廉売には寄付をしていない。「四〇七二」には、二回目の廉売と後述する金沢単独での廉売を含んでいる可能性が高いと思われる。

これにしたがえば、一回目の有志による米の廉売への寄付者は二三人で、その受給者数が三九二九人となる。同じく二回目の廉売への寄付者は五八～五九人で、その受給者数が三八〇九人となる。土崎港町の代表的な資産家や商家は、有志の廉売に寄付をしており、その多くが、一回目の廉売からだったと考えられる。

土崎港町でのこうした寄付の事実は、後述するように、当時の地方新聞で報道されていた。ただし、有志各人の名前や寄付金額までを伝えた記事は、管見の限りでは確認できていない。だが、そうした詳細な報道も、一八九〇年当時には珍しいものではなかった。富山県の地方紙のように、広告欄に米の廉売への寄付者とその金額の一覧を掲載した例もみられる。こうした事例は、当時の寄付が、広く社会にアピールされていたことを示している。そしてそれは、寄付者個々にたいして、地域社会での信用を獲得・再生産する機会を提供することになったと思われる。

一八九〇年の土崎港町では、こうした有志の廉売以外にも、民間の個人による米価騰貴への対応がみられた。麻木松治郎は、前述したように、白米三〇石七升を寄付している。二月十六日から十八日までの三日間で、「貧民」戸数五〇五戸・二三一五人にたいして、一人あたり一升三合ずつを分配した[64]。土崎港町の現住戸数の約二四%、現住人口の約二〇%にあたる。麻木が寄付したのは、地廻上白米で、その代価は、二五二円五八銭八厘(一石八円四〇銭)とされる。土崎港町長橋本宗彦は、県知事宛の上申で「一時困難者ノ危急ヲ救済セル段、実ニ奇特ノモノニテ、将来港民ノ亀鑑トモ相成ル義挙」としている[65]。

金沢松右衛門も、単独で米の廉売を実施している。郷里である土崎湊新町の「細民現員二百四十六名」を対象に、二月十七日から白米一升五銭五厘での廉売を開始した[66]。船舶の出入港の増加によって雇用の確保が見込まれるまでの五〇日間を予定していたという。新町の「細民」限定ではあるが、前述した有志の寄付による廉売よりもさらに五厘割安で販売していたことになる。なお、金沢は、現住所の南秋田郡下新城村においても「細民」に米や金銭を恵与していたという。
七月、九月にも個人による米価騰貴への対応を確認できる。七月、町内の医師三浦毅一郎と清藤修平は、米価高騰の影響によって「貧民」が医療費を確保できないことを懸念して、有志の寄付による廉売の受給者を対象に、無料での治療と薬の提供を実施していた(67)。九月には、廻船問屋の高橋吉兵衛が、「広く中等以下の人民」を対象に、白米一升を原価の八銭以下で販売している(68)。
一八九〇年の土崎港町では、有志による二回の米の廉売とともに、個人での寄付や廉売なども複数実施されていた。こうした対応は、米価騰貴のもたらした生活危機を一定程度緩和していたと考えられる。以下では、有志による二回の廉売をめぐる地域社会の動向を検討することで、資産家によるこうした活動の動機を明らかにしてみたい。

2　有志による寄付と資産家

『魁』一八九〇年二月十九日付では、「前日土崎より投書のまゝ」として、有志による一回目の米の廉売に関する次のような記事を掲載している(69)。

（前略）是に反対し、一俵の施なく此挙に一金の義捐なきは某氏なり。身は巨万の財産を持ち、頗る奢美を好み、唯た一身の私利にのみ汲々し、現今非常の場合、田徳米数千俵を倉庫山積し一俵も貧民へ販売するの心なく、遂に此度救助米に対し一金を不出とは、人々その鄙吝を悪評せぬは無しと。（後略）

こうした『魁』への投書は、当時の土崎港町において、廉売に寄付しなかった資産家に批判がみられたことを示している。そして、「某氏」の悪評は、『魁』に媒介されることで、県内を中心とした読者とその周囲にまで拡がったはずである。投書者も、地方新聞というメディアを媒体とした、そうしたアピールを意図していたと考えられる。

金沢松右衛門は、前述したように、有志の廉売には寄付をしなかったものの、二月十七日から土崎湊新町限定で米の廉売を実施していた。『魁』は二月二十一日付、『秋田日日』も翌二十二日付でこれを報じている。その一方で、『魁』二月二十三日付には、投書の内容のため「記者はサッパリ分り申さず」としながら、次のような記事が掲載されている(70)。


近来本港米価騰貴して貧民の惨状曰ふに忍ひす。有志慈善家は之れを救はんとて同志相計り、過日より救助を実施致居候処、予て〇〇の聞えある豪家某氏は、此の同盟に預からさるより非難嘖々たり。是に於て彼れ一策を案じ、某町限りとか何百名とかを救はんと広言したり。然れとも同家の救助安米を買得る者は僅〻四五名に過ぎず(中略)此《ママ》る題目許りの〇慈善家には閉口へ(後略)

この投書は、独自の米廉売を実施していたにもかかわらず、土崎港町には依然として「某氏」への批判がみられたことを示している。そして、『魁』は再び、そうした批判を拡げる役割を果たしたことになる。

『魁』二月十九日付・二月二十三日付の記事でいう「某氏」は、おそらく金沢松右衛門を指していたと思われる。当時の読者も、二月二十一日付の報道内容を重ね合わせることで、金沢を意識したはずである。金沢とその周囲も、そうした『魁』の報道を無視できなかったと考えられる。『魁』二月二十八日付には、「土崎港新町協議員」二名の名義で、金沢の廉売にたいする謝意を示した広告が掲載された。「土崎湊町新町細民現員二百四十六名」を対象とした廉売であることが明記され、前掲した二月二十三日付の記事を否定する内容となっている。金沢側が、投書者と同様に、『魁』というメディアを介してアピールせざるをえなかったことをうかがえる。

金沢松右衛門は、前述したように、土崎港町の地域貢献に努めた資産家だった。一八九〇年までの火災時にも、表

4のように、罹災者の救助・支援活動を実施していた。その金沢が、一八九〇年二月の米価騰貴時には、有志による米の廉売には寄付をせず、土崎湊新町に限定した単独での廉売を選択したことになる。その理由を示すような史料までは確認できていないが、あるいは南秋田郡下新城村への移住と関わっていたのかも知れない。移住にともない、地域貢献の対象を従来の土崎港町全体から、出身地である土崎湊新町に限定したとも考えられる。
だが、金沢松右衛門のそうした選択は、当時の土崎港町では、必ずしも許容されてはいなかったと考えられる。前掲した『魁』への投書は、金沢の選択が、地域社会からの期待に十分応えられなかったことを示している。有志の廉売は、寄付者個々にとって自らの信用を獲得・再生産する機会になったと思われるが、金沢の場合、そうした機会を逸したことになる。それは、地域社会における金沢の信用を揺るがすことになった。ここには、地域有数の資産家が、期待されていた社会貢献に応えなかった場合のリスクが示されている。
有志による第二回目の米の廉売は、前述した六月の民衆騒擾の後に実施された。この騒擾について、県公文書には「土崎貧民ノ義ニツキ新聞掲載事項ノ義ニツキ内務大臣へ御上申案伺」(以下、「御上申案伺」と略す)がある。[71] 同年七月一日付で県知事が内務大臣に宛てた内申であり、「土崎湊町貧民之情況ニ付、本県及東京新聞紙中、増大之記事ヲ掲ケルモノ」があるため、「事実ヲ失シ、異常ヲ流敷《ママ》スルノ恐レ」もあるとして、次のように「事実」を報告している。

(前略)其実際ノ景状ハ、仝月廿二日救助願ヲ郡長へ差出スノ趣意ヲ協議スルノ目的ヲ以テ、警察分署へ届出ノ上、四百余名ノ貧民該町神明社へ集合シタルモ、其八九分ハ婦女ニシテ、別ニ不穏ヲ計ルノ意ヲ含ムモノナク、皆郡吏巡査ノ説諭ニ従ヒ穏ニ退散シ、爾後何等ノ異常無之モノニ候。然モ右貧民等ハ、総代ヲ以テ郡長へ救助ノ義ヲ歎願シ、郡長ハ之ヲ町内有志者ニ計リ、即今其方法取調中ニ有之候。(後略)

「御上申案伺」は「異常」のないことを報告する趣旨であるが、六月二十二日に「四百余名ノ貧民」が神明社に集合していたことを事実としている。また、有志の寄付による二回目の米廉売が、「四百余名ノ貧民」の総代による歎願を受けた、南秋田郡長黒川春造の斡旋によるものだったこともわかる。ここでは、二回目の米廉売とそれを斡旋した南秋田郡長の動静が、「四百余名ノ貧民」の動向に促されたものだったことを確認しておきたい。

「御上申案伺」が「増大之記事」と問題視していたのは、『魁』六月二十五・二十六日付に掲載された次のような内容だったと考えられる。


（前略）果せる哉、昨日土崎港町の貧民数十名党を結びて同町神明神社に集会し、豪商金澤松右エ門の倉庫を襲ひて米穀を引き出さんとす。其事早くも警官の探知する処となり、黒川南秋田郡長も出張して夫〳〵説諭を加へ、米穀二百石を給与せんと諭したるも、貧民共仲ゝ聞き入るゝの模様なく、今に其党与を解散せさりけれは、昨今頻りに当局者も鎮撫中なりとの由[72]（後略）

（前略）南秋田郡土崎港町の貧民七百余名（前号に数十名とあるは誤）は、去廿一日白昼に隊を結ひ列をなして示威めきたる運動を催して町内を横行し、其れより同町内の神明神社に屯ろして今にも不穏の挙動に及んとする勢なるにそ。人民共は大いに驚きて、直ちに巡査駐在所に訴へ出てけれは、巡査も出張して夫れへ党与を解く可きことを説諭したれとも、更に聞き入るゝ模様なく、町内の有志者等も、打ち棄て置かは如何なる椿事を引き起こすも知れずとて、至急集会を催し相談を整へ、二千円余の義捐をなして安米を施与することゝなし、右の決議により種々貧民等を諭したりけれは、漸く服従の有様にてありしにより、右の有志者には、之れより各町の資産家に向つて義捐金を募集するの手続を議し、港内屈指の資産家にして前きの安米救助の挙に与からさりし金澤氏より五百金を出金せしむることに決して夫れ〳〵手続を取運ひしか、同氏は之れを拒みて僅かに二百金より受合はずとのことを主張したりければ、貧民共は窃かに之を聞き付け一時は大に憤激せしが、更に評議を翻かへし、各々事穏かに同氏の宅に行きて従来発売せし米穀の利益金幾分を頂戴せんとて、将に同家に迫らんとするの勢なるにぞ。警官及有志者等の周旋によりて一先つ鎮定せしも、其党与今に解散せさるとのことなれば当局者には大に心配し居る由(73)
『魁』は、六月二十二日前後の状況を「不穏」として報じていた。ここでの「不穏」は、「貧民」への恐怖や不安を表現している。前掲した「御上申案伺」の趣旨は、そうした報道を否定することにあった。だが、『魁』の報じた土崎港町の「不穏」には、一定程度のリアリティがあったように思われる。一八九〇年には、米価騰貴をめぐって全国各地で民衆運動が起こった。青木虹二の統計的研究では、地方都市を中心に六〇件(二〇府県)の事例が指摘されており、六月二十一日以前には、その半数にあたる三〇件を確認できる(74)。当時の秋田の地方紙でも、そうした事例のいくつかを報じており、特に四月十七日の新潟県西頸城郡能生町(現糸魚川市)や五月八〜十一日の鳥取市の民衆騒擾をくり返し引き合いに出していた。また、六月の土崎相場では、図1のように米価の急伸が続いており、二十一日には、一石一二円三〇銭を記録していた。六月二十二日の土崎港町では、他地域での騒擾が報じられ、米価も急伸していた最中に、「四百余名ノ貧民」が現れたことになる。行動する「四百余名ノ貧民」の存在は、地域社会に向かって誇示された。「人民共は大いに驚きて、直ちに巡査駐在所に訴へ出て」も決して不自然ではない。また、「御上申案伺」では、その「四百余名ノ貧民」は「皆郡吏巡査ノ説諭ニ従ヒ穏ニ退散シ」たとされるが、解散させるには「郡吏巡査ノ説諭」を要したことになる。地域の人びとは、「四百余名ノ貧民」に「党与」、徒党する意志を読みとらざるをえなかったと思われる。そして、一端解散したとしても、「其党与今に解散せさるとのこと」、すなわち「四百余名ノ貧民」が再び集団的な意思表示をする可能性までは否定できなかった。「町内の有志者」が「打ち棄て置かは、如何なる椿事を引き起こすも知れず」と考えたとしても不思議ではない。六月二十二日前後の土崎港町では、「不穏」にこうしたリアリティがあったと考えられる。

『秋田日日』は、六月二十七日付で、こうした土崎港町の状況を報じている(75)。「四百余名ノ貧民」の中には、「粗暴の挙動にも及はんとするか如き者なきにあらさりしも」という。注目されるのは、同紙が「時節柄、世を騒さんことを恐れ、暫く筆を扣ひ居りし」としている点である。『秋田日日』では、当時の土崎港町の状況について、報道を自粛せざるをえないほど「不穏」と認識していたことになる。『秋田日日』や『魁』では、「当局者」や「町内の有志者」が、こうした「不穏」の対応に追われていたとしている。「町内の有志者」やその斡旋をした南秋田郡長にも、こうした「不穏」に規定されていた面があったことは否定できないように思われる。「四百余名ノ貧民」の動向がもたらした「不穏」のリアリティは、有志による二回目の米廉売を促す大きな力となったといえる。

注目しておきたいのは、二月に続いて、ここでも金沢松右衛門の動静が取り沙汰されていたことである。前掲した『魁』六月二十五日付では、「四百余名ノ貧民」が「豪商金澤松右エ門の倉庫を襲ひて米穀を引き出さん」としていたとする。同じく六月二十六日付は、金沢が、「町内の有志者」から要請された寄付額を出し渋ったとしている。そして、それを聞きつけた「貧民共」は、「各々事穏かに同氏の宅に行きて従来発売せし米穀の利益金幾分を頂戴せんとて、将に同家に迫らんとするの勢」だったという。これらは『魁』以外では確認できない内容であるが、ここでは、事実関係の確定ではなく、記事で示唆されている当時の資産家と地域社会との関係を問題にしてみたい。そこには、当時の資産家による地域貢献の歴史的性格の一面が示されていると思われる。

「豪商」金沢松右衛門は、前述したように、県内有数の大地主でもあった。当時の金沢が、米相場の売り方として利益を上げていたのかまでは確認できていない。だが、当時の米価急伸の際には、金沢に限らず大地主一般にとって、不当な利益を得たとの不信を向けられる可能性があったはずである。そうしたリスクを回避するためには、地域社会において一定程度の信用を維持しておく必要があったと思われる。前述したように、有志による一回目の廉売に寄付しなかったことを契機として、地域社会における金沢の信用は揺らいでいた。そこにこそ、「四百余名ノ貧民」の動向をめぐって、金沢の名が取り沙汰される余地が生じていたと考えられる。

金沢松右衛門を取り沙汰した報道はこれだけにとどまらなかった。『魁』六月二十七日付では、有志による米の廉売との関わりを次のように報じている。(76)

有志者中会□□数千人の窮民を義捐金を以救助せんと其募集に由り、金澤松右エ門氏に応分の出金を望みたるに、若干の金員は差出すべきも多分の望みには応し難しと郡長へ宛書面を以申出たりと。有志者其報を得て大に不満を起し、些少の金額我々有志の計画に加へ難しと厳しく拒絶せられたりと。(後略)

有志と金沢とのあいだの亀裂を報じた記事であるが、『魁』六月二十九日付では、その金沢が、本郷吉右衛門らとともに寄付金額を調整していたことを伝えており、(77)事実関係には疑問が残る。ここでは、当時の地域社会において、任意の寄付とはいえ、各自の経済力に応じた金額の拠出が、陰に陽に求められていたことを確認しておきたい。また、そうした「応分の出金」を拒むことで、有志への加盟を断られる場合があり、それは制裁として認識されていたこともわかる。有志の列に加われない場合、「応分の出金」のアピールによって自らの信用を獲得・再生産する機会を失うことになる。前述したように、金沢は、自身の選択ではあったが、一回目の廉売に参加しなかったことで、地域社会での信用を落とすことになった。地域の代表的な資産家一般にとって、こうした機会を逸することが、信用上のリスクを高める結果となっていたことを確認しておきたい。有志の寄付には、そうしたリスクを回避するという消極的な面もあったと考えられる。

以上のように、金沢松右衛門をめぐる一連の新聞報道には、地域の代表的な資産家にたいする社会的圧力が現れていた。また、有志による二回目の米の廉売を促したのは、「四百余名ノ貧民」の動向とそれがもたらした「不穏」のリアリティだった。これらは、当該期の資産家による福祉活動には、そうした社会的圧力に規定された、いわば消極的な面もあったことを示唆している。

おわりに

当該期の土崎では、救貧・火災・米価騰貴をめぐって資産家たちの福祉活動が展開されていた。こうした活動は、恒常的な貧困や火災被害、米価騰貴のもたらす生活危機を一定程度緩和していたと考えられる。国や地方行政の供給する福祉が極めて限定的だった当時において、資産家たちが、地域福祉の重要な担い手となっていたことを確認しておきたい。

だが、当時の資産家による福祉活動が、すべて自発的なものだったとは思われない。資産家にとっては、そうした活動の事実が広く社会にアピールされることによって、地域社会での信用を獲得・再生産する機会となっていた。だが、そうした活動を見合わせたり、経済力に見合った貢献と見なされなかった場合には、信用上のリスクを高めることになった。また、米価騰貴時には、「貧民」の動向とそれへの恐怖や不安が、直接的あるいは間接的に、資産家たちに活動を促す場合もあった。当該期の資産家の福祉活動には、こうした社会的圧力に規定されていた面もあったことを確認しておきたい。

また、当時の代表的な福祉活動である土崎感恩講について、一九二五年の『魁』は、「同講の救恤を受くるを深く恥とする」意識がみられたことを伝えている。(78) こうした背景には、資産家による福祉の受給者にたいする、次のような蔑視があったと考えられる。一八九〇年の『秋田日日』では、米の廉売の受給者は、その代償として「彼れ貧民等が社会に対しては決して押柄なる挙動を為すを得す、常に謙遜従順に、政治上社交上に於ても最劣等の地位に立ち、低頭平身して全く公権の門外漢たらさるを得さる」と見なしている。[79]『秋田日日』の後身である『秋田時事』は、一九一二年の米価騰貴時に「他の恩恵に依り生活するは、大に恥つべきこと」としている。[80]一九一八年の『魁』も、「個人の慈善に成る廉米は死すとも受けない」、「慈善は、他の人格を無視」すると論じている。[81]ここには、前述した福祉にともなう二重の両義性のうち、〈包摂〉による〈安定〉の代償である〈拘束〉の面が現れている。資産家による福祉を受給するには、「最劣等の地位」や「大に恥つべき」といった「人格を無視」するような社会的評価に甘んじざるをえない面があった。
土崎の資産家による福祉に認められるこうした歴史的性格は、当該期において一定の普遍性があったと思われる。また、資産家の供給する福祉は、その規模や頻度、基準などの面で、地域的な偏差を免れなかったと想定しうる。一九一八年の米騒動以後、福祉分野における地方行政や国の果たす役割が、比重を増していくことになった。そこには、資産家による福祉のこうした歴史的性格も関わっていたはずである。

註

（1）安丸良夫『日本の近代化と民衆思想』（青木書店、一九七四）、同「二〇世紀日本をどうとらえるか」（二〇〇二、同著『現代日本思想論』岩波書店、二〇〇四所収）、など。
（2）中川清『日本の都市下層』（勁草書房、一九八五）、大門正克『明治・大正の農村』（岩波書店、一九九二）、など。農村部では、安定した小作料の確保を目指す地主が、小作人の日常生活にたいしてさまざまな「温情」をほどこしていたとされる。

(3) 大川啓「近代日本における『慈善』と『不穏』―一八九〇年の秋田市における米価騰貴への対応を中心に―」(『歴史学研究』八〇四号、二〇〇五)、同「『慈善』を促す地方都市社会―明治後期の米価騰貴をめぐる秋田市の動向を事例として」(『人文学報』四一五号、二〇〇九)、同「一九一八年の米価騰貴と地域社会―秋田市の動向を中心に―」(『秋大史学』五六号、二〇一〇)、同「近代日本の生活危機と地域社会―一八九〇～一九一〇年代の米価騰貴時を対象として」(久留島浩・趙景達編『国民国家の比較史』有志舎、二〇一〇)、同「明治期の都市火災と地域社会―地方都市秋田を事例として」(『史苑』七三巻二号、二〇一三)。
(4) 大門正克「コメント　三・一一以後、歴史における『生存』の問題の所在を考える」(『人民の歴史学』一九三号、二〇一二)を参照。
(5) 土崎知善『土崎郷土史要』(土崎読書会、一九二〇)一八六頁。
(6) 今野賢三『港物語』(秋田市役所土崎支所内・土崎港町史続編「港物語」刊行会、一九五二)一〇五頁。
(7) 大杉由香「近代日本の福祉制度の成立過程とその背景」(『歴史と地理』六二二号、二〇〇九)三頁。
(8) 大豆生田稔『お米と食の近代史』(吉川弘文館、二〇〇七)四九～五〇頁。
(9) 中川前掲『日本の都市下層』、三六二～三六五頁。
(10) 大杉由香「秋田感恩講に関する一考察―過去の福祉NPOから何をみるか―」(『東洋研究』一六九号、二〇〇八)。
(11) 中川前掲『日本の都市下層』、三七頁。
(12) 大杉前掲「近代日本の福祉制度の成立過程とその背景」、三頁。
(13) 加賀谷三次郎『新しき土崎港』(土崎文化協会、一九四〇)一九七頁。
(14) 加藤助吉編『土崎港町史』(秋田市役所土崎出張所、一九四一、二一九～二二〇頁)など。
(15) 「(土崎感恩講慣例御認可加願及認可書等の写)」一八九八(「麻木家文書」、秋田市立土崎図書館蔵、麻九七七)。
(16) 長谷川貴彦「近世化のなかのコモンウェルス―イギリス福祉国家の歴史的源流を求めて」(高田実・中野智世編『近代ヨーロッパの探求十五　福祉』ミネルヴァ書房、二〇一二)三二～三三頁。
(17) 「土崎湊の慈善家」(『秋田日日新聞』一八九〇年二月十八日雑報)。以下、『秋田日日新聞』は、『秋田日日』と略す。

(18)「貧者の一燈」(『秋田日日』一八九〇年四月二十日雑報)。
(19)以下、麻木家に関する記述は、「事績調」(『社会事業功労者表彰書類』大正九年、秋田県公文書館蔵、九三〇一〇三一一〇二五九、所収)、秋田市立中央図書館明徳館編『間杉家文書目録・中村家文書目録・土崎御役屋文書目録・麻木家文書目録』(秋田市立土崎図書館、一九九二)、石川隆一「麻木家日記　解説」(秋田市史編さん委員会近世部会編『秋田市史叢書八　麻木家日記』秋田市、二〇〇四)による。
(20)加藤前掲『土崎港町史』、三〇三〜三〇四頁。
(21)諸橋守之編『麻木家四代乃事歴』(秋田県土崎第二尋常高等小学校、一九三八)。
(22)前掲「事績調」。
(23)「麻木松治郎履歴書」(前掲『社会事業功労者表彰書類』大正九年、所収)。
(24)「南秋田郡土崎港町　麻木松四郎　貧民救助トシテ白米施与ニ付賞与」(『第一部庶務課事務簿』明治二十三年四〜六月、秋田県公文書館蔵、九三〇一〇三一〇八五七九・一二)。幕末期の土崎湊では、大型廻船の入船は、太陽暦の四月から十月下旬〜十一月初旬までであり、冬季には廻船が途絶したとされる(秋田市編『秋田市史』第三巻・近世通史編、二〇〇三、二四一〜二四二頁)。
(25)「貧民救助」(『秋田日日』一八八七年十二月二十八日雑報)、「慈恵者」(同前一八八八年一月六日雑報)、「佐文の施し」(同前一月八日雑報)。
(26)前掲「土崎湊の慈善家」。
(27)「公論子の那波家に告くるを賛す(下)」(『秋田魁新報』一九〇一年五月二十三日論説)。以下、『秋田魁新報』は『魁』と略す。
(28)前掲『秋田市史』第三巻・近世通史編、五五二〜五六四、六八五〜六八六頁。
(29)今野賢三編『土崎発達史』(土崎発達史刊行会、一九三四、一五三〜一六四頁)。「四大受難」の他は、土崎港湾修築の遅延、鉄道開通の影響、一九二〇年の戦後恐慌、としている。
(30)『罹災救助関係書類』明治四十年度ヨリ同四十二年度マテ(秋田県公文書館蔵、九三〇一〇三一〇〇八三九)。

(31)『秋田県統計書』明治四十年。
(32)「土崎港町の大火」(『魁』一九〇七年八月一日雑報)、「救助金寄附」(同前八月四日雑報)。
(33)商工社編『日本全国商工人名録・第五版』一九一四(渋谷隆一編『都道府県別資産家地主総覧　秋田編』日本図書センター、一九九五所収)。
(34)高田実「『福祉の複合体』の国際比較史」(高田前掲『近代ヨーロッパの探求十五　福祉』)七～九頁。
(35)秋田市編『秋田市史』第四巻・近現代Ⅰ通史編(二〇〇四、二三八頁)、「一昨夜の大火災」(『秋田日日』一八八八年十二月二十八日雑報)。
(36)「南秋田郡土手長町上丁　新田目小助外八十名　南河病院へ寄付金、土崎港旭町　麻木松治郎外六名　罹災者へ米金施与ニ付賞与」(『第一部庶務課事務簿』明治二十二年自三月至六月、秋田県公文書館蔵、九三〇一―〇三―〇八五七五、七)。
(37)白崎五郎七編『日本全国商工人名録』一八九二。
(38)「土崎港町の火事」(『魁』一八九四年四月十日雑報)、土崎前掲『土崎郷土史要』一七九頁。
(39)「南秋田郡下新城村　金澤松右衛門外二十四名　出火罹災者へ米金寄付賞与」(『第一課庶務掛事務簿』明治二十八年自一月至三月、秋田県公文書館蔵、九三〇一―〇三―〇八五九八、二七)。
(40)白崎前掲『日本全国商工人名録』。
(41)以下、金沢家に関する記述は、渡辺真英『秋田県管内名士列伝　国会準備』(一八九〇、三〇～三二頁)、渋谷鉄五郎「会員の家系と人脈②」(『土崎史談』二五号、一九八五、二二～二三頁)による。
(42)加藤前掲『土崎港町史』、三〇三～三〇四頁。
(43)金沢松右衛門は、一八八三年に地価額二万三八九六円相当の土地を所有しており、以後、一八八七年が四万〇八二二円、一八九〇年が五万八五六〇円とその規模を急増させている(竹内儀蔵編「秋田県管内地価金一万円以上処有者一覧表」明治十六年[渋谷前掲『都道府県別資産家地主総覧　秋田編』所収]、「秋田県各郡大地主名簿」[同前所収]、尾留川新五右衛門「秋田県管内大地主名鑑」明治二十三年[同前所収])。
(44)「金澤松右衛門氏の訃」(『魁』一九二四年九月二十日付朝刊)。

(45) 大豆生田前掲『お米と食の近代史』、四〜五頁。
(46) 土崎前掲『土崎郷土史要』、九八〜一〇一頁。
(47) 能川泰治「地方都市金沢における米騒動と社会政策」(橋本哲哉編『近代日本の地方都市』日本経済評論社、二〇〇六)、遠城明雄「明治後期の都市社会の一断面」(『史淵』一四五号、二〇〇八)、大川前掲「近代日本の生活危機と地域社会」、など。
(48) 土崎前掲『土崎郷土史要』、九八〜一〇三頁。
(49) 「土崎港細民救助」(『魁』一八九七年十二月十一日雑報)。
(50) 「土崎富豪の特志」(『秋田毎日新聞』一九一二年七月五日雑報)。
(51) 「救助米の安売」(『魁』一八九〇年二月二十一日雑報)、『魁』一八九〇年二月二十八日広告。
(52) 「米価暴騰ニ付細民生計状況取調回答」(『感恩講書類』明治二十二〜二十三年、秋田県公文書館蔵、九三〇一〇三―〇〇八六六、七七)。
(53) 「秋田市ヲ除ク他郡長へ細民ノ状況調照会伺」(同前『感恩講書類』明治二十二〜二十三年、七六)。
(54) 『秋田県統計書』明治二十三年によれば、南秋田郡の現住戸数は一万五七三四戸。現住人口は、同書の「本籍人口」「出入人口」より算定すると、一〇万二二八四人となる。
(55) 「白米安売」(『秋田日日』一八九〇年二月十五日雑報)、「世話係」(同前二月十八日雑報)。
(56) 「慈善と鄙吝」(『魁』一八九〇年二月十九日雑報)。
(57) 土崎前掲『土崎郷土史要』、九八〜九九頁。
(58) 「貧民騒擾の詳報」(『魁』一八九〇年六月二十六日雑報)、「土崎港窮民救助」(同前六月二十七日雑報)。
(59) 「南京米の貧民救済」(『魁』一八九〇年七月十五日雑報)。
(60) 土崎前掲『土崎郷土史要』、九九〜一〇一頁。
(61) 「明治廿三年自二月至九月貧民救助義捐金配与表」(「南秋田郡土崎港町　金子小四郎外五十九名　貧民救助ニ付賞与」『第一課庶務掛事務簿』明治二十四年六〜一二月、秋田県公文書館蔵、九三〇一〇三―〇八五八三・八、所収)。

(62) 今野前掲『土崎発達史』、二四二頁。
(63) 渡辺前掲『秋田県管内名士列伝　国会準備』。なお、「配与表」の現住所が、雄勝郡秋ノ宮村の菅禮治も、同書の土崎港町における直接国税一五円以上の納税者に含まれている。
(64) 前掲「南秋田郡土崎港町　麻木松四郎　貧民救助トシテ白米施与ニ付賞与」。
(65) 同前「南秋田郡土崎港町　麻木松四郎　貧民救助トシテ白米施与ニ付賞与」。
(66) 前掲「救助米の安売」、「金澤氏の慈恵」(『秋田日日』同前二月二十二日雑報)、『魁』同前二月二十八日広告。
(67) 「医員の仁恤」(『魁』一八九〇年七月十五日雑報)。
(68) 「豪商の安米売捌」(『秋田日日』一八九〇年九月五日雑報)。
(69) 前掲「慈善と鄙吝」。
(70) 「土崎より」(『魁』一八九〇年二月二十三日雑報)。
(71) 「土崎貧民ノ義ニツキ新聞掲載事項ノ義ニツキ内務大臣へ御上申案伺」(『機密書類』明治二十二～二十五年、秋田県公文書館蔵、九三〇一―〇八三二七・七八)。
(72) 「貧民の騒擾」(『魁』一八九〇年六月二十五日雑報)。
(73) 前掲「貧民騒擾の詳報」。
(74) 青木虹二『明治農民騒擾の年次的研究』(新生社、一九六七)。
(75) 「土崎港の貧民」(『秋田日日』一八九〇年六月二十七日雑報)。
(76) 前掲「土崎港窮民救助」。
(77) 「別派の義捐」(『魁』一八九〇年六月二十九日雑報)。
(78) 「救助を受ける者は不足になった土崎感恩講」(『魁』一九二五年二月六日付夕刊雑報)。
(79) 「紳士豪商の美挙(承前)」(『秋田日日』一八九〇年七月十六日論説)。
(80) 「巷の噂」(『秋田時事』一九一二年七月十二日雑報)。
(81) 「茶一杯」(『魁』一九一八年八月二十五日)、「富豪の自覚を催す(慈善よりも公益事業)」(『魁』同前九月十九日論説)。

秋田の濁酒密造について――大正期を中心として――

菊池 保男

はじめに

一八九五(明治二十八)年の本県における酒造免許鑑札料八十銭を納付した免許取得者は、[1]五万八八一二名の多きをみたが、自家用酒醸造の全面禁止となった一八九八(明治三十一)年には、二万八三〇九名と半減した。明治時代においては一般大衆は市販濁酒または自家用濁酒を飲用する者が多く、これは一般庶民の経済の貧しさによるものと思われるが、永年にわたる濁酒飲用の習慣が嗜好とともに広く庶民層に定着し、自家用酒製造の禁止による清酒の需要増加は予期した如く進まず、自家用濁酒の密造が多く行われるに至った。

東北地方は水稲単作の貧農が多く、特に古来飲酒量の多い本県においては、一般農家にとって自家で作った米で造る酒を飲用することによる家計負担の軽減を考え、密造に対する罪の意識も少なく、安易に密造を続けて東北地方において最も多く行われてきた。自家用酒製造禁止以後、密造取り締りは年々強化されたが、一九一二(大正元)年には本県における検挙件数は、二三二九件で同年の全国検挙件数四八六二件の約四八パーセントを占め、その密造推定量

表－1

密　造　件　数　と　罰　金

単位=円

西暦	年号	秋田県		岩手県		宮城県		福島県		青森県		山形県		計		秋田割合	
		件数=A	罰金=B	件数	罰金	件数	罰金	件数	罰金	件数	罰金	件数	罰金	件数=C	罰金=D	件数=A/C	罰金=B/D
1899	明治32	411	8,105	163	4,448	253	7,135	26	645	137	2,782	176	3,352	1,166	26,467	35.2	30.6
1900	明治33	453	8,860	320	9,522	187	5,955	234	5,388	165	3,306	143	2,777	1,502	35,808	30.2	24.7
1901	明治34	461	10,446	288	8,332	236	7,315	142	4,292	129	3,438	105	2,715	1,361	36,538	33.9	28.6
1902	明治35	326	13,918	197	10,295	170	11,495	92	5,070	130	6,675	80	3,755	995	51,208	32.8	27.2
1903	明治36	384	21,887	118	6,895	239	14,019	206	11,135	172	12,408	120	7,165	1,239	73,509	31.0	29.8
1904	明治37	424	25,125	369	19,425	506	30,523	215	11,970	252	22,058	144	10,325	1,910	119,426	22.2	21.0
1905	明治38	407	32,535	284	14,380	418	21,777	108	5,610	223	18,409	134	7,725	1,574	100,436	25.9	32.4
1906	明治39	692	41,555	245	12,230	751	40,925	166	8,505	271	27,345	198	11,556	2,323	142,116	29.8	29.2
1907	明治40	662	37,405	308	15,096	849	46,075	156	8,830	182	17,305	102	6,980	2,259	131,691	29.3	28.4
1908	明治41	827	40,296	386	18,250	1,128	54,175	262	11,370	232	14,059	141	7,265	2,976	145,415	27.8	27.7
1909	明治42	1,224	60,460	699	34,752	1,153	52,635	353	15,075	241	14,070	314	16,000	3,984	192,992	30.7	31.3
1910	明治43	1,713	90,105	816	38,975	1,081	43,940	309	12,580	310	17,367	243	12,660	4,472	215,627	38.3	41.8
1911	明治44	2,727	114,035	1,203	46,129	1,043	39,752	271	10,850	343	13,085	228	9,910	5,815	233,761	46.9	48.8
1912	明治45	2,329	101,790	1,529	59,328	853	32,471	247	9,325	155	6,335	233	10,603	5,346	219,852	43.6	46.3
1913	大正2	1,485	54,944	1,258	44,539	589	21,636	146	4,615	113	4,670	191	6,680	3,782	137,084	39.3	40.1
1914	大正3	1,225	46,991	846	30,136	451	18,331	78	2,530	104	3,920	171	6,200	2,875	108,108	42.6	43.5
1915	大正4	2,192	85,275	865	30,872	463	16,865	79	3,032	138	5,140	261	9,330	3,998	150,514	54.8	56.7
1916	大正5	3,161	124,902	1,083	41,216	607	22,415	92	3,310	239	9,982	206	8,230	5,388	210,055	58.7	59.5
1917	大正6	2,157	110,090	1,463	57,185	540	25,996	104	3,765	135	5,064	135	6,895	4,534	208,995	47.6	52.7
1918	大正7	1,221	75,532	1,144	56,055	351	20,380	242	9,518	111	4,415	126	4,885	3,195	170,785	38.2	44.2
1919	大正8	1,105	73,880	832	71,948	272	15,645	214	12,425	144	7,435	202	7,475	2,769	188,808	39.9	39.1
1920	大正9	1,310	122,705	661	66,385	145	12,100	138	8,716	119	5,680	276	11,977	2,649	227,563	49.5	53.9
1921	大正10	1,288	111,011	758	64,294	137	11,679	306	18,555	136	7,225	304	19,150	2,929	231,914	44.0	47.9
1922	大正11	914	88,621	616	61,225	98	8,197	172	10,312	111	8,007	174	11,525	2,085	187,887	43.8	47.2
1923	大正12	612	54,441	301	28,605	29	1,040	119	7,473	64	3,755	93	10,012	1,218	105,326	50.2	51.7
1924	大正13	445	38,416	218	24,560	33	1,880	139	10,898	70	4,885	97	6,569	1,002	87,208	44.4	44.1
1925	大正14	428	30,200	173	14,739	13	723	329	17,325	75	4,800	88	5,960	1,106	73,747	38.7	41.0
1926	大正15	686	46,115	181	12,858	57	2,741	281	23,350	92	4,329	92	4,734	1,389	94,127	49.4	49.0
1927	昭和2	718	44,282	315	20,560	74	3,690	275	18,830	245	13,165	121	8,053	1,748	108,580	41.1	40.8
1928	昭和3	740	48,905	308	17,575	44	1,550	166	10,804	211	12,675	76	4,495	1,545	96,004	47.9	50.9
1929	昭和4	895	63,968	371	20,850	58	3,488	217	11,625	176	11,630	66	4,903	1,783	116,464	50.2	54.9
1930	昭和5	802	52,570	308	15,690	134	6,440	220	11,400	170	8,950	81	5,060	1,715	100,110	46.8	52.5
1931	昭和6	1,071	54,548	389	14,740	215	5,215	191	10,365	174	9,120	97	4,330	2,137	98,318	50.1	55.5
1932	昭和7	1,247	44,690	501	18,238	317	9,415	167	8,073	237	8,945	148	4,585	2,617	93,946	47.6	47.6
1933	昭和8	1,587	58,630	619	21,272	453	17,019	187	7,320	201	7,075	177	6,166	3,224	117,482	49.2	49.9
1934	昭和9	1,780	81,110	526	27,203	454	20,386	231	12,676	175	7,729	158	6,835	3,324	155,939	53.5	52.0
1935	昭和10	1,777	72,856	498	20,392	390	14,514	188	6,118	172	7,245	172	6,895	3,197	128,020	55.6	56.9
1936	昭和11	1,708	72,151	495	21,660	389	21,304	165	7,957	200	8,922	151	10,358	3,108	142,352	55.0	50.7
1937	昭和12	1,323	61,620	463	20,580	349	15,563	152	6,341	170	6,735	206	7,954	2,663	118,793	49.7	51.9
1938	昭和13	1,101	49,095	438	21,278	309	14,151	233	8,940	184	7,934	198	8,000	2,463	109,398	44.7	44.9
1939	昭和14	975	43,932	357	18,759	241	10,632	135	5,879	174	7,860	122	5,952	2,004	93,014	48.7	47.2
1940	昭和15	1,193	54,085	413	21,340	357	16,090	140	6,795	133	9,638	208	12,750	2,444	120,698	48.8	44.8
1941	昭和16	1,642	75,445	423	25,940	338	16,070	248	11,800	241	11,330	217	8,680	3,109	149,265	52.8	50.5
1942	昭和17	2,193	101,820	564	35,650	587	26,975	365	18,955	468	24,935	318	15,960	4,495	224,295	48.8	45.4
総計		52,021	2,649,352	24,312	1,244,401	17,361	790,322	8,506	420,347	7,924	421,837	7,293	353,386	117,417	5,879,645		
平均		1,182	60,213	553	28,282	395	17,962	193	9,553	180	9,587	166	8,032	128,265	133,628	44.3	45.1

『酒類密造に関する統計』仙台財務局　1943(昭和18)年

は当時の全県清酒査定石数の約七万石に対して三万石ともいわれた。酒類密造に対する取り締りは税務当局の任務ではあるが、国法を犯しての密造の弊風は地方自治の面からも見逃すことが出来ないので、税務官庁は地方行政官庁その他の公共団体等と協力してその予防、矯正を図ることになった。

本県においては、各町村または村毎に密造矯正組合を設け、大正四年各町村組合を統合して各郡組合連合会が設けられ、更に同年秋田県連合酒類密造矯正会が創立され、秋田県知事を会長とし、税務署、警察署、民間団体、地方有力者とその矯正に関する業務の運営を図り、官民一体となり防犯指導監視を強力に進めたが、長期に及ぶ自家用酒の醸造に基づく密造の弊風の防止、矯正指導監督の成果は急速には現れなかった。

大正六年本県における密造検挙者の密造の動機の調査によると、五〇七四検挙件数中、課税清酒の価格が高いことによるものが約二六パーセント、清酒より濁酒を好むことによるものが二〇パーセント、田植刈取時用が三一パーセント、冠婚葬祭用が一九パーセントで、また検挙者の九七パーセントが農家となっており、家計の面から自家生産の米により密造する農家が圧倒的多数を占めた。

一八九九(明治三十二)年より一九七二(昭和四十七)年に至る東北六県の酒類密造検挙数は別表のとおりである(2)(表1)。未検挙の潜在的密造を加えれば、大正時代における本県の密造石数は誠に驚くべき数量であったと想像される。大正五年を最高として逐年減少をみたがこれは防犯の強化と、対策の一つとして米酒交換制が実施され、酒造家より清酒を求める者が多くなったのもその一因と見られる(3)。

『秋田県酒造史』によれば、自家用酒醸造禁止後、自家用酒密造が広く行われるようになり、一九一二(大正元)年の秋田県の検挙件数は全国の五〇パーセント近くを占めた。農家収入での清酒購入は難しく、田植えや稲刈り時の密造が特に多い。取り締りは税務署の任務であったが、県や町村なども協力して予防、矯正にあたったが、成果はあがらなかった(一三〇〜一三五頁)。

本稿ではこの指摘を前提に、秋田県の濁酒密造の実態を、出来るだけ総合的に明らかにすることを課題としたい。

一　酒税と自家用酒醸造

自家用酒の醸造が全面禁止されたのは、一八九九(明治三十二)年一月一日で、それまで自家用酒醸造は、制限付きではあったが、認められていた。太政官が一八六八(明治元)年五月、「酒造規則」五カ条を定め、一〇〇石に付一時冥加金二十両を徴収したのが、酒税の嚆矢であった。

その後六九年に酒造鑑札制度をしき、二年後にはその鑑札制を酒造免許制に変更し、七五年二月には、「酒類税則」を制定した。免許料を廃して、酒造営業税(一種一〇円)と、醸造税(酒類売捌代金の一割)を納めさせることにしたのである。

一八八〇(明治十三)年九月の「酒造税則」で、酒類醸造者は酒造場一箇所ごとに、官庁からの免許鑑札が必要となった。清酒・濁酒など醸造酒を一類、焼酎など蒸留酒を二類、味醂など再製酒を三類と分類し、一類は一石に付二円、二類は三円、三類は四円の酒類造石税のほかに、酒造場一箇所ごとに三〇円の免許税を納めることとされた。免許期間は、酒造年度つまり「其ノ年十月一日ヨリ翌年九月三十日迄」の一年とされ、一年ごとの更新が求められた。また、自家用酒造が酒造業者を除いて、一年間各酒類合算で一石まで認められたが、これが自家用造石高の上限となった。

一八八二年十二月、「酒造税則」が改正された。一酒造場ごとの免許税三〇円は変わらなかったが、造石税は一類四円、二類五円、三類六円に増額された。既存業者の保護のためか、新規参入者は、「清酒一〇〇石以上、濁酒一〇石以上」の製造と、「其ノ地方同業者五人以上ノ連印」を得ることが求められた。販売には検査が必要で、検査済みの酒と未検査酒を混ぜた時は、その混和酒を没収、また隠蔽した酒は没収し、石数相当の造石税の三倍を徴収するなど罰則も定められた。

さらに「酒造税則附則」で、自家用料酒造にも免許鑑札料八〇銭の納付が義務づけられ、免許の有効期間は一年とされた。自家用酒の販売は禁止され、製造高は一石以内とされたが、違犯すれば、三円以上三〇円以下の罰金の支払や器械の没収など、罰則も規定された。

一八九六(明治二十九)年三月の「自家用酒税法」で、自家用酒の製造免許を、一家で一人、造石高二石以下の条件で認めた。直接国税未納者と五円未満者の造石高は一石以内とし、一石に付二円の、また五円以上一〇円未満の納税者は、一石までは三円の、二石までは八円の製造税が課税された。直接国税一〇円以上納入者、酒類製造営業人、酒類販売人のほかに、料理店、飲食店、旅人宿営業人などは自家用酒の免許資格から除外された。免許で制限された石数を超過した場合、三円以上三〇円以下の罰金のほか、超過石数に造石税が課せられることになった。

一八九八年十二月の法律二十三号で、一種(清酒・濁酒・白酒・味醂)は一石に付一二円、二種(焼酎・酒精)は一三円の造石税が課せられ、また清酒の製造石数・一〇〇石は変わらなかったが、濁酒は五〇石と、四〇石も引き上げられた。そして法律二十四号で、「明治二十九年法律第二十九号自家用酒税法ハ明治三十二年一月一日ヨリ之ヲ廃止ス」と、自家用酒製造が禁止された。

この間の酒税を見れば、一八八〇年から二〇年足らずの間に、清酒一石当たりの税額は、二円から一二円と六倍の大増税である。

次に一八九二年と一九〇二年の租税収入を比較すると、地租は五七パーセントから三一パーセントに、酒税は二四

表－2　　租税収入

単位=1000円

	1892(M25)		1902(M35)		指数
	金額(A)	%	金額(B)	%	B/A
直接税	39,057	58.1	60,743	40.2	1.56
地租	37,925	56.5	46,505	30.8	1.23
所得税	1,132	1.7	7,461	4.9	6.59
営業税			6,777	4.5	
間接税	28,111	41.9	90,342	59.8	3.21
酒税	15,813	23.5	63,738	42.2	4.03
煙草税	2,162	3.2			
海関税	4,992	7.4	15,501	10.3	3.11
その他	5,144	7.7	11,103	7.3	2.16
計	67,168	100	151,085	100	2.25

池上和夫「日清戦後における酒税の増徴について」
(『商経論叢』第20巻第3・4号 1985年)

表3－1　　自家用料免許人員(全国)

順位	道府県	1883(M16)	順位	道府県	1895(M28)	95年/83年
1	新潟県	57,720	1	熊本県	74,604	1.83
2	福島県	55,263	2	新潟県	73,570	1.27
3	秋田県	52,539	3	福島県	68,435	1.24
4	山形県	45,385	4	鹿児島県	67,213	2.02
5	千葉県	45,270	5	福岡県	64,278	1.98
6	宮城県	43,544	6	秋田県	58,812	1.12
7	熊本県	40,754	7	千葉県	48,981	1.08
8	鹿児島県	33,199	8	山形県	46,474	1.02
9	岩手県	33,094	9	宮城県	45,475	1.04
10	福岡県	32,435	10	岩手県	45,137	1.36
41	愛媛県	201	33	愛媛県	5,018	24.97
44	徳島県	43	43	徳島県	1,025	23.84
39	埼玉県	258	34	埼玉県	4,733	18.34
42	東京府	130	38	東京府	1,626	12.51
A	計	439,203			592,979	1.35
B	A/C	65.5			54.5	
C	総計	670,361			1,088,944	1.62

計は1～10迄で、愛媛以下は入れていない

表3－2　　自家用料免許人員(東北)

順位	道府県	1883(M16)	順位	道府県	1895(M28)	95年/83年
2	福島県	55,263	3	福島県	68,435	1.24
3	秋田県	52,539	6	秋田県	58,812	1.12
4	山形県	45,385	8	山形県	46,474	1.02
6	宮城県	43,544	9	宮城県	45,475	1.04
9	岩手県	33,094	10	岩手県	45,137	1.36
19	青森県	9,230	21	青森県	18,542	2.01
D	計	239,055	・		282,875	1.18
E	D/C	36			26	0.73
C	総計	670,361			1,088,944	1.62

1883年は高橋修助編『全国酒類醸造統計表』
(.全国酒造組合連合会, 1895(明治28)年
1895年は『主税局統計年報書』第22回
大蔵省主税局 1897(明治30)年

パーセントから四二パーセントと、直接税と間接税の比率が逆転し、酒税が一番の国税収入源となっている(表2)。

地租の一・二倍増に対し、酒税は四倍増である。所得税は六・六倍であるが、税額は五パーセントに過ぎない。一八八七(明治二十)年に導入された所得税の八八年における税額は一〇六万円で、税収総額六四七二万円の一・六パーセントに過ぎず、しかも納税者は年間所得三〇〇円以上の一四万人で、当時の人口三九〇〇万人の〇・三六パーセントに過ぎなかった。その後一八九九(明治三十二)年の改正で、納税者が拡大された。所得を三種類に区分し、従来の三〇〇円以上の個人所得の第三種に加えて、法人所得の第一種や公債・社債利子所得の第二種も課税対象にされたため、六・六倍になったのである。増加率は高いが、それでも納税者は富裕層に限られており、需要者全員が負担を余儀なくされる酒税とは、意味が違っていた。

酒税大増税の理由を、篠崎仙台税務監督局長は「自家用酒を禁止したのは明治三十二年で、日清戦争後国費が膨脹した結果、戦後財政計画上酒造税率が非常に高まったことに因る。財政々策上の必要から自家用酒を厳禁し、営業

明治12年府県別酒類醸造米

表－4-1　全国・清酒

順	府県	清酒	割合	濁酒	割合
1	兵庫	405,436.000	100.0	141.000	0.0
2	愛知	250,627.650	99.9	209.753	0.1
3	石川	241,657.423	100.0	50.512	0.0
4	愛媛	216,112.019	100.0	6.861	0.0
5	福岡	205,224.386	99.6	826.661	0.4
6	新潟	176,262.168	99.6	761.854	0.4
7	長崎	169,105.985	99.8	354.701	0.2
8	長野	162,745.745	100.0	2.727	0.0
9	岡山	153,866.350	99.9	209.267	0.1
10	熊本	143,203.292	97.2	4,083.204	2.8
17	福島	119,083.386	99.3	876.509	0.7
22	山形	96,059.210	99.9	99.775	0.1
27	青森	84,521.124	98.4	1,369.219	1.6
30	宮城	82,625.051	96.5	3,032.747	3.5
34	岩手	58,337.325	93.1	4,353.468	6.9
37	秋田	39,011.340	91.8	3,463.895	8.2
38	鹿児島	38,121.211	99.6	166.465	0.4
39	東京	1,811.059	25.3	5,351.204	74.7
		4,749,101.729	99.0	47,975.459	1.0

表－4-2　全国・濁酒

順	府県	濁酒	割合	清酒	割合
1	千葉	12,242.612	12.2	87,899.170	87.8
2	東京	5,351.204	74.7	1,811.059	25.3
3	岩手	4,353.468	6.9	58,337.325	93.1
4	熊本	4,083.204	2.8	143,203.292	97.2
5	秋田	3,463.895	8.2	39,011.340	91.8
6	宮城	3,032.747	3.5	82,625.051	96.5
7	茨城	2,987.483	2.3	124,557.895	97.7
8	神奈川	2,944.433	5.0	55,564.166	95.0
9	青森	1,369.219	1.6	84,521.124	98.4
10	埼玉	1,105.314	1.0	112,532.032	99.0
12	福島	876.509	0.7	119,083.386	99.3
28	山形	99.775	0.1	96,059.210	99.9
37	徳島	6.602	0.0	74,550.319	100.0
38	岐阜	4.701	0.0	95,688.533	100.0
39	長野	2.727	0.0	162,745.745	100.0
全国		47,975.459	1.0	4,749,101.729	99.0
東北		13,195.613	2.7	479,637.436	97.3

『農務統計表』農商務省　1883(明治16)年

者は一〇〇石以上製造するのでなければ許可しないことにした。その後の日露戦争でさらに租税増徴が必要となり、又々酒造税を増徴するに至った」と、一九一七(大正六)年六月岩手県酒類密造矯正会第一回総会の席上で発言している。酒税増税は戦費のためであった。[4]
『明治財政史』(第六巻)に記されている自家用酒税収入額は、一八九七(明治三十)年度七三万八二〇八円、九八年度八五万四一二一円であったのが、九九年度はわずか三六円となる。同書がいう「従来ノ習慣ヲ一変」したことが、数字からも裏付けられる。[5]こうして自家用酒製造が禁止されたが、この後、「濁酒密造」が、大きな問題となってくる。一八八三(明治十六)年の自家用酒免許所有者六七万三六一人が、一八九五年には一〇八万八九四四人と一・六倍も増加した。一〇倍増以上は四府県で、中でも愛媛県は二五倍増である。東北で全国平均増加率を上回るのは青森県だけで、岩手・福島・秋田の三県が、この間にそれぞれ三六パーセント・二四パーセント・一二パーセント増えているが、宮城・山形は微増である。この一二年間で六県の免許人員は約四万四〇〇〇人増えているが、全国比では三六パーセントから二六パーセントに落ちている。だが両年とも、青森を除いて一〇位内で、東北のトップは福島で、それに秋田が続いている(表3)。
一八七九年の酒類醸造米を府県別にみると、清酒では兵庫、愛知、石川が

表-5　　酒造免許税と自家用酒鑑札料

単位=円

県名	酒造免許税	自家用酒鑑札料
宮城県	3,750	36,380
福島県	12,570	54,748
岩手県	5,310	36,110
青森県	4,350	14,834
山形県	7,560	37,179
秋田県	4,830	47,050
東北平均	6,395	37,717
全国平均	9,249	18,939

「主税局統計年報書」22回

表－6　　郡市別・自家用鑑札料と酒税

単位=円

郡名	自家用酒鑑札料　1884(M17)		自家用酒税　1897(M30)		97年/84年
	税額	割合	税額	割合	
南秋田	3,759	9.9	2,750	4.0	73.2
北秋田	6,786	17.9	17,200	25.2	253.4
鹿角	2,326	6.2	5,701	8.4	245.1
山本	4,749	12.6	7,387	10.8	155.6
河辺	1,646	4.4	1,130	1.7	68.6
由利	3,678	9.7	9,314	13.7	253.2
仙北	7,171	19.0	7,183	10.5	100.2
平鹿	4,250	11.2	9,695	14.2	228.1
雄勝	3,460	9.1	7,750	11.4	224.0
秋田市		0.0	12	0.0	
計	37,826	100.0	68,122	100.0	180.1

『秋田県統計書』秋田県
1885（明治18）年・1898（同31）年

ベスト三で、東北トップの福島が一七番、それに山形、青森、宮城、岩手、秋田と続くが、秋田は後ろから三番目である。だが、濁酒では千葉、東京の次に岩手、熊本、そして秋田、宮城と続き、九番に青森、福島が一二番、最下位の山形が二八番である（表４）。清酒と濁酒では醸造石数の桁数が違うので、一概に比較は出来ないが、全国の清濁日本酒に占める濁酒の比率は一パーセントなのに東北は二・七パーセントと高い。中でも秋田は八・二パーセント、岩手は六・九パーセントを占め、東北は濁酒が嗜好された地域といえる。

一八九五（明治二十八）年の酒造免許税と自家用鑑札料の全国平均はそれぞれ九二四九円、一万八九三八円であるのに、東北六県は六三九五円、三万七七一七円で鑑札料は全国の二倍である。自家用は濁酒であるから、東北地方は濁酒醸造が盛んで、自家用酒醸造禁止後も密造が行われる下地があったといえそうである（表５）。

次に秋田県内を見ると、一八九七年の自家用酒税は、八四年の鑑札料の一・八倍であるが、北秋田・由利・鹿角・平鹿・雄勝の六郡は二倍以上で、中でも北秋田は税額の占める割合も高く一郡で二五パーセントを占め、青森県の一万四八三四円より二三六六円も多い。ところが秋田市とそれに隣接している河辺郡や南秋田郡は低く、どちらかといえば、自家用酒は市や町よりも農村部で造られていたようである（表６）。

二　酒造密造者の検挙

岩手県酒類密造矯正会第一回総会で篠崎仙台税務監督局長は、前の引用に続き、「東北地方で濁酒密造の激甚地は秋田県で、昨年の全国の犯則人員七千人の内、秋田県が三千人、岩手県が千人で、残りの三千人は全国各地方の犯則人員の合計である」と述べている。実に秋田県だけで四三パーセントを占め、岩手を合わせると、二県で全国の五八パーセントを占めている(「東北六県酒類密造矯正沿革誌」六一四頁)。

この一年前、滝川地方裁判所長が東北児童学会例会で、「犯罪者の身上と児童教育」という演題で、興味深い講演を行っている。その大要を「河北新報」が、一九一六(大正五)年二月二十二日から二十四日にかけて掲載している。次に二十四日の記事を纏めて引用する。(6)

一九一三(大正二)年の犯罪者を飲否で分ければ、「飲酒者二万六千四百八人に対し、酒を飲まない者二万四千七十七人で、飲酒者は二千三百三十一人多い。飲酒者の犯罪で多いのは賭博で、大正二年の該犯に依る服役者中、二百三十七人飲まない者より多く、殺人は九四人、傷害罪は最も甚だしく千百五九人多い。その他の犯罪でも概ね常に飲まない者より多い。窃盗は却って飲まない者に多く、四百三八人飲酒者よりも多い。また詐欺も飲酒者は少く、飲まない者が九百五一人多い。詐欺などは犯罪の性質上相当智力が必要で、殊に社会の発達に伴い余程の智能を要するようになったので、飲酒家に少ないのは一考に値する。飲酒が智能を減制する一つの消極的証拠になるとも考えられ、教育上注意すべき所である」と、飲酒者の犯罪が飲まない者より多いことを数字で示し、飲酒者の犯罪は賭博・殺人・傷害罪であるのに、あまり飲まない者の犯罪は窃盗や詐欺で犯罪の質を異にし、皮肉な言い方であるが、相当の知力が必要な詐欺が飲酒家に少ないのは、飲酒が知能を減制することを消極的に証明していると述べ、続けて、「東北で秋田は頗ぶる多く、刑法犯ではないが特別法犯である濁酒密造犯は飲酒から来るもので、同県だけで年々該犯の罰金が十万円近くの巨額になり、昨年の調査では秋田の密造犯人は千二百九二人、岩手八百十二人、宮城四百八十九人という状態で、しかも密造は教育風紀上、特に悪影響を与えており、東北人が大いに反省しなければならない所である。」これは、犯罪撲滅策の一として、犯罪と児童教養の関係の一端を述べたに過ぎない。参考のため、犯罪が国家経済に及ぼす影響について一言すれば、大正二年の監獄費決算、即ち在監人のための支出は、実に五九〇万一四四九円で、驚くべき巨額である。もっとも懲役の作業等の収入が一六六万一八二九円になるので、これを差引いた四二四万九六二〇円の大金が租税負担となる。この支出が帝国予算の何に相当するか大正元年度の決算で見れば、醤油税収入は四九〇万二九五九円で、監獄費よりも醤油税は百万円不足する。さらにこれに司法費、地方警察費等を加算すれば、如何に犯罪のために国家が経済上大損害を被っているかを知るべきである。

密造者は刑法犯以外の犯罪者であるとはしながらも、飲酒者に犯罪者が多いとの認識のもと、密造が国家財政の歳入歳出両面で如何に大きな損失を与えているかを、詳細に述べている。大所高所からの極めて「まっとうな」で「職務」に忠実な理想的な役人の発言といえよう。

密造件数と罰金額を整理した表1から次のことが指摘できる。件数で一〇〇〇件以上は岩手六回、宮城四回であるのに対して、秋田は二四回、中でも一九一六(大正五)年の三一六一件は飛び抜けて高い。この四四年間の件数と罰金の合計を年度別に集計し、比較すれば、秋田が五〇パーセント以上を占めるのは九回で、中でも一九一六年は両方とも六〇パーセント近い。件数では、一九〇八(明治四十一)年の宮城一一二八件が三八パーセント、岩手の一九一八(大正七)年の三六パーセントが秋田に次ぐが、それでも秋田の四四年間の平均四四パーセントには及ばない。

罰金最高額は岩手は七万二〇〇〇円、宮城は五万四〇〇〇円、青森は二万七〇〇〇円、福島は二万三〇〇〇円、山形は一万九〇〇〇円であるが、一〇万円以上が七回もある秋田とは比較にならない。岩手は一九一九(大正八)年が、その年の六県罰金総計の三八パーセント、宮城は一九〇八年が三七パーセントと比率が高いが、秋田は五〇パーセント以上が一四回もあり、この間の平均罰金額は岩手の二・一倍、山形の七・五倍である。
ところで秋田県が、一九〇〇(明治三十三)年時点で、密造の中心地になると予測できたとは思わないが、「訓令甲第百三十三号」を出している。少し長くなるが、『秋田県県令全書』(7)(明治三十三年四月~十二月)より引用する。

管下一般人民ヲシテ飲酒ノ風ヲ盛ナラシメタル原因種々ナルベシト雖モ、就中寒気凛烈ノ為、自カラ其嗜好ヲ馴致シ、且米穀豊ニ富ミ之ガ自醸ノ容易ナルニ由ルヘシ、以前自家用酒ノ免許サレタル当時、免許人員実ニ五万八千八百有余人ノ多キニ上レリ、然ルニ法令ノ改正ハ自家用酒ノ製造ヲ禁止スルト共ニ造石税率ヲ高メ、且本年十月以降ハ濁酒ニ在リテハ、五十石以下ヲ製造スルコトヲ得サルノ制限ヲ設ケラレタルニ依リ、自然供給者ヲ減シ其価格騰貴シタルガ為メ、薄資ノ徒ハ為ニ其嗜好ヲ充タスコト能ハス、動モスレバ密醸ヲ為シ、法網ニ触ル、者、既ニ前年中七百八十人・罰金額一万五千百九十六円、本年一月ヨリ九月マテ五百二十八人・罰金額一万二千六百三十八円ノ巨額ニ達シ、而カモ是等犯則者ハ概ネ薄資ノ徒ナルヲ以テ、一家ノ産ニ比シ過大ノ負担タルヲ免カレス、従テ農民ノ経済ニ至大ノ影響ヲ及ホシ、加ヲルニ人民ハ益々奸黠トナリ巧ニ法綱ヲ逃レンコトヲ謀リ、遂ニ倒産ノ不幸ヲ見ルニ至ル者少ナシトセス、真ニ憂慮ニ堪ヘサルナリ、之ヲ防壓スルノ策、共同製造ヲ奨励スルニ如クハナシ、左ニ其標準ヲ示ス、若シ此方法ニシテ普及セバ或ハ其弊害ヲ除去スルニ庶幾ランカ、宜シク右標準ニ依リ便宜ノ方法ヲ以テ之レカ組織ヲ為サシメ、違犯者ナキ様注意スヘシ

明治三十三年十二月七日　　秋田県知事武田千代三郎

酒類共同製造規約要旨標準

一　共同者中一人ヲ選ンテ、酒造免許ヲ受ケシムルコト
一　酒類製造用原料米ハ、共同者各自ノ醸出米穀ヲ以テスルコト

一　據出原料米ノ良否ニ依リテ濁酒分配ノ分量増減ハ、町村長若クハ総代ヲシテ判断セシムヘキコト
一　米質ノ良否ニ依リ濁酒分配ノ分量増減ハ、町村長若クハ総代ヲシテ判断セシムヘキコト
一　製造免許・製造ニ要スル雑費ハ、各自據出米ノ一部ヲ以テ支弁スルコト
一　共同者其受領高ニ対スル税金ヲ現金ニテ酒ト引換ニ免許者ニ交付スルコト
一　共同製造人ハ五十石ヲ需用スルニ足ル人員ヲ集メ、予メ最小限ヲ定置スルコト
（中略）
一　酒造操作ニ就テ不明ノ点ハ、税務検査官吏ニ相談ノ上、行フヘキコト
一　予定石数ヲ求メサル時ハ、其濁酒ヲ売却シ代金ヨリ税金ヲ控除シタル額ヲ本人ニ交付スルコト
一　免許者ハ此等共同人ニ対スル製造ノ外、尚商売用トシテ自ラ製造スルハ敢テ妨ケナキコト
一　第一項ノ免許人ヲ定メ、各自所有ノ容器原料品ヲ製造場ニ携帯シ、自ラ醸造シ製成ノ後、免許人ニ相当造石税金及経費ヲ支払ヒ持チ還ルモ妨ケナキコト

自家用酒製造禁止と同時に、五〇石以下の濁酒の醸造は許可せず、そのため供給者が減り価格が騰貴した。それで資力のない者は嗜好を満たせなくなり、多くは法に触れること覚悟で密造し、多額の罰金の支払いを余儀なくされた。犯則者は余力がないので、罰金の負担は大きく、「倒産」する者も少なくない。飲酒は、身に凍みるほど厳しい寒さを凌ぐために飲み続けた慣れや、米穀が豊富であるため容易く自醸出来ることによるものだと、国の役人とは違い、飲酒を一概に断罪していない。現状を憂慮し、「酒類共同製造」を、実行可能で有効な対策と考えたのである。

酒造作業上不明な点は、税務官吏に相談して行うと、税務署に配慮した「規約要旨」は一三項目からなる。ポイントは、「予定石数を求めない時は、濁酒の販売代金から税金を引いて本人に渡す」とした点と、「個人所有の容器や原

料を製造場に持ち込み製造した酒は、税金や経費を免許人に支払えば、持ちかえることができる」とした点にある。共同者は、「免許や製造に要する雑費は據出米で支弁」とある。「雑費」に必要経費も含まれると解してよいか疑問であるが、「契約違反」ともいえる前者の負担は税金のみ、「製造場借り」ともいえる後者の負担は税金と経費とは、ややバランスに欠けるように思われる。いずれにせよ加入者の多様な利用が可能な組織として、この「共同製造場」が考えられたように思われる。

ところで「據出原料米の良否で分量が増減」するのは、屑米などの據出が考えられたからであろう。それで濁酒分配の際、町村長や総代は、その良否で量を判断するとしたのであろう。だが、総代選定手続きや、総代と町村長と、また共同製造人と免許者との関係などを、追究できる資料がないので、現在はこれ以上言及できない。

三　密造で生じた「問題」

密造が引き起こした様々な問題ついて、主に「東北六県酒類密造矯正沿革誌」に依拠して言及したい。だが、これは密造防止対策を講ずるのが業務でもあった仙台財務監督局の編集資料であることを、考慮して読む必要がある。

A　病気（「沿革誌」五六九～五七一頁）

「密造酒にはフーゼル油と云う毒素が含まれており、これを飲めば人は忽ち死ぬことになるが、濁酒はその成分が幾分稀薄であるため、すぐ死ぬということはない。だが、永く飲む内に身体中にその毒素が回って、生活機能に種々の障害が起きて、遂には命を失うことになる。このように濁酒は衛生上恐ろしいものである。先年御大典の時、長命者の調査をしたところ、秋田県には百歳以上の人が一人しかおらず、長命者が極めて少ない。隣の青森県は随分多いが、東北六県中秋田県は一番少ないのは、知らず識らずの間に濁酒の為に、生命を縮めているのではないかと思われる。また専門家でないからよく解らないが、精神病者も少なくないのは、濁酒の害毒の結果ではない」と、考えられる。(8)

これが一九一六(大正五)年四月、秋田県聯合酒類密造矯正会第一回総会席上における矯正会・会長阪本秋田県知事の演説の一部である。フーゼル油という毒素を含有している濁酒は、心身共に健康を害するため、飲用をやめるべきだと、いうのである。(9)

ところが、濁酒にはさらに大きな問題があった。醸造場所である。土中や草むらはまだしも、便所、堆肥内、隔離病舎などでも醸造するため、有害分子が入るだけではなく、液体の表面に死んだ鼠、蛇、蛙等を見ることがある。また販売目的の密造酒は、品質劣等で多少酸敗しても除酸剤を入れるなど、敢えて飲食物取り締り規則に違反する加工を施して、一層人体に害を与えている。特に変味し易い夏期の自醸酒類は最も危険で、諸種の伝染病を誘起する原因になることが多い。各地の赤痢病の発生は密造濁酒の飲用に起因すると、度々いわれてきた。密造酒は悪性で不潔なものであると、いうのである。

衛生上問題のある密造濁酒や安価な販売濁酒の過飲で、罹患した五町村があげられている。一九〇三(明治三十六)年鹿角郡宮川村で四八名が、一九一二(大正元)年由利郡西目村で多数が、一九一四年仙北郡強首村で五一名が、赤痢に罹患した。この他の平鹿郡八沢木村と雄勝郡横堀町は発生年や患者数は記されていない。それでも横堀では密造濁酒の仕込容器が大便所壺と併列されて置かれているため、濁酒に無数の蛆虫が混入したためと、飲酒と病気の関係が理解できるが、八沢木では赤痢が猖獗を極めたとしか記されていない。依拠した「沿革誌」の性格からすれば、飲酒と病気を直結させてよいかは、熟考を要するように思われる。

表－7　換刑留置処分表

	男		女		計	留置延日数	最モ長キモノ	最モ短キモノ
	60歳以上	60歳以下	60歳以上	60歳以下				
明治36年	1	17		4	22	1,308	150	27
明治37年	2	16	2	6	26	2,448	342	4
明治38年		3			3	150	70	30
明治39年	5	81	2	40	128	6,194	150	1
明治40年	7	113	4	38	162	10,766	730	3
明治41年	10	70	4	33	117	7,044	300	1
明治42年	10	75	5	29	119	5,523	365	1
明治43年	8	68	10	44	130	7,614	324	1
明治44年	10	107	4	59	180	14,274	478	1
明治45年1月～6月	2	31	5	27	65	5,590		
計	55	581	36	280	952	60,911		

『濁酒醸造許可ニ関シ内申書類』(秋田県公文書館)

B　一家に及ぼす影響（「沿革誌」五七一～五七三頁）

密造犯は罰金刑が科せられるため、犯則者一家は経済上大打撃を受ける。罰金を支払う資力がない者は、留置処分を受けざるを得ず、生計上の大黒柱を失うか、または家婦を留置場に送らざるを得なくなり、日常生活に支障をきたすことになる。また累犯者になることを避けるため、罪のない父老を密造者と詐ったり、犯罪者の汚名を妻女に強いて教職を汚した者や、村吏の職を辱め勲章を剥奪された者もいる。親子兄弟の間でも邪推や憶測が横行し、家の中でもお互いが信頼できなくなり、自殺者まで出る始末である。中には息子を救おうとして牢死する父老もいるなど、密造が一家に及ぼす影響は、悲惨の極みである。

罰金納付できない者を、一定期間、留置して労役に従事させるのが換刑留置である（表7）。日数は一日から七三〇日まで、人数は三人から一八〇人まで、相当幅があるが、六〇歳以下の働き手が男女とも九〇パーセントほどで、長期間留置は、細民であればあるほど、大きな打撃となった。しかも男女とも六〇歳以上の留置者は、働き手を確保するため犯則者の代わりに出頭したとも考えられ、留置処分は家計に大きな打撃を与えた。

「明治四五年・大正元年中秋田県公務員又ハ其家族ノ酒造法第二条違反者調」に、教員や村吏などの違反者が採録されている(10)。

この「調」の特徴は、犯則者本人だけではなく、違反者の養子でも公職に就いていれば、その氏名が記されていることである。例えば、違反者が村議で、養子が教員であれば、その養子の名前も記されている。犯則者数は九六人であるが、村議二人と、県警部を弟に持つ兄が二回告発されているから、実数は九三人である。平鹿郡旭村の村議は四月と六月、雄勝郡東成瀬村の村議は七月二日と十七日に、平鹿郡八沢木村の兄は明治四十五年と大正元年の五月に、それぞれ告発されている。犯則者本人の公職で一番多いのは、村議の四七人（実数、以下同様）で、それに役場書記八人、収入役四人、小学教員三人、小学校長二人が続き、郡会副議長もいる。犯則者の親子兄弟などに公職者がいれば、それを敢えて記録したのは、それが、密造の歯止めになると考えたからでもあろうか。

町に住居する犯則者は檜山町、増田町、矢島町が各一名、淺舞町が二名で、秋田市やその他、能代港町、大館町、横手町、湯沢町などでは見られず、密造は各郡とも農村部で行われていたと、見てもいいようである。

「沿革誌」に摘録された例の中にも、公務従事者の不名誉な離職実例が採られている。雄勝郡某村の密造矯正会役員でもある助役が、村民に密造の弊害をわかりやすく説きながら、自分は密造を敢えて行い、終に職を辞するに至ったとある。とすれば、違犯した公職者は全員、責任を取って辞職したのであろうか、今後検討を要する点である。また平鹿郡里見村には、収税官吏への職務執行妨害も加算されて懲役九年に処せられ、功七級金鵄勲章と勲七等の勲記等を剥奪された者もいた。

妻の実兄の密告で検挙されたと邪推して　また取調中の妻の応答が意に反しているとして、離婚した例や、罰金を納付できず一家離散したり、北海道へ逃走した例、罰金納付のため家屋を失い樺太に移住した例、検挙され羞恥の情や悔恨の念を抑えることができず割腹したり、密造酒を発見され実兄に面目ないとして縊死した例、密造犯として罰金五〇円の処分を苦に総死した例などが、採られている。この他、差押えられた帳簿を証拠に、殆どの村民が処分されたため村から排斥されて、精神に異常を来した者もいた。

先の里見村の職務執行妨害とも重なるが、密造を発見された家の娘の容器破毀が、酒造税法違犯に加算され、懲役三ケ月に処せられた。

収税官吏の検挙について、県知事が「世上一般で事実であると信じられ、常に喧伝せられる事実の概略」と、ことわって、次のように述べている。(11)

税務官吏の検挙は常に苛察を極め、二人乃至四人で鉄製の棒を携帯して農家に入り、往々来旨を告げず土足のまま寝所や厨房に入って、鉄棒を振って堆積物件を潰倒し、ひどい時には堆肥を調べたままの鉄棒を味噌桶に入れてかき混ぜるなど、非常識この上ない。また税吏の言動は暴慢で殆ど牢獄の罪人への応対とかわりはなく、若し家人が弁解や非難をすれば、殴打し蹴り倒すなどの蛮行も少なくない、其の他婦女に強要して調書に捺印させるなどの事例は多い。若し酒樽や徳利などの容器を携帯する者に出会えば、必ず追跡して厳しい捜索を行う。

家宅捜索は四、五人の税吏が未明から家を包囲し戸扉破壊して闖入することもあり、そのため家人があわてて強盗が入ったと誤認して、駐在所に訴えることもあった。捜索は富者に緩やかで細民に厳しいのは、主に家の構造捜査の難易に因るが、それだけではなく細民は富者に比べ無学朴実で暴慢な税吏と争う力がないために、峻烈な家宅捜索が行われるという弊害がある。

同じ官吏でも税務官吏とは認識に、かなり隔たりがあると言わざるを得ない。

C　窃盗など(「沿革誌」五六九頁)

北秋田郡沖田村では、村民が屋外に隠蔽した密造濁酒を、絶対に窃取しないと約束したが、たまたま窃取ったのを見られた者と見た者がお互いを泥棒呼ばわりし、駐在巡査が乗り出すにいたり、村民の多数が濁酒密造犯として処分された。

鹿角郡花輪町では、夜中密造濁酒を汲むための提灯の火が、周りの枯草に燃え移り、自家だけではなく、近隣五軒も焼失した。

仙北郡強首村では、強欲な資産家が、家前の川岸に埋めた甕に密造濁酒を秘蔵していたが、それを知った村の青年が、懲らしめのため濁酒を飲んで、代わりに馬糞を入れた。その後も、資産家は密造場所を数回替えて密造したが、その都度前と同様の偽悪に遭って、始めて密造が不経済であることを覚り悔悟した。

狭い地域社会の中で相互の不信感を増幅させた事例を意図的に「沿革誌」はあげているようにも思われる。

四　濁酒密造の理由

密造理由を、郡長は次のように県に報告している。[12] その二、三を纏めると、次の通りである。

A　南秋田郡長

①　濁酒は酒精含量が少ないものの滋養分が比較的高く、時には空腹を充たす効力もあるので、寒気や炎暑のなかでの仕事の霊薬となる。濁酒を嗜好しない者は殆どおらず、脇本村では三度の食事の内二度飲用するのが、慣習となっている。
②　寒冷季に海では雷魚漁業、湖では氷下曳網漁業などで生計を立てている男鹿半島や八郎湖岸漁民にとっては、防寒上、農村より一層多量の濁酒が必要となる。
③　醸造原料米は二番米、荒米、砕米など粗悪米を利用するので、農家経済上有利・有益である。
④　農家がお互いに協力しあう田植や稲刈などの時には、慰労と祝意を兼ねて濁酒を馳走するのが習わしになっている。

⑤　高価な清酒の購入は不可能である。
⑥　農村には他に慰安娯楽の設備がない。
⑦　藩政時代には、何の制裁もなく自由に醸造することができ、桃や菊の節句では必ず濁酒を造るなど、昔から濁酒を醸造してきた。

B　北秋田郡長

①　高い代金での清酒購入は、現金収入が年に一・二回の農家では、出来ない。
②　清酒は淡泊で一時は気持を爽快にさせるが、すぐに発散し体の活力を資することにはならない。また田舎で販売される清酒は値段は高いが水分が多く、防腐剤も入っているので、純良なものはほとんどない。濃淡思いのままに造れる濁酒は醇良で、体の力を強め、比較的長く体内に酒気が残り、仕事の活力になる。
③　農村は慰安や娯楽施設がない僻地にあって、日常の付き合いで酒を酌み交わすことが数少ない娯楽とし長い間行われ、習わしになっている。

C　鹿角郡長

①　積雪の期間が長く寒気が酷烈であるが、農村には炉端の焚火のほかに採暖設備がない。それで能く体温を高める酒で補うことになるが、特に長時間体温を保留できる濁酒は重宝である。
②　飲酒は疲労を忘れさせ、元気回復させる。特に田植えなど長時間労働時の濁酒飲用は、作業効率を高め空腹も癒す。
③　中流以下の農家は、清酒を購入する資力がなく、砕米その他劣悪な米で自醸した濁酒を飲用するしかない。
④　農村は現金収入が殆どないので、米を集めて醸造した濁酒を、作場道や溝渠など共同工事賃金代にすることがあ

る。
⑤　小作人が地主に小作米を納める時や、寒暑見舞の際には、昔から地主は必ず濁酒を給する習わしになっており、知らず知らずのうちにそれが人として守るべきことや、親しみをあらわすことになると思われてきた。
税務官吏とは犯則に対する見方が相当違うことは確かである。そうはいっても職務上是認することは出来ず、密造防止対策を講ぜざるを得なかった。(13)

五　密造防止対策

密造防止のために講じられた対策を見ることにしたい。

Ａ　酒類密造矯正会（「沿革誌」六九九～七〇〇頁）

酒類密造は犯則者を取り締まるだけでは根絶できず、精神的、物質的両面からの事前防止が必要で、そのために一九一五（大正四）年に作られたのが、「酒類密造矯正会」であった。

秋田県の酒類密造矯正組合は、町村組合、郡連合組合、県連合会の三種があった。

町村組合は、町村か部落毎に一組合を組織し、町村長を組合長とし、委員を区長、村会議員、小学校教員等で組織された。

郡連合組合は、町村組合を統一督励して矯正事業の普及を図るために各郡に設置された町村組合の連合で、郡長を会長とし、理事を税務署長、警察官署長、判検事、郡会議長で、委員を郡視学、郡会議員、神官僧侶、新聞記者、青年会長、小学校長、在郷軍人分会長、其他名望家で、幹事を郡書記、税務署員、警察署員等で組織された。

県連合会は郡連合組合を統轄督励し、県下に矯正事業を徹底させることを目的に組織した一大矯正団体で、県知事を会長とし、理事を内務部長、警察部長、税務監督局長、地方裁判所長、地方裁判所検事正、県会議長、税務監督局間税部長、委員を連隊区司令官、大林区署長、中等学校長、典獄、市長、判検事、県視学、専売支局長、秋田県在住前現貴衆両院議員、県会議員、新聞社長並記者、弁護士会長、主ナル神官僧侶、多額納税者、其他名望家、幹事を県理事官、保安課長、秋田税務署長、間税部長(兼)等で組織された。

官民一体の強力な防犯・矯正体制のもとで密造防止を推進しようとしたのである。県知事はじめ、各行政組織のトップが名を連ね、ほかに県在住の前・現貴族院議員や衆議院議員、新聞社長、弁護士会長、主な神官や僧侶、名望家などがメンバーで、上位組織になればなるほど、高位高官で構成されている。

二一条からなる「酒類密造矯正組合連合会規約」の要点は、次の四ヶ条である。

三条　本会ハ酒類密造ノ弊習ヲ矯正スルヲ以テ目的トス
四条　本会ハ前条ノ目的ヲ達スル為メ左ノ事業ヲ遂行ス
一　本会ヲ組織スル各組合統一ヲ図リ気脈ヲ通スルコト
二　酒類密造矯正上必要ナル施設ヲナシ又ハ各組合ノ施設ヲ督励スルコト
三　其他酒類密造矯正上必要ト認ムル事項
十八条　連合各組合は毎年(マヽ)月左記事項ヲ本会長ニ報告スルモノトス
一　密造ノ現況
二　施設事項ノ経過要領並其効果
三　矯正上必要ヲ要スト認ムル事業

其他参考トナルヘキ事項
十九条　会長ハ酒類密造矯正上功労アルカ又ハ成績顕著ナル組合アリタルトキハ之カ表彰方ヲ県連合会長ニ申請スルモノトス
問題は十九条である。県下の各矯正組合を競争させて、防止実績をあげようとした意図が見え見えだからである。功労者として、会長＝知事から表彰状と目録が授与されたのは、河辺郡川添村の酒類密造矯正組合長伊藤多雅司、北秋田郡の大野村助役工藤徳治、由利郡西滝沢村の酒類密造矯正組合長佐々木留吉であった。
また酒類密造の弊風矯正に尽瘁し、直接間接に本会事業の遂行に裨益する所が少なくなく、功労が顕著であるとして目録の記念品を贈呈されたのは、南秋田郡五里合村矯正組合長薄田太三郎、同郡大平村矯正組合長出原忠恕、北秋田郡米内沢町郡会議員金逸郎、同郡上川沿村村長伊藤嘉太郎、同郡下川沿村村長小林要助、同郡前田村庄司兵蔵、同郡鷹巣村河田与惣左衛門、山本郡富根村助役広鰭順吉、同郡浅内村村長野呂田兼三、同郡下岩川村村長石井竜吉、由利郡下浜村矯正組合長遠藤市四郎、同郡下浜村消防組頭大友忠之助、同郡下川大内村矯正組合長工藤直吉、同郡小出村矯正組合長伊藤茂治、同郡石沢村矯正組合長小松仁五郎、同郡小友村矯正組合長小松久吉、平鹿郡旭村矯正組合長松井春吉、雄勝郡三輪村矯正組合長佐々木寛綱らであった。一九一七（大正六）年の表彰者の一部のみあげたが、下浜村は余程顕著な成果をあげたのであろうか、組合長と消防組頭の二名が表彰されている。
「成果」をあげた地域指導者を「表彰」して、彼らを競わせることで、地域をあげて密造防止に取り組ませ、「成果」の向上を企図したのである。

B　小学校教育（「沿革誌」六一七〜六二四頁）

自家用酒醸造を禁止して、二〇年も経つが、自醸の因習は老人だけに止まらず、後進の者にも浸透している。これを根本から断ち切るには「小学児童ニ対シ修身・国語・其ノ他各教科目ニ亘リ、酒類密造ニ関聯シタル各種ノ課題ニ於テ、酒類ノ密造ハ国法ノ禁ヲ犯スモノナルコトヲ諭シ、又ハ科罰ハ一家ヲ乱スコト、郷党ノ平和、隣佑親睦ノ美風ヲ傷ヒ国民道徳ノ根底ニ禍スルモノナルコト等ヲ附帯教授セシメ」ることが必要で、そのために「酒類密造矯正ニ関スル小学校教授細目例」を作成したのである。それを参考に、学校では地域や学校の実情を考慮して、教科に組み込んだ。

表8－1　教授細目例

学年	題目	附帯教授要項
尋常科一学年	ケンクワヲスルナ	1 酒を飲めは、からたかよわくなる、物覚えかにふくなる、多弁になる、喧嘩をする
	カラダヲタイセツニセ	1 酒を飲めは、脳かわるくなる、物覚えかわるくなる、病にかかり易き体質となる、思はぬ怪我をすることある
	ギヤウギヨクセヨ	1 酒を飲めは言多くなる、人の前を憚らす無 作法になる、喧嘩の因となる
尋常科六学年	栄行く御代	1 国運の発展と国費の膨脹 2 国の歳入と酒造税との関係 3 酒造税と濁酒の密造
	忠君愛国	1 忠実業に服し勤倹産を治め進んで租税を負担し公益の事に力を尽すは忠君愛国の道なること
	忠孝	1 遵法の義務
	独を慎め	1 濁酒密造と良心の苛責 2 濁酒密造と風教の紊乱
	産業に工夫をこらせ	1　濁酒密造の罰科金と産業の資金 2 濁酒密造矯正会の必要
	勤勉	1　飲酒者の多少と町村の貧富 2 居酒屋の多少と町村の風教

『東北六県酒類密造矯正沿革誌』

表8－2　鹿角郡長谷川尋常・高等小学校　教授細目

学年	教科目	課題	編入したる事項
尋一	修身	けんくわをするな	酒の上のけんくわ。飲酒は習慣となるものなり
		たべものにきをつけよ	酒を飲む人はからだを弱くする
		行儀をよくせよ	酒を飲む人は行儀が乱る
尋六	修身	規律正しくあれ	飲酒の徳義上に及ぼす弊害
		勤勉	飲酒と時間浪費及金銭の浪費
		衛生	飲酒の身体に及ほす害
		国民の公務	遵法の義務
	国語	時間	時間の浪費と酒
		自治の精神	自治の発展と遵法の義務
	算術	税金問題	酒造税と国庫収入
	理科	血液循環	飲酒の衛生上に及ほす弊害

『小学校各種団体酒類密造矯正施設概況書』仙台税務監督局　1919(大正8)年

尋常科一学年から高等科二学年までの教授細目例が、示されているが、表8―1はその一部である。一学年の題目はカタカナで、六学年は漢字でと、学年を考慮した細目になっている。小学生から飲酒が健康を損ねたり、知力低下につながることを教えなければ、密造防止できないとの認識が根抵にあった。
鹿角郡長谷川尋常高等小学校は、一年では修身だけであるが、六年になると、国語・算術・理科と教科数が増え、遵法・酒造税と国庫収入・血液循環など、細目は高度になる(表8―2)。
次に教授細目を編入した小学校を県別に見ると、宮城県は七六パーセント、岩手県は六七パーセントなのに対し、秋田県は二三パーセントで相当低い。宮城では二郡が、岩手では

表－9　小学校教授細目に編入状況

県名	郡名	小学校数	編入小学校数	割合
宮城県	本吉郡	22	22	100.0
	登米郡	28	28	100.0
	栗原郡	48	38	79.2
	遠田郡	19	7	36.8
	志田郡	11	6	54.5
	玉造郡	10	5	50.0
	加美郡	9	6	66.7
	計	147	112	76.2
岩手県	岩手郡	36	11	30.6
	紫波郡	20	4	20.0
	稗貫郡	11	11	100.0
	和賀郡	42	30	71.4
	江刺郡	17	7	41.2
	胆沢郡	24	24	100.0
	西磐井郡	32	23	71.9
	東磐井郡	36	36	100.0
	計	218	146	67.0
秋田県	鹿角郡	20	10	50.0
	北秋田郡	38	3	7.9
	山本郡	38	3	7.9
	南秋田郡	56	13	23.2
	河辺郡	24	1	4.2
	由利郡	51	3	5.9
	仙北郡	67	10	14.9
	平鹿郡	29	22	75.9
	雄勝郡	38	19	50.0
	計	361	84	23.3
山形県	最上郡	37	6	16.2
総　計		763	348	45.6

『小学校各種団体酒類密造矯正施設概況書』
仙台税務監督局　1919(大正8)年

三郡が百パーセントなのに、秋田では平鹿郡の七六パーセントに、鹿角と雄勝の五〇パーセントが続くが、五〇パーセント以上はこの三郡だけで、北秋田・山本・由利・河辺の四郡は一〇パーセント以下である。一〇パーセント以下は一郡もない二県とは対照的である(表9)。犯則者が一番多い秋田県の活用率が低く、中でも「密造日本一」とも言われる「北秋田郡」が、県平均にも満たないのは、皮肉としかいいようがない。[14]

C　警察署の対応(「沿革誌」六八〇～六八二頁)

① 花輪署では、税務官吏が私服密偵を頻繁に行って巧妙な密造者を検挙し、警察は事前防止に努める。
② 大館署では、税務当局と密接に打ち合せをして、スパイに密造嫌疑者を調査させる。
③ 米内沢分署では、宴会を予め調査して不正酒使用の有無を取り調べ、また麹購入者の用途を調査し、使い方に差し障りなければ塩を混入した麹を販売するよう業者を指導し、さらに組合長に優遇方法を講ずるとした。優遇内容が記されていないが、警察分署で、町村長でもある組合長を優遇できるものか、些か疑問である。
④ 秋田署では、各管区内の巡査が四、五戸宛を監視し、町村吏員は税務当局と共に監視活動や講話を行うと同時に、麹製造者の帳簿に記載された購入者と使用用途を精査する。
⑤ 本荘署では、目的を達成した村には矯正旗一旒か矯正標一個を与え表彰する。
⑥ 矢島分署では、合同監視や講話を行うほか、町村有力家や各種団体により積極的な活動を促すと同時に、酒の供

給監視や酒の廉価供給のほか、犯則者の処罰を一層厳格化する。廉価供給出来ない警察が供給としたのは、町村有力者の酒造業者から協力を取り付けることができたからであろうか。
⑦ 大曲署では、月に一回か二回、駐在所の巡査が一斉取り締りを行うほか、講話や合同監視を行い、同時に町村の有力者の精神講話で目的を達成する。
⑧ 刈和野分署では、小区域で矯正訓話を行い、食事時刻に監視を兼ねて戸別訪問を実施する。また小学校では濁酒密造はいけないことを児童に教え込み、さらに消防組員や各種団体と協力して矯正に取組むと共に、税務官吏との合同監視を適宜行う。
⑨ 横手署では、矯正組合を往時の五人組制度と同様に運用し、組合規約を励行して相互に監視しあい、出来るだけ自治的な矯正を励行すると同時に、税務当局が優良村を品物で表彰することを要望した。税務当局と協議したうえでの表彰か、疑問が残る。
⑩ 西馬音内分署では、町村長や矯正委員の誠実な活動に加えて、精神講話や検挙を励行し、税務官吏の検挙には町村吏員か組合委員を必ず立ち会わせることや、検挙は有識者で資力ある者から着手することを求めている。
採られている二一の警察署・分署の約半数の警察署の対応を纏めたが、他の行政組織などと連携しての対応で、警察単独ではなく、「地域」あげての対応と見るべきなのかもしれない。税務署と協力し密偵調査したうえでの検挙、優良村の表彰、食事時の戸別訪問、連帯責任や相互監察の制度の活用など、対応は多様である。西馬音内では、町村長などの活動は不誠実と厳しく認識されている。[15] 検挙に町村吏員などの立ち会いや、資力ある有識者から検挙するよう、求めたのは注目される。

D 在郷軍人分会の活動（「沿革誌」六九一頁）

①　矯正事業に着手した村長を援け、その手足となって山野の捜索や矯正規約の実行に尽力し、矯正事業の著しい成果を挙げた分会。
②　消防組と連絡を取り会員を率いて山野を跋渉し、隠蔽濁酒を探索するなど密造根絶に取組み、矯正の実を挙げた分会。
③　会合のたびに、密造矯正の講話を行うだけではなく、戸別訪問も行い、密造酒の根絶に努めている分会。
このように在郷軍人会は、山野に隠匿されている密造酒の捜索と戸別訪問で成果をあげたとされる。

E　青年団の活動（「沿革誌」六九一～六九二頁）

昔の若衆や若勢等の集合団体とは違い、現代社会の一大勢力で、大きな潜勢力を有している青年団に期待して、次のような活動を紹介している。
①　毎年密造の多い時期に、時宜に適った注意書を毎戸に配布して、事前防止に尽力している青年団。
②　会合での酒を茶菓に改め、節酒を勧奨している青年団。
③　総会で選出された正副組長や補助員が、矯正区域を毎月一日と十五日に巡視するほか、正月、盆、田植、稲刈など特に密造の多い期節に、前もって注意喚起している青年団。
④　大正五年から団員が、警察官や税務官と共に密造捜索している青年団。
⑤　村内の投書函に密造嫌疑者を投函させることで、歯止めを掛けようとしている青年団。
青年団活動の一部であるが、狭い地域社会の中で警察などの捜索に協力したり、密造防止のためとはいえ、嫌疑者を投書させるなどは、青年団活動への信頼を損なうことになるのではとも思われる。

F　消防組の活動（「沿革誌」六九二頁）

消防組は、軍人分会や青年団と協力して活動し、成果をあげたようである。
① 組員が担当区域の山野捜索や戸別訪問などを行って、弊風改善に尽力している消防組。
② 村の疲弊要因を根本的に除去するには、密造弊風の矯正が前提であると考え、自らが戸別訪問して密造の弊害の大なるを説き、予防に努めた結果、従来の面目を一新できた消防組。
③ 組頭の指導で各分担区を決め、大正六年六月頃から明け方や夕暮れ時など飲酒時刻に戸別訪問したり、大勢で屋外監視をして密造の根絶を企図した消防組。
④ 春秋二回の演習時に、密造矯正に尽力すべきを訓示するほか、密造嫌疑者に時々警告を与えている消防組。
「沿革誌」は、成果向上のため各組織が競い合うような事例を、意図的に採録したようにも思える。

G 米酒交換と廉価供給（「沿革誌」六七三〜六七四頁）

一九一四（大正三）年九月の平鹿郡町村長会議で、米酒交換と廉価酒購買を密造防止策の柱の一つにすることが協議された。米酒交換は格安な酒を農民などに供給する方策の一つとして、「一九一一（明治四十四）年岩手県水沢税務署が地元農民有志と酒造業者にすすめて契約実施したのが初めといわれ」ている（『秋田県酒造史』〔本編〕一三六頁）。秋田の普及はその三年後になる。税務署の斡旋で、玄米一石と清酒一石の税金二〇円を支払って、上酒一石と交換するのが米酒交換で、酒造組合から卸売かそれよりも安い価格での購入が廉価販売で、それには町村長や矯正組合長の発行証明書が必要であった。
原料米を酒造会社に委託して濁酒を受け取る交換は、屑米などを有効活用出来るだけではなく、密造摘発のリスク回避にもなるので、農民にとって、経済上の負担が増しても、メリットがあった。だが、酒造会社が希望者の近くになければ、利用出来ない。秋田県の酒類製造戸数が、一九一六年から五年間で、二倍以上増えたのは、このためで

表-10　酒類製造戸数

単位＝石

西暦	酒造年度	製造戸数	清酒	濁酒	白酒	焼酎	味醂	計
1915	大正4年	148	69,728	14	43	637	77	70,499
1916	大正5年	147	95,661		58	678	37	96,434
1917	大正6年	321	115,111		55	861	57	116,084
1918	大正7年	336	127,078		68	870	55	128,071
1919	大正8年	355	145,287		73	1,218	60	146,638

酒造年度＝其の年の10月1日～翌年の9月30日
『秋田県統計書』第38回(勧業)
秋田県　1922(大正11)年

表－11　米酒交換と廉価販売

単位=合

県名	1916(T5)年									
	米酒交換					廉価供給				
	人員	割合	石数	割合	石数/人員	人員	割合	石数	割合	石数/人員
秋田	8,711	66.2	3,516.824	61.6	0.404	891	91.5	343.710	29.6	0.386
岩手	2,367	18.0	935.207	16.4	0.395					
宮城	1,579	12.0	890.400	15.6	0.564	83	8.5	816.000	70.4	9.831
山形	315	2.4	297.500	5.2	0.944					
青森	193	1.5	70.000	1.2	0.363					
福島										
計=A	13,165	100.0	5,709.931	100.0	0.434	974	100.0	1,159.710	100.0	1.191

県名	1917(T6)年									
	米酒交換					廉価供給				
	人員	割合	石数	割合	石数/人員	人員	割合	石数	割合	石数/人員
秋田	7,640	57.0	3,086.011	46.2	0.404	2,729	97.3	299.844	88.8	0.110
岩手	3,100	23.1	1,269.560	19.0	0.410	30	1.1	14.000	4.1	0.467
宮城	2,022	15.1	1,932.000	28.9	0.955	25	0.9	3.800	1.1	0.152
山形	340	2.5	289.000	4.3	0.850	20	0.7	20.000	5.9	1.000
青森	295	2.2	105.200	1.6	0.357					
福島										
計＝B	13,397	100.0	6,681.771	100.0	0.499	2,804	100.0	337.644	100.0	0.120
B/A	101.8		117.0			287.9		29.1		

『東北六県酒類密造矯正沿革誌』

表－12　米価交換と廉価供給

1918(大正7)年

市郡名	米酒交換					廉価販売				
	人員	割合	石数	割合	石数/人員	人員	割合	石数	割合	石数/人員
秋田										
南秋田	119	1.6	41	1.2	0.345					
河辺										
北秋田	395	5.3	311	9.1	0.787	1,540	41.9	460	74.2	0.299
山本	2,952	39.3	1,098	32.2	0.372					
由利	2,624	35.0	1,503	44.0	0.573	861	23.4	88	14.2	0.102
仙北	137	1.8	82	2.4	0.599	170	4.6	12	1.9	0.071
平鹿	103	1.4	35	1.0	0.340	365	9.9	12	1.9	0.033
雄勝	125	1.7	40	1.2	0.320	487	13.3	16	2.6	0.033
鹿角	1,050	14.0	305	8.9	0.290	250	6.8	32	5.2	0.128
計	7,505	100.0	3,415	100.0	0.455	3,673	100.0	620	100.0	0.169

『秋田県聯合酒類矯正会第四回総会記事』
秋田県連合酒類密造矯正会　1919(大正8)年

あったように思われる[16](表10)。矯正組合員による酒造家の周旋や、会員の酒造家の協力が、交換を推進したとも考えられる。

次に東北六県の普及状況を見る(表11)。交換の利用者が多いが、県により違いがある。青森では廉価契約者はおらず、福島にはこの制度の利用者はいない。契約者数は交換・廉価とも秋田が一番であるが、一人当たりで見ると、交換・廉価とも六県平均を下回り、中でも交換は山形や宮城の半分以下である。三年間で交換の契約者数は漸減、廉価は四倍増であるが、一人当たりでは交換は四斗から四斗五升と微増、廉価は三斗九升から一斗七升と五六パーセント減である。廉価契約者は交換契約者より貧しかったように思われる。

六県の交換石数は、一年間で一七パーセント増であるが、契約者数はほぼ同じである。廉価契約者数は二・九倍増

であるが、石数は前年の三〇パーセントを占めるに過ぎない。なかでも宮城県は、八一六石から四石と大激減である。(17)

秋田県内の契約者数は、交換が廉価の二倍であるが、郡により違いがある。交換は契約者・石数とも山本と由利が高く、北秋田は交換が少なく、廉価は多いが、一人当たり石数は、交換七斗九升、廉価三斗で、共に県平均の四斗六升、一斗七升を大きく上回っている(表12)。

秋田市と河辺は交換・廉価とも皆無で、南秋田は米酒は人員・石数とも一パーセント台で、廉価利用者はおらず、地域による違いは歴然としている。(18)

H　濁酒製造会社

①　北秋田郡長の内報

町村長が町村内の業者に需要額を届け出させ、それに見合うだけの濁酒を醸造させ、町村役場を通して供給することで、密造を防止しようとした。これは税務署長と町村長が協議したうえでの施策であったが、密造を却って増長させるとして、実行上の利弊が明白にならないうちに、税務署長が更迭され、中止となった。これを機に町村長の税務署への不信が増した。また間税官吏の捜索が厳しくなると、麹製造業者が麹に酒母など発酵料を加味して、密造者の便宜を謀っているという噂が流れ、税務署は麹の製造時期を制限するなど取り締りを強化した。だが他郡業者からの購入は十分に監視できず、郡内業者の利益が彼等に流れるとして、税務署への非難も見られるようになった。

密造者が必要な麹を上手に造れるようになり、当郡の犯則者数は国内最悪である。密造根絶には厳しい科罰で臨むだけだとして、一九一〇(明治四十三)年、郡内四ヶ所に間税官吏の分派所を設置し、犯則者の検挙を仮借なく行った。間税官吏は地方人民を畏怖させ、検挙された者は、「怪我セル由呆レタルコトヨ困ツタナ」と同情を寄せられ、慰められる一方、犯則者を容赦なく検挙する税務署は、過ちを反省させるどころか、彼らを追い込んで苦しませるだけだ

と、郡長が非難している。(19)

北秋田郡長は、一九一二(明治四十五)年七月三日、このように内務部長へ内報した。これに拠る限り、税務署長の更迭は、町村を通して濁酒供給を是認したためのように思われるが、濁酒の密造が禁止されているだけで、醸造が禁止されているわけではない。全国一、犯則者が多い北秋田郡で、現実的に取り得る防止策として打ち出したと思われるが、日の目を見ることはなかったようである。
② 仙北郡有志が、一九一二(明治四十五)年、仙北郡濁酒製造株式会社の創設を計画
その趣意書には、「従来濁酒製造は密造予防の策として秋田税務監督官が便宜上、其製造を禁止してから却って密造量を増し該禁侵犯者の数、年々増加するに」至りとある。

一九〇五(明治三十八)年の法律三号には、「第一種・酒精分二十度以下の清酒、濁酒などは、一石に付十五円」とあり、また三年後の法律一八号にも「第一種・酒精分二十度以下の清酒、濁酒などは、一石に付二十円」と、醸造会社での製造は禁止されてはいない。それにもかかわらず、税務監督官が便宜上禁止できる根拠はどこにあるのか、わからない。

さらに趣意書は、「我農工界の人民が濁酒以外で業務に発奮出来ないのは歴史的事実で、このため如何なる危険や犠牲を払おうとも密造し、数百の婦人や老人が犠牲となって監獄の労役留置所に繋がれるか、破産の惨事を忍んで罰金を上納している。この災難を防止し、農工界の荒廃の未然防止が発起人等の本心で、我等は私利私欲で会社創設を計画したのではない。発起人は極力許可が受けられるよう尽力するので、安心して加入申込されることを希望する」と続く。

十箇条からなる「仮規則」の要点は、次の通り。

一　本会社ヲ仙北郡濁酒製造株式会社ト称ス
二　本会社ノ資金ハ弐万五千円トス一株金五円総数五千株ヲ以テ組織ス
　但シ一項　壱人ニテ数株ヲ申込ムコトヲ得
　　二項　若シ同志人員超過ノ際ハ資金ヲ増額スルコトヲ得
三　造石高ハ一ヶ年壱千石以上トス
四　株主ニ限リ実費ニテ販売スルコト
十　税務署ガ指定セル監督技手ヲ置キ本会社ノ信用ヲ保証スルコト
「申込人ハ創立費トシテ一株ニ付五拾銭ヲ各自ノ町村役場へ納付セラルベシ（但シ解約者ハ該金額ノ返戻ヲ受クルコトヲ得ズ）」と附則にある。ここでも町村役場が創立費の受付窓口になっているから、町村と連携しての創立であったのかもしれない。[20]発起人と賛成者二〇人は、仙北郡内一三ヶ町村（居住町村不明五人、以下同）、一〇四人の申込人は、同郡内三三ヶ町村（不明六人）の居住者で、なかには一九一一（明治四十四）年の地租一一六七円納入者もいた。地租一〇〇円以上納入者は六九人、内一〇〇円～四〇〇円は二三人、五〇〇円～八〇〇円は四人で、町村指導者層の賛同を得ての創立といってよい。[21]
ところで一九一九（大正八）年十一月、大曲町で開催された第四回秋田県密造矯正会総会には、濁酒製造会社の一一人が出席している。[22]県議三名、発起人四名、加入希望者四名である。密造防止に積極的な彼らが、税務署に配慮し「監督技手」を置いて創設しようとしたこの「濁酒醸造会社」は創業できたようには思われない。
『秋田県統計書』では、一九〇四（明治三七）年の濁酒醸造石数一八二〇石が、一九一五（大正四）年には一四石と激減しているうえに、『同書』（大正五年、同七年）に採られている「工場一覧」にも濁酒会社は見られないからである。

表－13　1882(明治15)年と1912(明治45)年の清酒・濁酒の造石高

単位＝石

西暦	和暦	宮城県		岩手県		福島県		秋田県		青森県		山形県		6県		全国	
		清酒	濁酒	清酒	濁酒	清酒	濁酒	清酒	濁酒	清酒	濁酒	清酒	濁酒	清酒	濁酒	清酒	濁酒
1882	明治15年	53,375	1,032	41,113	1,659	76,874	228	53,174	2,260	59,981	1,292	76,838	44	361,355	6,515	3,063,969	35,020
1912	明治45年	64,168	76	55,772	292	106,331	8	67,523	1,069	62,973	207	89,407	169	446,174	1,821	4,129,009	16,858
1912年/1882年		120.2	7.4	135.7	17.6	138.3	3.5	127.0	47.3	105.0	16.0	116.4	384.1	123.5	28.0	134.8	48.1

『東北酒造概説』
仙台税務監督局　1931(昭和6)年

仙北郡濁酒製造株式会社の創業が計画された一九一二(明治四十五)年の秋田の濁酒醸造石高を、『東北酒造概説』[23]で見ると、わずか一〇六九石に過ぎない(表13)。一八八二(明治十五)年の石数、二二六〇石の半分にも達しない。因みに、清酒はこの間、五万三一七四石から六万七五二三石と約二七パーセント増加しているのにである。しかも石当たりの価格は、清酒は四六円であるのに、濁酒は四〇円と、六円も安いにもかかわらずである。[24]
東北五県の清濁酒の増減を見れば、各県とも清酒は五～三八パーセント、六県平均で二三パーセント増であるが、濁酒は山形を除いて五三～九六パーセント、六県平均で七二パーセント減となる。三八四パーセント増の山形は、四四石が一六九石になったからで、一八八二年の石数が少ないから、率が高くなったに過ぎない。
同書には全国の石数も採られているので、同じ観点で比較すると、清酒は三五パーセント増、濁酒は五二パーセント減で、秋田の濁酒の減少率は、全国とほぼ同じであるが、清酒の増加率は八ポイントほど低い。いずれにせよ、濁酒は激減、清酒は漸増という中での濁酒会社であったといえよう。清酒より安く、しかも需要が多い濁酒の多量供給は、税の増収に直結するはずである。先述の通り濁酒と清酒の税率は同じだからである。しかも創業計画立案者は、地域から犯則者を出さないことを使命とした地域有力者であった。創業できなかったのは、税務監督官が「便宜上」禁止したからだとも考えられるが、もうしそうだとすれば、法で是認されていることを、禁止できるのはなぜか、またそれに従ったように思われる理由も、わからない。仙北有志と北秋田郡の発想は殆ど同じで、密造根絶の現実的な施策として濁酒製造会社の創業を打ち出したものの、共に頓挫したようである。清酒は米酒交換や廉価販売が認められたのに、醸造業者から濁酒購入がなぜダメなのか、理解に苦しむが、同時に数字で見る限り、清酒の時代になっている時、濁酒会社の創業が、現実的であったか否かも検討に値する課題となる。

おわりに

増大する戦費の財源確保のため酒造税が増税され、自家用酒税法が廃止された。年末の十二月二十七日に、来年一月一日から廃止と、公布されても、藩政期から続く慣行を変えることは容易ではなかった。食用にならない屑米、二番米、荒米、砕米などを原料とした濁酒は、農民にとっては、食用ともいえるもので、食料自給にほかならなかった。清酒購入は経済的に難しく、飲めたのは密造濁酒であった。

一九一二(大正元)年、秋田県の検挙件数は全国の四八％占め、一九二五年になっても秋田魁新報が「濁酒の密造では秋田は日本一」との見出しを付けざるを得ない現状であった(十月二十四日)。全国一の汚名をそそぐだけではなく、病気、一家離散、離婚、火災など地域社会に深刻な問題を引き起こす密造防止のため、秋田県は税務署、警察署、在郷軍人会、青年団、消防組合のほか町村指導者層と連携して取り締りや矯正指導を強化した。他方、米酒交換や廉価販売など農民の実態に即した施策も、成果の向上には繋がらなかった。

若者にも浸透しつつある悪しき因習を、根本から断ち切るために小学校教授細目が示された。これを参考に小学校では、学年や地域の実状を考慮して課題を設定し教科に組んで、密造矯正の実をあげようとした。だが秋田の実施率は宮城、岩手に比すと相当低く、横堀分署に「学校ノ職員ノ活動ナキ」と、評価される所以であった。とりわけ「犯則者が日本一と認めざるを得ない北秋田郡」の導入率が極めて低いのは問題となるが、言及できる資料を今は持っていない。

仙台税務監督局や秋田県庁資料といった、取り締まる側が編集、作成した資料に依拠したため、例えば、濁酒製造会社が何故創業できなかったかなど、基本的な問題に言及できなかった。

濁酒製造会社の発起人の調査で、県や税務署との交渉の経緯がわかり、その中にこの問題解決のヒントが含まれている可能性はある。また知事や郡長といった県役人と、税務官吏の違いは、ある程度明らかに出来たように思われるが、それをより明確にするためには、やはり取り締まられる側の資料も検討する必要がある。取り締りの対象とされた側が、県と税務署の職務執行を、どのように受け止めたか、具体的な追究が求められる。県官吏はある程度、農漁村民の立場に理解を示しているが、それが彼等に通じたかを具体的に追究しなければならない。

犯則者の多数が細民であるので、彼らの資料は期待できないが、これは地域指導者層が等閑視できない問題であったので、追究できる資料は残されているように思われる。地域から多数の犯則者を出すことは、密造矯正会員でもあった指導者層にとって、不名誉なことであった。矯正会は有力者同士を競わせているから、名誉をかけて成果の向上に努めたものと思われ、その経緯を示した資料は期待できる。

さらに先述した病気・一家離散・逃亡・縊死のほか、火災などを、濁酒との関係だけで見てもいいのか、他の要因はなかったたか、個別具体的に追究することも重要である。

今後は、「沿革誌」など官側の資料と、民の資料を批判的に検討することで、この課題の見直しが課題となる。さらにほかの資料との照合が必要な統計数字を、そのまま使用したが、これも再検討の課題となる。

なお本稿では、一九一六(大正五)年、秋田県河辺郡船岡村字描の沢で、密造酒の摘発に入村した税務署員と村民の

間にトラブルが発生し、署員四人が重軽傷を負った「猫の沢事件」は、取り上げなかった。(25)

註

(1)「一　酒税と自家用酒醸造」の項の「酒造税則附則」を参照。
(2)『秋田県酒造史』(本編)(秋田県酒造組合、一九八八年)は、一九七二(昭和四十七)年まで、検挙件数をあげているが、ここでは、件数のほか、罰金額も採っている『酒類密造に関する統計』(仙台税務監督局、一九三七(昭和十二)年を資料として作表した。
(3)確かに減ってはいるが、それ以降も秋田一県で、件数五〇パーセント以上が七回、罰金額では一二回もあり、この評価でよいか問題は残る。
(4)「東北六県酒類密造矯正沿革誌」(『日本庶民生活史料集成』第21巻(村落共同体)三一書房、一九七四年)六〇八頁。以下「沿革誌」と略記する。
(5)『明治財政史』(明治財政史編纂会、一九〇四年)、二三二頁。
(6)神戸大学附属図書館「新聞記事文庫」。
(7)『秋田県報』四四、複〇〇〇七四〇、秋田県公文書館所蔵。
(8)『青森県総覧』(東奥日報社、一九二八(昭和三)年)には、「大典の際の調査では、百歳以上岩手県五人、青森県と山形県が三人、宮城県と山形県が一人で、秋田は一人もいない。」と記されている。また青森が東北一でなかったことを惜しんでか、「大正九年東奥日報一万号の際の調査では、百歳以上六名であった。」と記している。一〇八五頁。国立国会図書館「近代デジタルライブラリー」
(9)「フーゼル油が人体に及ぼす最も著しい中毒作用は、神経系統を刺激すること、殊に脳神経を麻痺させて眩揮を催さしめる事と、又胃腸内に於ては其の粘膜に刺激を与へ、胃腸内壁にカタール症欺を起さしめて、頑強な消化不良を惹き起す事とであります。」(『酒類密造矯正施設一般』仙台税務監督局、一九三六年)、三五〜三六頁。
(10)「濁酒醸造許可ニ関シ内申書類」(秋田県公文書館所蔵、九三〇一〇三一〇七四八四、一九一三(大正二)年)には、山本郡長の内報は採られていない。
(11)(12)(19)(20)「濁酒醸造許可ニ関シ内申書類」。
(13)藤原隆男氏は、北秋田・平鹿・由利・雄勝、四郡農会の密造論理を紹介している。「大正期東北地方の濁酒密造と密造防止策」(『酒史研究』二三号、酒史学会、二〇〇六年)。
(14)由利や河辺の導入率は、検挙者数や罰金額との関係で見る必要がある。山形は最上郡だけなので、言及しなかったが、これも同様である。山形は東北六県で二つとも最少である。表1参照。
(15)横堀分署でも「町村長学校ノ職員ノ活動ナキヲ以テ」と認識している(「沿革誌」)。
(16)ただこれは清酒だけの戸数ではない。だが、石数は焼酎を除けば、この間の石数が殆ど変わらないので、これを清酒製造戸数の増加と見てもいいように思われる。
(17)一年でこれほど激減したか、他の資料での検証が必要。
(18)郡別の差が何によるものか、言及できなかった。
(21)『秋田名誉鑑』渡辺真英編、秋田名誉鑑発行所、一九一一(明治四十四)年、一九三〜二四二頁。
(22)「秋田県連合酒類密造矯正会第四回総会記事」(秋田県連合酒類密造矯正会、一九一九年)、三四〜三八頁。
(23)仙台税務監督局、一九三一(昭和六)年。一六三〜一八五頁、一九一〜一九三頁。国立国会図書館「近代デジタルライブラリー」
(24)清酒価格は、『秋田県統計書』の「日用品ノ平均相場」や「秋田市物価累年比較」に記されているが、濁酒は、管見の限り掲載されていない。それで、濁酒会社の創業が計画された一九一二年の清濁酒の価格を製造石高で除して、価格を算出した。
(25)これについては、真壁仁『東北農民濁酒密造記』〈ドキュメント日本人7(無告の民)〉(学芸書林、一九六九年)、長山幹丸『どぶろく物語　密造王国秋田のどぶろく史』(秋田文化出版社、一九七七年)、野添憲治・真壁仁編著『どぶろくと抵抗』(たいまつ社、一九七七年)、内薗惟幾「税務職員の殉難小史：酒類密造等の沿革と併せて」(『税務大学校論叢』一二号、一九七八年)、藤原隆男、前掲論文、「沿革誌」、五五九〜五六一頁。

在郷城下町増田の成立と発展
――重要伝統的建造物群保存地区の歴史的基盤――

脇野　博

はじめに

二〇一三年十二月二十七日、横手市増田町の増田字本町、字田町、字中町及び字七日町の各一部が文化庁の重要伝統的建造物群保存地区（重伝建）に指定された。増田が重伝建に指定されたのは、増田が近世から近代にかけて栄えた在郷町で、近世期に発展した町割を良く残し、通りに沿って重厚な切妻造妻入形式の主屋が建ち並び、主屋とその背面に接続する鞘付土蔵によって雪国に対応した、地方的特色を良く示す東北地方では数少ない、商家の町並みを良く残すからであった。

さて、増田が近世からこの地域の流通拠点としての地位を占めてきたことは、これまでの諸研究や『秋田県史』、『増田町史』などによって明らかにされてきたが、(1) 増田の町の成立や町割などについてはあまり触れられることはなく、今回の重伝建指定によって町割について解明が進み、近世の増田の町の構造もある程度明らかになった。重伝建指定に際し、近世期に発展した町割が良く残されていたということは、言い換えれば近世の景観が残されていたということでもある。そこで、今回の増田の重伝建指定に先だって行われた、増田の伝統的建造物群保存地区調査の成果から近世増田の在郷城下町としての特徴を考えてみたい(2)。なお、城下町として成立したが、その後在郷町として存在した町を、筆者は在郷城下町と称することにする。

一　城下町増田の成立

増田は、雄物川支流であり奥羽山脈を源とする成瀬川と皆瀬川の沖積低地の両川が合流する横手盆地の東南部に位置する。町の西側は平野部で古くから田園地帯として開け、東側は奥羽山脈を後背地とし、焼石岳などの一〇〇〇メートル級の山岳地帯を越えると岩手県奥州市である。このように、増田は奥羽山脈を源流とする河川が山岳地帯から平野部に流れ出る、山間地帯と平野部の接点に成立した町であるゆえ、町の自然環境は河川、山間部、平野部のそれぞれの特色を有し、それは農業や産業、流通活動に大きな影響を及ぼしてきた。また、気候は寒暖の差が激しい盆地型の気候であるとともに、雪が降りやすい地形のため、秋田県下でも有数の豪雪地帯である。豪雪は雪解け水として豊富な水をこの地域に供給し、また多量のミネラルを含んだ雪解け水は肥沃な耕地を生み、稲作など優良な農作物栽培に適しており、古くから農業を発展させる基盤となった。

増田城(土肥城)は貞治年間(一三六二～六七年)に、三又城(湯沢市)の城主小笠原義冬により築城され、室町期から応仁・戦国期にかけて城主が小笠原氏から土肥氏に交代する。その後、天正十八(一五九〇)年に豊臣秀吉の命令で諸国の城が廃城されるなか、増田城は廃城されず、慶長七(一六〇二)年の佐竹氏入部後も存続し、「一国一城令」により元和六(一六二〇)年に廃城になったといわれている。このように、増田城は戦国期から近世初期まで平鹿郡内の枢要な政治的拠点の一つであり、増田は一四世紀以降この地域において重要な位置を占めていた。

特に、入部後の佐竹氏は領内の反佐竹勢力を制圧し、また隣藩に備えるため旧城や要地に駐屯部隊を配置した。増田にも駐屯部隊が置かれ、佐竹氏(佐竹東家)が入った。享保十五(一七三〇)年の『六郡郡邑記』(3)には「前沢筑後入道藝球受け取り也、暫く東将監義堅を居しむ」とあり、佐竹義賢が増田城に居城していた。また、佐竹一族である今宮摂津守道義ら今宮一族も駐屯しており、佐竹氏にとって増田は重要な戦略的拠点であった。したがって、増田城は少なくとも戦国期から近世初期まで実際に城として存在し、その周辺は城下町としての機能を果たしたと考えられる。

それでは、増田城下にはいつごろ町が成立したのであろうか。『六郡郡邑記』にも「村始不知」と、増田村の成立については不明であり、増田村とその町の成立を直接示す史料は現時点では残っていないが、後述するように少なくても寛永二十(一六四三)年には町が存在していたことを確認できる。おそらく、町の成立はこれよりもさかのぼると思われるが、それを示す史料は今のところ確認されていない。しかし、文政九(一八二六)年の菅江真澄『雪の出羽路』平鹿郡十巻(4)にある神明宮についての次の記述は、増田の城下町が古くからあったことを示唆している。

神明ノ社なンど、もとも流の末にしか齋キ祭るべき御神にあらざンなる事ながら、此御社はいにしへ土肥家栄えたりし世には、二井田村の御社なりしよしをいへり。うべうべしき物語也。其世は二井田あたりは城下にして、某町、某町とて町あり、今も鉄包町の名のみ残るをもても知るべし。

すなわち、土肥氏が栄えた当時、二井田(現横手市十文字町仁井田)あたりは城下で、某町、某町という町があり、そのことは今も鉄包町という名が残っていることからもわかる、と真澄は述べており、土肥氏が増田城主であった一五世紀半ばから一六世紀末(天正十八年に土肥氏は増田から離れる)にかけて、二井田も増田城の城下町であったことを示唆している。また、『安倍五郎兵衛翁郷土物語』(5)にも「二井田ハ、元新田ト書ケリ。増田ノ新ラシキ開墾地トイフ

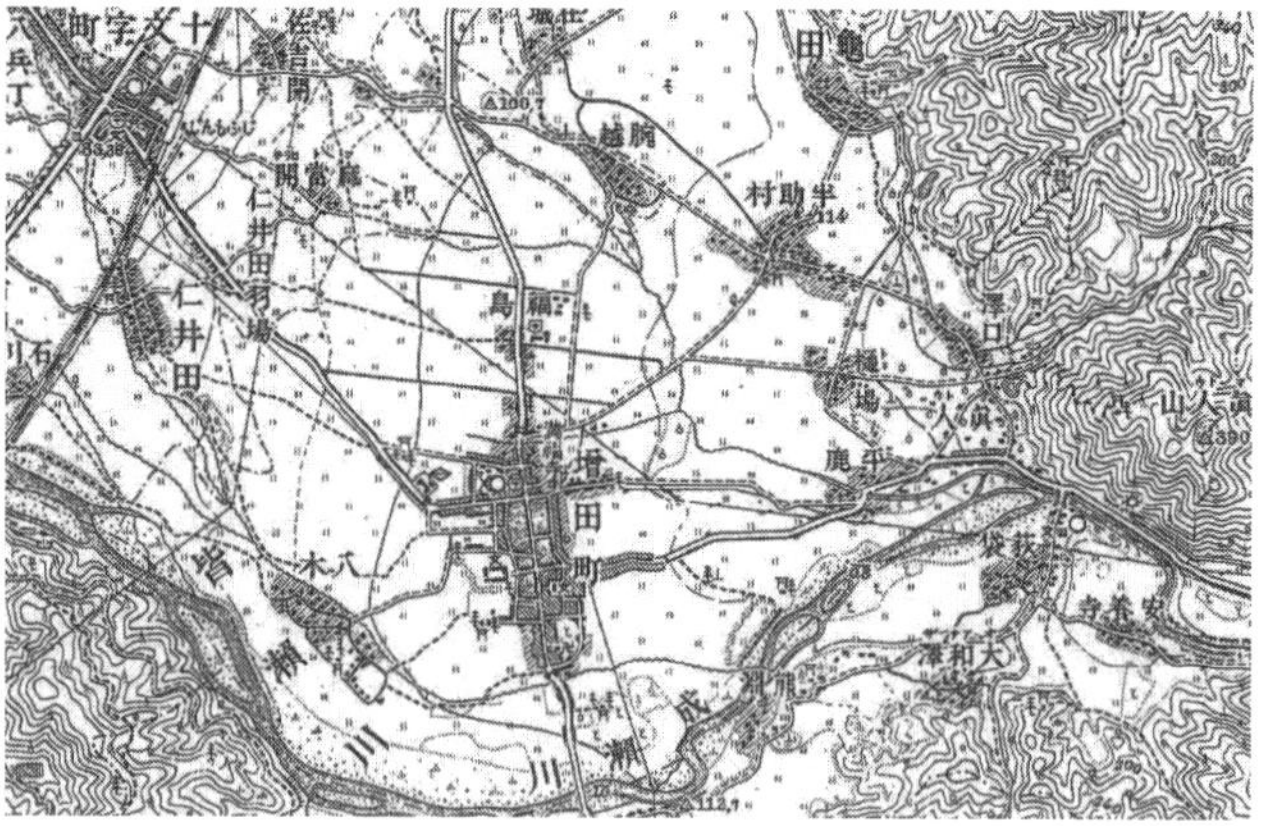

図1　大正期の増田周辺地図

意味ナルベシ。土肥氏、増田土肥舘ニ居城ノ時ハ、ソノ城内ニシテ、鉄砲組ノ一隊駐屯シタル所ナリ。」（一六頁）とあり、二井田は新しく開墾され増田城の城下に組み込まれた地区であったことがわかる。

現在の地図にも、仁井田地区には町頭、町西、町東という地名が残っており、これらの地名は二井田が城下町であった当時の名残と考えることができる。それゆえ、土肥氏が居城した戦国期に増田城から少し離れた新規開墾の新田地帯にも町が形成されたのであるならば、増田城直下にも城下町が存在した可能性は高く、近世以前から増田城の周りに城下町が形成されていたと考えるのが妥当であろう（図1）。

また、『六郡郡邑記』や『雪の出羽路』によると、近世の増田村は寄郷一〇ヶ村（縫殿村、八木村、二井田村、古内村、新関村、新古内村、腕越村、上亀田村、下亀田村、明沢村）の親郷で、寄郷を取りまとめる村であった。寄郷はもともとは増田村の住民が新しく開発した土地で枝郷と呼ばれ、後に独立して寄郷と呼ばれるようになった。それゆえ、寄郷は増田村の一部と言ってもよい村であり、二井田村が増田村の寄郷であったことは、二井田は増田の一部であったことを意味している。

さて、近世の増田は秋田藩南部地域の交通の要衝として、また商品流通の拠点として発展した。当時の増田は行政上は増田村という村であったが、後述するように藩公認の市があり、秋田藩政下では事実上の町として位置づけられていた。『雪の出羽路』平鹿郡十巻には増田の町について次の記述がある。

○増田ノ肆坊は○本ト町　東西に通路也○田町　南北に往来せり○新ン町チ　東西に通ふ也○中カ町チ　南北に往来す○七日町　共ニ同ジ○四屋小路　東西往来○上ミ町チ　中町より七日町、上町と続て中に小路あり　是を七町といふ也。

図2　増田城趾（土肥館）

増田の町は一九世紀前半の文政期には、本町、田町、新町、中町、七日町、上町、四屋小路（四ッ谷）の七町があり、この当時の増田村は家数三四八軒、人数一五三八人であった。寛文三（一六六三）年八月十日「増田通用引潰証文写」[6]には「その頃増田は百軒位よりほかは御座無く」とあり、享保十五（一七三〇）年の『六郡郡邑記』には「家数三百三軒」とあることから、家数は一七世紀半ば頃は一〇〇軒ほど、一八世紀前半には三〇〇軒ほどであり、一七世紀後半から一八世紀にかけて増田村では家数が大きく増加し、この時期に町として発展したことがわかる。そして、増田が城下町として成立するきっかけになった増田城は破却後も城跡として残り、『雪の出羽路』平鹿郡十巻には一九世紀前半の城跡のスケッチが載っている（図2）。なお、『六郡郡邑記』にはこの城跡の大きさについて、「村南の方古城有り、西東百二十八歩程、北南百三十歩程、土居築の跡有」と記されている。

二　町の成立と町割

さて、秋田藩において村ではあるが定期市を公認されているところとして、平鹿郡では浅舞村・沼館村・大森村、他郡では稲庭村・角間川村・六郷高野村・大曲村などがあり、増田村もこのうちの一つであった。

現在も増田の朝市として知られる増田の定期市は、東福寺村（現湯沢市駒形町）の阿部金兵衛の残した『年代記』の次の記述から、寛永二十（一六四三）年に始まったと考えられている。[7]

寛永癸未二十年増田町始、延宝丙辰四年稲庭町始る。

この記述には「増田町始」という文言があり、この文言は増田に町が成立したと解釈すべきであろう。一方、この記述には市が始まったと直接書かれているわけではないが、これまでこの記述は定期市の始まりを意味すると考えられてきた。つまり、町の成立と市の成立が同等視されてきたのであるが、その根拠は明白に示されてきたわけではなかった。そこで、町と市の関係を考えるにあたって、増田村の市をめぐる百姓たちの嘆願に注目したい。

秋田藩は寛文三（一六六三）年に増田の市を廃止して、石成村（現横手市平鹿町）に定期市を設けようとした。しかし、増田村や周辺の村が反対し、藩に嘆願して廃止を免れた。このときの嘆願の経緯を記した文書が、次に示す前出の寛文三年八月十日「増田通用引潰証文写」である。

（前略）増田村御運上の内、町役相渡し相違御座無く候、（中略）其の頃石成村仰せ付けられ、増田通用引き潰し仰せ付けられ、いかん共致し方御座無く候。拠なく田子内沢目八ケ村へ五郎兵衛殿・八右衛門殿・九右衛門殿三人共越し八ケ村へ願い申し候。右八ケ村相談仕り候。久保田指し登り、田子内善右衛門・正兵衛・武右衛門そのほか手倉正左衛門・椿台藤五郎の五人へ久保田御登り願い上げ候え共、御上の御沙汰相究り候処にまかり登り大いに難儀仕り、色々願い上げ候え共、一切取り受け御座無く、押して願い上げ候えば、御上より不とど届き仰せ付けられ、色々御訴訟申し上げ候え共一切取り受け御座無き故、拠なく武左衛門夜通しまかり帰り、両山御山方へ右の通り御上へ御願い上げ仕り候て、漸く町に仕る。その頃増田は百軒位よりほかは御座無く、惣百姓中一統に成り候て、町役永々取り申す間敷く願い上げ、増田の者共地に首をつけ誠に拝み奉り候。此の向き向き一銭成共請け取り申し候旨申し候人御座候はば、右村に指し置き申し間敷く候と八ケ村に口堅め仕り、万一右役受け取り申す旨申し候えば、右町引き潰し申す筈の約束相違御座無く候(後略)
寛文三年卯八月十日
増田村　五郎兵衛惣百姓中
田子内村　正兵衛殿
手倉村　正左衛門殿
椿台村　藤五之助殿
猿半内村(名前相知り申さず候)

この文書によれば、成瀬川上流域の山間部に位置する田子内村、手倉村、椿台村など八ヶ村は増田の市で産物を販売し、その代りに増田村に市場税である「町役」を納めてきたが、増田は八ヶ村に対して嘆願に協力してもらった条件として、今後は「町役」を徴収しないことを約束した。増田は「増田村」とあるように、制度上は村であったが、藩から定期市を公認された村であり、それにともない「町役」と称した市場税の徴収も認められていたのである。つまり、市における市場税が町役と称されていたことから、市と町が同等視され、当時の人々には市＝町と認識されていたことがわかる。したがって、先の『年代記』の「寛永癸未二十年増田町始」という記述は、増田の定期市が寛永二十年に成立したことをも意味している。

一方、増田の市が立った日については、まず享保十五（一七三〇）年の『六郡郡邑記』には「市日三日、七日、十三日、十七日、廿三日、廿七日」と記されている。また、文政九（一八二六）年の『雪の出羽路』平鹿郡十巻は次のように記している。

〇市肆　古は三七ノ日に立しが、今は二五九に定れり。本ト町、田町、中町、七日町、上町、此五町ぞ肆ぬ。七月五日は止て、七日に本町に立こそ古へざまならめ。

これによれば、もともと市の立つ日は三と七のつく日に開催する六斎市であったが、一九世紀前半の文政期頃は二、五、九のつく日に開催する九斎市へ変わったことがわかる。また、七月七日に本町に市が立つことが昔の本来の姿であると述べられていることから、もともと市は本町で開設され、その後本町に加え、田町・中町・七日町・上町の五町で開かれるようになり、文化・文政期には新町・四屋小路（四ツ谷）を加えた七町に広がったと推測できる。以上のことから、増田では寛永二十年以降に本町、田町、中町、七日町、上町の五町が成立し、その後に新町、四屋小路（四ツ谷）が加わったと考えられる。

また、宝暦二（一七五二）年に描かれた絵図[8]（図3）によれば、本町、田町、中町、七日町、上町、新町、四ツ谷の町並みと古城が描かれ、本町の西側から北西、二井田村方面に街道が延びており、現在の地名である土肥館に描かれた「古城」が増田城跡である。この絵図から、増田の城下町は増田城の北側、二井田村を経て羽州街道につながる街道沿いに本町が建設されたことがわかる。なお、『雪の出羽路』平鹿郡十巻の二井田村から増田村を俯瞰した絵図（図

4）には「増田村ノ入口」が記されており、本町の二井田村側が増田村の入口（絵図の真中左下側）であったことがわかる。これらのことから、増田の城下町は最初に本町が建設され、その後本町と直交する形で田町、中町、七日町、上

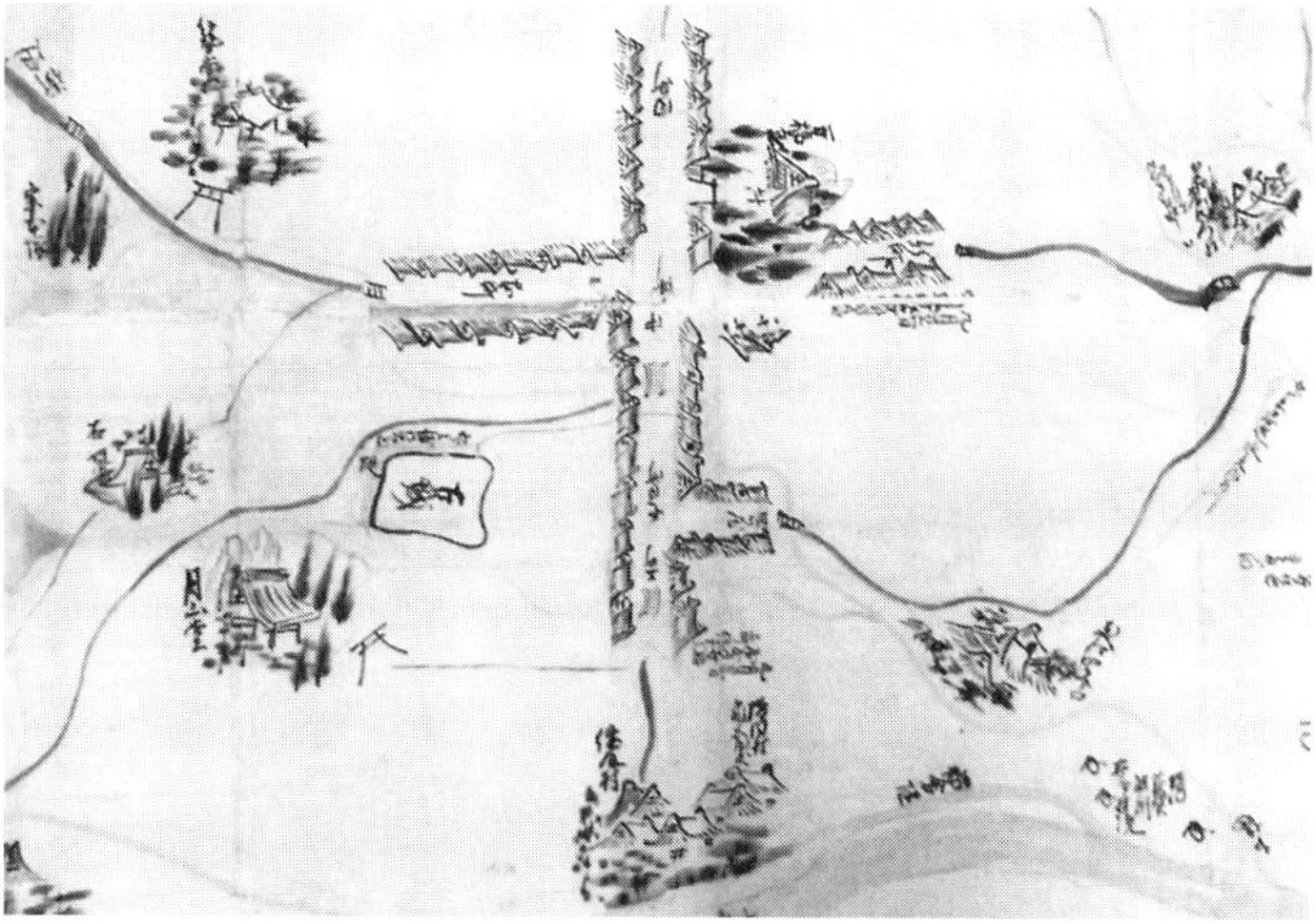

図３　宝暦２年絵図

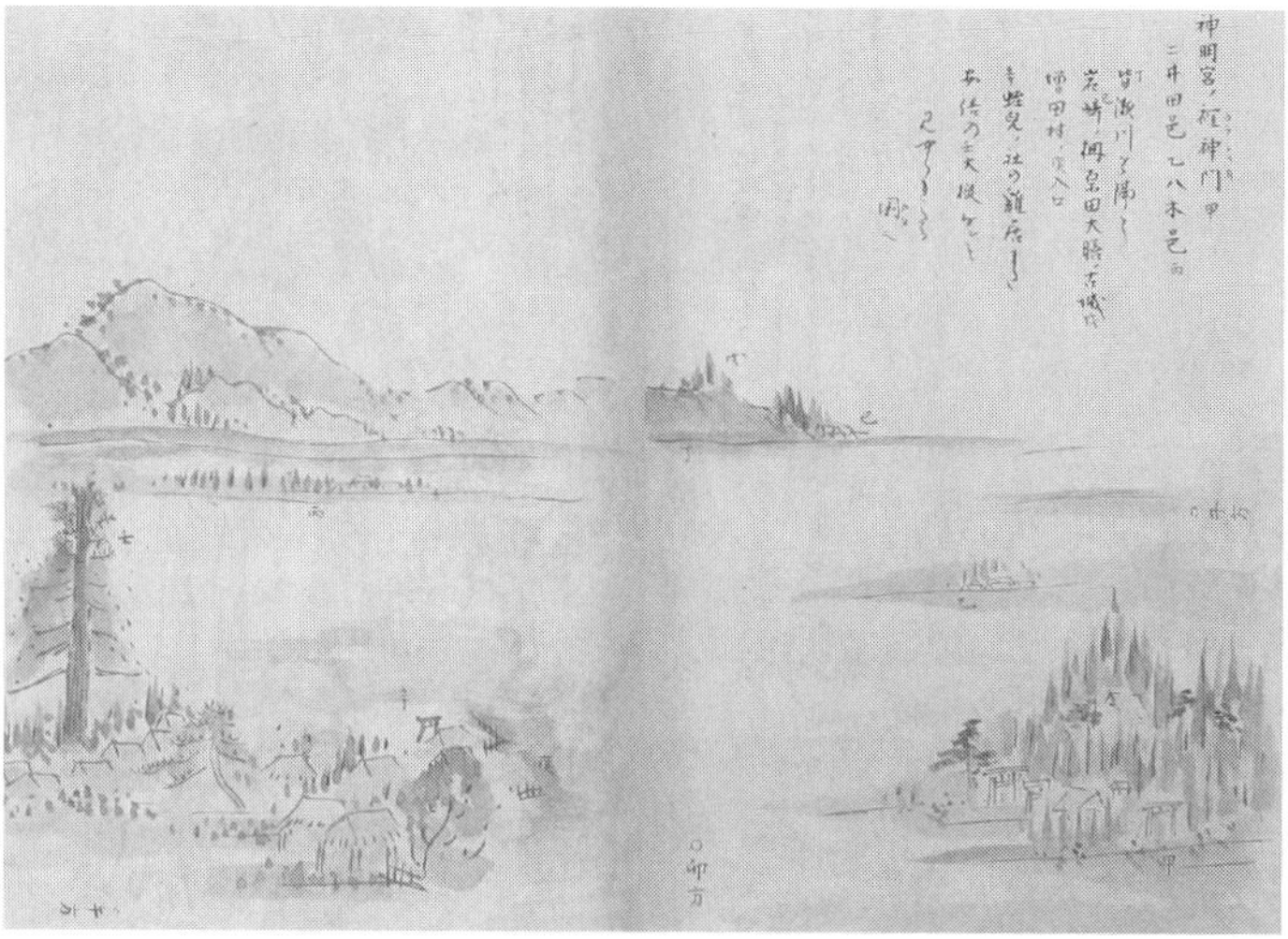

図４　増田村の入口

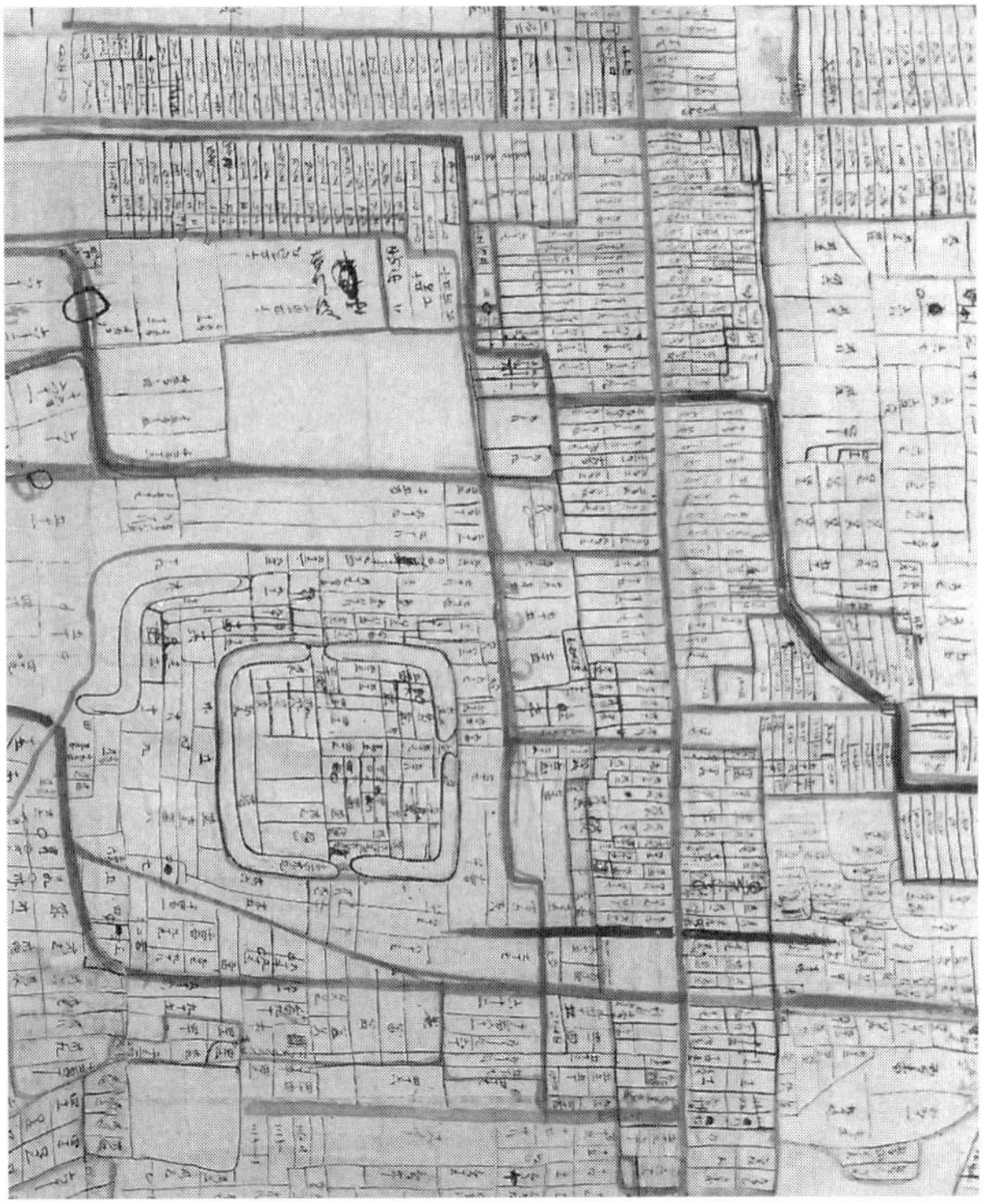

図5　明治十年絵図

町が建設されたと考えられる。

他方、近世の町割がわかる史料はこれまでのところ見つかっていないが、明治十(一八七七)年頃に描かれた絵図[9](図5)から近世の町割が推定できる。図3の絵図と比べると、図5にも古城(増田城)跡が描かれており、城趾の内と周辺は耕作地になっていたことがわかる。また、本町などの各町は通りに沿ってその両側に短冊状に屋敷地が配置されていたことがわかる。

次に、一七世紀後半に他郷から増田への商人の出入りが活発化したため、市をめぐって問題が生じた。そのときの天和二(一六八二)年「市日口上写」[10]から当時の市のようすについて見ておこう。


当町六日の市毎に、去る秋中より浅舞・横手方より商人ふと物・小間物類町中家々にせり売り仕り申し候。夫れに就き当町淋敷くまかり成り、その上当地商人共先々より売り掛け等も一切調え申さず、もっとも商用も御座無く迷惑に存じ奉り候。右の段、先年の通り其の市の立つ前にかけ見せ成り共、又は平見せに成り共まかり有り候て、商用仕り模様に仰せ付け下さるべく候。
一、当町立敷のほかに見せ掛けまかり有り候者に候。見せちん通りに取られ申し候間、当地の商人共自ら是れ以後何見せにまかり有り候共、此の末方々より参り候商人、その東にいさば商人、その次あお物売りまかり有り候様に、御町中仰せ渡され下されればと一応存じ奉り候。右の通り御尋ねの上、口上にて申し上げべく候（後略）
右の口上の記述によれば、浅舞や横手の商人が太物（呉服）や小間物などを、直接家々を訪問して販売するため、市が閑散としてしまい、市の商人たちの商売が低迷したために、出入りの商人も市で販売するように申し渡して欲しいと増田の商人たちが述べている。また、市の商人は場所代である「見せちん」（見世賃）を納めてきたので、市の販売場所取りは他郷からの出入り商人は端っこで、その東側に魚売り（いさば商人）、その次は野菜売り（あお物売り）という順番にするように申し渡して欲しいとも述べている。

さて、この口上には「かけ見せ」（掛

表1　正徳2年の見世賃

商品名	見世賃(文)
木綿見世1間	15
同せっき	60
小間物見世1間	8
同せっき	50
五十魚(いさば)見世1間	20
同せっき	60
とふや(豆腐屋)前戸平1枚	20～15、10まで見合
同せっき	60
立売四人売	8
同せっき	25
いわし売	8
同せっき	25
塩売	10
同せっき	25
たばこ売方々より参り候分	10
同せっき	25
いなはき(にわむしろ) 10枚	5
縄一束	2
木綿とき分売	10
同せっき	50～40
青物売	2～5まで見合
ひもの売	5、10まで見合
同せっき	30～40
瀬戸物立売	5
同せっき	20
ほかしわた売	10
同せっき	15
木綿内見世	5～3まで見合
同せっき	50～15
五十魚内見世	15～5まで見合
同せっき	60～50、40まで

正徳2年(1712)「見世賃取覚」(増田郷土資料館蔵)より作成。

け見世)、「平見せ」(平見世)、「立敷」という販売形態が記されている。また、販売形態については、正徳二(一七一二)年の「見世賃取覚」[11]にも詳しいので、これを表1にまとめたが、これによれば「見世」、「立売」、「内見世」、「前戸平」という販売形態があった。これらの形態は、「立敷」・「立売」は立って売る、「平見せ」・「前戸平」は板に並べる、「かけ見せ」・「内見世」は仮店舗、「見世」は常設店舗を示していると思われ、市の開催日に出店する店の他に、市の開催日に関わりなく商売を行っている店舗が存在したといえよう。

また、見世賃は販売者から徴収した市場税のことで、前述した寛文期の市場税であった「町役」の名称が変化したものと考えられる。見世賃は見世＝店の規模(間口の広さ)、市の開催される時期などによって異なった。特に、「せつき」は「節季」のことで、見世賃も普段の二〜三倍になっていることから、この時期には市がたいそうにぎわっていたことがわかる。以上のことから、増田の各町においては一七世紀後半以降、常設店舗も存在するようになり、近世の町割が形をなしつつあったと考えられる。

一方、横手盆地の東南部に位置する増田は、古くから雄物川支流である成瀬川と皆瀬川の利水による農業も生産基盤としてきた。湧水の利用の他、河川取水による開田は中世から進められ、室町から戦国末期にかけて小野寺氏などの支城が置かれていたことは、周辺にそれを支える集落があり、耕地の開発も進められていたことを意味しており、その開発は成瀬川などからの取水なしには不可能であったと考えられる。特に、近世に入ってからは新田開発も含めて耕地の開墾が積極的に進められ、それは同時に用水路の開発・整備でもあり、近世の増田村成立に大きな役割を果たした用水路は上堰(新関)と下タ堰(下関)であった。

下タ堰は近世以前の戦国期にすでに農業用水として利用されていたと考えられている。下タ堰は増田村の中心部を流れ、またその水は増田城の堀の水としても活用された。そのため近世には「本田堰」とも呼ばれ、下タ堰は慶長八

(一六〇三)年の先竿検地時にすでに開発されていた田地(本田)への用水堰であった。上堰は佐竹氏入部以降の慶長期に開削された用水路であり、安倍五郎兵衛家が工事費用を負担して造った新田用の堰であった。安倍家は慶長二十(一六一五)年に増田城の周囲の荒地を開墾することを許可され、その後三〇〇石弱の新田を開発した。この開発のために、成瀬川に取水口をもつ新堰を開き、その堰水を利用して新田を開発したといえよう。以上のように、この二つの堰が増田村の農業用水路の幹線であり、その後この幹線からさらに堰が枝分かれして水路が開削されたが、それは増田の農業がさらに発展したことを示している。このように、増田村は農業生産を基盤にする農村でもあり、戦国期から近世初頭にかけて増田城の城下町として成立した商業機能を主とする町も擁したことを考慮すると、近世の増田は城下町から成立した在郷町、すなわち在郷城下町としてとらえることができよう。

三　近代の増田

近世の増田は、交通の要衝として、また成瀬川上流域の山間村落との交易によって、この地域の商品流通の中心地として発展した。城下町として成立した増田は、近世を通じて秋田県南地域の流通拠点の一つとして展開し、明治維新後は近代化のもとで諸産業における改良や新しい事業の勃興などで発展した。増田村は明治二十二(一八八九)年に亀田村、八木村と合併し、明治二十八(一八九五)年には町制を施行して増田町となった。

増田の在来産業である稲作における馬耕の導入や養蚕、木綿、煙草など、近世から続けられてきた農業において農事改良が大きく進展し、近世的生産からの脱皮に大きな努力が払われた。また、商家による土地の集積も進展し、商家と周辺地域の農民との関係の深まりとともに、商家の影響力が広範囲な地域に及ぶようになった。こうした増田とその周辺地域における在来産業の発展は、増田の商業や金融を活性化させ、たばこ会社や電力会社をはじめとする企業や、銀行の設立という新事業を生み出した。明治二十八(一八九五)年には増田銀行(現在の北都銀行の前身)が設立され、明治三十二(一八九九)年に羽後葉煙草合資会社、明治三十六(一九〇三)年に合資会社長坂商店、明治四十一(一九〇八)年に増田製陶合資会社、明治四十三(一九一〇)年に増田水力電気会社などの地場資本の企業が設立された。
一方、明治三十八(一九〇五)年に奥羽線が開通し、大正期に入ると横荘鉄道、横黒線(現在の北上線)が開通することによって横手町が秋田県南部の交通の中心地になり、他方で雄物川の舟運が衰退したため、増田の近世以来の交通や運輸は大きな変化を余儀なくされた。また、増田周辺の地域市場は全国市場に組み込まれ、在来産業を全国的な競争にさらされることになり、増田の農業や商業・流通は他地域との共存と競争のもとで展開していった。こうした明治維新後の近代化のもとで、増田の市は明治九(一八七六)年に次のように、七日町と中町で隔日に開催するとともに秋田県に納税することになり、(12)市は近代以降も存続することになった。

当村従前より諸市場に御座候に付、今般御触示に拠り、自今字七日町、中町江隔日之市場に仕、年々納期之節税金上納可仕候間、地限御確定之上御許可被成下度、依該市場壱ケ年間売買金高見積書、近傍故障無之書付併絵図面相添、此段奉願候、以上
明治九年九月九日
第六大区六小区　平鹿郡増田村
伍　長　松浦　彦吉　印
同　　　石田幸之助　印
伍長総代　佐藤多三郎　印

秋田県権令　石田英吉殿
書面願之趣聞届候条、該場に於て一ケ年間売買見積高之税金半額五拾銭、県税係江可相納、地限之儀は追而実地検査之上確定可致、夫迄之所は絵図面之ケ処限差許候条、従来之差繰不相成様可取計、尤出売人共より過当之地子銭等申請候儀は堅不相成候事、但願済之趣、其区警察分屯所江可相届候事
（指令朱書）
明治九年十一月六日
穐田県権令　石田英吉　印
このように七日町と中町で市を開催することとなったことは、明治の初め頃には七日町と中町が増田の商業地の中心地になっていたことを意味し、さらにその後もこの両町が商業地の中核として発展していった。
他方、増田の商業は諸産業の発展によってさらに活性化した。増田が属した旧平鹿郡は、雄勝郡についで養蚕の盛んな土地で、蚕の飼育者が一番多いのは増田村と横手町であった。養蚕は盛んであったが、蚕の病気など養蚕経営には困難がともなっていた。そこで、養蚕の改善を目指してさまざまな取り組みが行われ、明治二十一（一八八一）年には増田村で養蚕農家である長坂又兵衛が私立蚕種検査所の設立を秋田県に願い出た。この検査所の目的は微粒子病予防による蚕種の改良であった。このほか、長坂又兵衛は桑樹栽培の改良に取り組み、高田重右衛門とともに「秋田式仕立法」を考案し、明治四十（一九〇七）年には合著で『実験秋田式桑樹栽培法』を出版している。この長坂又兵衛は明治二十三（一八九〇）年に栽桑法の改良、蚕飼育法の改良と技術者養成、蚕具・蚕種・桑苗の製造供給などを目的として広開館を設置し、その後広開舘の事業が発展したため、明治三十二（一八九九）年に広隆社と改称し、伝習部を設けて自費によって講習会を開き養蚕伝習生を養成した。これが明治四十二（一九〇九）年には農事講習所に改められ、

養蚕講習所としての平鹿郡立農事講習所が縫殿に設立された。また、増田村では製糸業も盛んであり、長坂又兵衛は稚蚕の共同飼育法や座繰製糸の改良にも取り組み、高田重右衛門や石田四郎兵衛らとともに製糸改良のために明治二十六(一八九三)年に「製糸増田組」を組織した。

さて、増田周辺は近世から葉タバコ(煙草)の産地で、葉タバコは増田両沢目村々（成瀬川・皆瀬川の両沢目にある村々のこと)において栽培されていた。明治以降、葉タバコの栽培はさらに盛んになり、明治十三(一八八〇)年の特有物産額調査によれば、平鹿郡で葉藍が一〇八円余、葉タバコ三三円余、繭二一円余と、葉タバコは第三位の生産額であった。[13]なお、明治二十九(一八九六)年の葉タバコ耕作面積・耕作者数は、雄勝郡の東成瀬村七一〇町余・四一一人、皆瀬村三九六町余・二二二人、西成瀬村二九六町余・二二九人、これに対して増田町では一町余・二九人であり、葉タバコ生産は山間部での耕作が中心であった。[14]増田周辺では葉タバコが重要物産であったが、消費者の好みに合わせた改良を怠ったために売れ行きが悪くなり、葉タバコをやめて大豆などの雑穀生産への転換を希望する農家もあらわれ、葉タバコ生産衰退の危機に直面する事態も生じた。しかし、葉タバコは多くの収益が得られる商品作物として魅力ある作物であったがゆえ、政府は葉タバコの収益に目をつけ葉タバコを専売制としたため、横手周辺の葉タバコ生産は大きな影響を受けた。

政府は日清戦争後の急激な財政膨張に対処するため、財政収入を増やす方策として明治三十一(一八九八)年に「葉煙草専売法」を実施、葉タバコの生産から販売までのすべてを政府の独占的管理下に置いた。これにより、葉タバコ栽培農家が生産した葉タバコはすべて政府が収納し、それをタバコ製造業者に売り渡すことになった。そのため、増田の商人たちは葉タバコの仲買ができなくなった。また、葉タバコ栽培が許可制となったために産地が指定され、葉タバコの栽培管理も厳しくなった。この影響で葉タバコ栽培農家が養蚕などに転換し、増田周辺の葉タバコ生産量は減少した。政府は葉タバコを収納・販売するために、主な葉タバコ生産地に葉煙草専売所を設置することに決め、明治三十(一八九七)年に、全国六一カ所の葉煙草専売所の一つとして増田葉煙草専売所の設置が決定した。

専売制度によって近世以来の葉タバコ生産者・商人は従来のやり方を続けることができなくなった半面、専売制度によってタバコ製造業に対する供給が安定・改善し、全国に多くのタバコ製造業者が生まれた。増田でも松浦千代松により明治三十二(一八九九)年三月に増田烟草合資会社が、同年十月に羽後葉烟草合資会社が設立された。しかし、葉タバコの生産・製造・販売の完全専売制を目ざした明治三十七(一九〇四)年の「煙草専売法」実施によって、葉タバコ生産から製造タバコの販売までを国営で行うことになり、タバコ製造業者も打撃を受けた。同法の実施当初は、すべてのタバコ製造を政府直営の工場で行うことは不可能であったため、民間製造業者も場外工場に指定されタバコを製造したが、やがて大規模な国営製造工場が設置されると、場外工場指定は減少していった。羽後葉烟草合資会社も場外工場に指定されタバコ製造を続けたが、明治四十三(一九一〇)年に解散した。

こうした民間のタバコ製造衰退のなかで、産業他事業への転身をはかった松浦千代松は明治四十三(一九一〇)年に増田水力電気株式会社(増田水電)を設立した。増田水電の電力供給地は増田、十文字、横手、湯沢、浅舞の五町村で、成瀬川上流に設けられた真人水力発電所の発電量は二二〇馬力一五〇キロワットで、一〇燭光三五〇〇個を点灯できる能力があり、電力は家庭の電灯だけでなく、工場などへも供給された。増田、横手両町の点灯によって周辺町村への電力供給区域拡張の要望が高まり、増田水電は供給区域拡張のため水路と発電所の増設に着手し、増設に必要な資金を資本金の増資によって調達した。当時、増田水電の経営が好調であったことや第一次大戦による好景気に刺激され、県南地方には電力会社が多数設立された。しかし、好景気から一転して不況に入ると、これらの電力会社は経営難に陥った。そこで、増田水電はそれら経営難の電力会社を買収していった。

表 2　1924 年（大正 13）平鹿郡 50 町歩以上の大地主

氏　　名	職業	住　　所	所有耕地面積（町）	小作人戸数
佐藤金兵衛	農	十文字町	56.2	87
高橋六右衛門	農	十文字町	55	75
土田万助	農	舘合村	358.6	101
佐藤平蔵	農	黒川村	84.1	98
村田光烈	農	浅舞町	71.4	66
沓沢甚兵衛	酒造業	増田町	67.1	101
佐藤清十郎	貸金業	増田町	108.1	158
松浦千代松	貸金業	増田町	59.1	99
佐藤与五兵衛	農	増田町	161.6	210
佐々木虎吉	商	増田町	88.9	113
長江八兵衛	農	増田町	93.9	135
小泉五兵衛	貸金業	増田町	101.7	130
千田彦五郎	貸金業	増田町	76.8	108
近伊左衛門	農	植田村	95.2	135
近伊利衛門	農	植田村	75.3	117
高安虎治	農	川西村	167.9	218
塩田團平	農	沼館村	237.7	295
佐々木謙蔵	農	沼館村	123.2	250
小西八右衛門	農	沼館村	76.9	120
菊池金八郎	医師	沼館村	75.3	137
最上広胖	農	角間川町	247.9	300
本郷吉右衛門	農	角間川町	224.7	260
本郷合名会社		角間川町	121	125
荒川勘之助	農	角間川町	195.2	210
荒川新右衛門	農	角間川町	111.2	130
北島精一	農	角間川町	98.1	110
地主　浩	農	角間川町	80.5	90
本郷良吉	農	角間川町	78.2	70
北島斉吉	農	角間川町	57.1	65
最上忠助	農	角間川町	50.1	50
高橋慶蔵	農	里見村	127.2	111
武藤憲二郎	農	里見村	121.6	90
杉田清治	金穀貸付業	横手町	261.7	71
掛札久右衛門	金穀貸付業	横手町	187.3	56
齋藤万蔵	金穀貸付業	横手町	169.8	42
加賀谷縁右衛門	商	横手町	127.1	38
片野茂	金貸業	横手町	118.1	35
長沼潤守	金貸業	横手町	110.7	32
高橋易蔵	商	横手町	96.8	30
合名会社五業銀行	銀行業	横手町	94.1	15
前田助右衛門	金貸業	横手町	79.4	22
佐藤儀右衛門	商	横手町	71	20
富岡久助	商	横手町	63.8	18
内藤慶蔵	金貸業	横手町	57.4	17
七尾三吉	金貸業	横手町	57.4	17
小玉石五郎	商	横手町	50.8	16
小西彦四郎	農	横手町	81.5	63

注）『都道府県別資産家地主総覧』秋田編より作成

大正十二(一九二三)年に秋南水力電気会社を買収合併し、その後大正十三年に羽後電力、大正十四年に河原田水力電気、大正十五(一九二六)年に稲庭水力電気、昭和二(一九二七)年には皆瀬川水力電気を併合した。こうして、県南地方の群小電力会社はすべて増田水電の傘下に統合され、増田水電は県南地域における独占事業体となり、盛岡電灯の勢力拡大の動きなどにも対抗し、県内唯一の地元資本電力会社になった。大正期を通じた規模拡大によって、増田水電の電力供給は雄勝、平鹿、仙北三郡の一八町四九ヶ村に及んだ。

以上の諸産業の発展のもとで、増田の商人は商業を拡大していった。表2の大正十三(一九二四)年「平鹿郡五〇町歩以上の大地主」によれば、増田にはおよそ六〇町〜一六〇町の郡内有数の大地主が八名いたことがわかる。しかし、職業を見ると増田の大地主八名のうち、農業と記載されている者は二名で他の六名は酒造業、貸金業、商と記載されており、増田の大地主には商工業中心の経営者も多かったことがわかる。近代増田の経済活動の柱をなしていた大地主の経営が農業と商工業であったことは、近世の在郷城下町としての増田の発展の帰結であろう。

おわりに

最後に増田周辺の近世在郷町について紹介しておこう。まず十文字村であるが、『安倍五郎兵衛翁郷土物語』によると、十文字村はもとは増田村の一部で、安倍五郎兵衛家が文政十一(一八二八)年に秋田藩から許可を得て開墾してできた村である。一方、『雪の出羽路』平鹿郡十巻によると、増田十文字村について菅江真澄は、大いなる広野の中に横手や湯沢へ向かう街道と浅舞や増田に通じる街道が十字に交差したところから増田十文字といい、文政二(一八一九)年の春に吉蔵という者が家を建て、その年の秋には金助が家を作り、その後清介などが家を建てて、九軒の村になったと記している。安倍家の記録と真澄の記録では食い違いが見られるが、いずれにせよ十文字村は当時の街道が交差する交通の要衝に一九世紀に発展した村であった。それゆえ、中世以来の城下町として成立した増田村とは異なるが、秋田藩南部地域の流通経済の拠点であった増田村と浅舞村、さらには横手町、湯沢町を結ぶ結節点に位置したことから、十文字村自体が流通及び運輸の拠点化して在郷町となり発展したといえよう。

他方、近世に増田村と並ぶ市が立つ村であった浅舞村は、戦国期に小野寺氏が浅舞城を築き、佐竹氏入部後は茂木監物が浅舞城を受け取り、元和八(一六二二)年に城が破却された後、その跡地には郡奉行が置かれた。また、浅舞村と並ぶこの地域の近世の商業流通拠点としては西馬音内前郷村や六郷高野村があった。これらの村にも戦国期に小野寺氏の支城である西馬音内城や六郷氏居城の六郷城があり、西馬音内城は慶長五(一六〇〇)年に、六郷城は慶長十七(一六一二)年に破却された。これらの村々は城下に形成されたのであるが、西馬音内城では、天正十八(一五九〇)年に八代城主小野寺茂道が小田原参陣にあたり、城下に役銭を賦課した記録が残っているため、城下町が形成されていたことがわかる。しかし、現在の西馬音内の町割からは増田のような城下町的な町割を見ることができない。この違いは、城下町として成立した際に、増田は商業地として建設され、西馬音内は商業的要素が未熟で農村のままに建設され、さらに城が佐竹氏入部前に破却されたことなどによるものだと推測でき、これは西馬音内前郷村という村名にも反映していると思われる。その後の商業の発展により西馬音内前郷村は在郷町として発展することになったが、こうした農村的要素が強い在郷城下町形成の特徴は浅舞村や六郷高野村にも共通する特徴であると考えられる。

以上、近世増田の町は中世増田城の城下町を発端として、近世初期増田城の城下町として商業機能を中心に農業生産機能をもあわせ持つ城下町として成立した。増田城の破却後は、増田の町はこの地域の流通拠点である在郷町として発展し、成立当初の城下町としての町割も定着して、それは明治維新以降も引き継がれて近代の町割＝町並みとして現代に至っており、この近世在郷城下町の歴史が重伝建の歴史的基盤をなしているといえよう。

註

(1) 本稿の記述は特に断りのない限り、『秋田県史』の通史編第二巻・第三巻(秋田県、一九六四・一九六五年)と『増田町史』(増田町、一九九七年)にその多くを負っている。
(2) 筆者は横手市増田地区伝統的建造物群保存対策調査委員会の委員を務め、『横手市増田地区伝統的建造物群保存対策調査報告書』(二〇一二年、横手市)を共同で執筆した。本稿は、そのときに執筆した「二章　増田地区の成立と発展」の筆者分担原稿を基に加筆・修正して執筆した。
(3) 『新秋田叢書第四巻』(歴史図書社、一九七七年)。以下、引用はすべて同書による。
(4) 横手市立図書館所蔵の写本(大正時代に戎谷南山氏が書き写した写本)。以下、引用はすべて同写本による。
(5) 帝国興信所秋田支所、一九二七年。
(6) 秋田県公文書館蔵。以下、同文書の引用はすべて同史料。
(7) 茂木久栄「増田の朝市」(『出羽路』一三号、一九八四年)による。
(8) 「宝暦二年絵図」(増田郷土資料館蔵)。
(9) 「明治十年絵図」(増田郷土資料館蔵)。
(10) 安倍五郎兵衛家文書。
(11) 増田郷土資料館蔵。
(12) 明治九(一八七六)年「諸市場願」(増田郷土資料館蔵)。
(13) 「明治十四年勧業課報告掛事務簿」(秋田県公文書館蔵)。
(14) 「明治二十一〜二十九年第五課農商課事務簿」(秋田県公文書館蔵)。

あとがき

本書は、秋田のフィールドに的を絞った論文集で、近世編に四篇、近代編に五篇の計九篇を収める。いずれも、これまで詳しく論じられることのなかった問題に光を当てようとしている。統一したテーマによらず各自の問題関心に従ったもので、論文間の調整はしていない。各論文の要旨は次の通りである。

第1部　近世編

渡辺英夫「秋田藩における正保国絵図の作成過程」は、秋田藩では国絵図の基となる藩領絵図を作る段階から狩野派絵師を招き現地調査に当たらせていたことを明らかにしている。出羽国にとって国絵図を作るのは正保度が初めてだった。秋田藩は絵図元となって諸藩より提出された藩領絵図を一国絵図に仕上げたが、国絵図基準の藩領絵図を作るには、村々や山・川・街道そして郡境など、位置に関する地理情報と、村高に関する情報が必要だった。正保年間にはどこの藩でも初期検地に基づいて村高の掌握はできていた。しかし、領内の地理情報を国絵図基準の絵図に仕上げるには、再度の現地確認が欠かせなかった。実はこれまで知られてこなかったが、秋田藩は寛永十年、幕府巡検使の求めに応じ、家老梅津政景が藩領絵図を巡検使に提出していたのだった。正保国絵図作成に当たっては、おそらくそうした地理情報を基に現地調査がなされたはずで、秋田藩はその段階から京都の絵師狩野造酒定信をよび、他の藩士四名と共に調査に当たらせた。男鹿の絶景は京都から招かれた狩野によほど強い印象を与えたと思われる。絵地図を旨とした国絵図にあって、男鹿の海岸美と多くの社寺が絵画的に描写されているのはそのためだった。

新堀道生「秋田藩重臣岡本家の家計」は、知行一六〇〇石の秋田藩大身岡本家と一〇〇石以下の藩士を取り上げ、それぞれの家計支出を比較することによって武家の階層差が家計の違いにどのように現れるか、この点を考察している。本論が依拠する基本史料は、岡本家の家計改善を図って文化四(一八〇七)年に作成された収支見積帳で、その全文が翻刻紹介されている。この種の史料は珍しい。これは、財源に当たる知行高を基に年貢米と小役銀の雑税収入を算出し、その収入額を各支出項目に振り分けるという構造になっている。それによれば、秋田藩の知行借上制による藩への差上高が支出の四割を越えて最大の比率を占め、続いて岡本家では男女三五人を召し抱えた家中給与、臨時出費に備えた備銭、そして家族個々人への配分高、この三項目の比率が高かった。また、一〇〇石以下の藩士の場合、高率の差上高が同様な上に、下男下女への給金支給もあり、それらを差し引いた残りは大半が食費に充てられるという苦しい家計事情だった。高禄の岡本家では、家族配分高の比率が高いばかりか、「家につく支出」と「個につく支出」が分離されるなど、総じて裕福な生活が予測され、反面それが家計圧迫の要因となったと指摘されている。

半田和彦「組下給人の借知—十二所給人曲木氏の記録から—」は、秋田藩がおこなった知行借上策の実態はどのようなものであったか、在郷給人曲木源五兵衛家の事例から解き明かしている。曲木氏は大名佐竹氏から禄を宛がわれた秋田藩の直臣で、藩領北部十二所に居住し所預を組親としてその指揮を受けた。曲木氏の知行高はほぼ七〇石で、本論で扱う時期の十二所の所預は茂木氏だった。藩政上の借知は家臣の立場から見ると、藩主への差上となり、本論では、曲木家に残る延宝八(一六八〇)年より明和六(一七六九)年に至る九〇年間にわたる差上高に関する記録から、久保田の城下士と在郷家臣とでは差上率に違いがあったこと、享保四年以降は名目上の禄高から実質禄高に基づく差上率決定へと変更されたこと、そして、城下士が領内遠方の知行地を差上高実施村としたのに対し曲木氏は居所の近辺であり、差上の実施に当たってはその村と農民を給人自らが決定していたことなどを明らかにしている。
加藤民夫「佐竹北家の分領統治─秋田藩の所預制の特質について─」は、佐竹苗字衆の筆頭、角館佐竹家の事例から、秋田藩が採用した所預制の特質を解明しようとしている。秋田藩は領内の軍事的要地七箇所に一門重臣層を配して知行を分与し、藩の直臣をその指揮下に置いて周辺一帯の支配を委ねた。本論はこれを所預制とよび、秋田藩の知行制を評価するには所預制の実態解明が不可欠だとして、藩主と北家との主従制、および北家による領民統治のあり方について考察している。藩主の死去、新藩主の家督継承に際しては、北家当主が江戸に上って幕府に報告し家督御礼を将軍に申し述べるなど佐竹宗家の代弁者となる一方で、藩が郡奉行の再設置を図ったときには敢然と抗議するなどして藩政の抵抗勢力にもなった。藩にとって所預制は、宗家を支える支柱でありながら時として藩政に抵抗する両刃の剣でもあった。また、領民統治に関しては、刑罰や災害対応など大局的支配権は藩当局に収斂したが、困窮農民の救済や領民の紛争裁定など領民の日常生活に関わる事項は概ね所預が掌握したことが明らかにされている。

第2部　近代編

畑中康博「秋田藩維新史における「砲術所藩士活躍説」の誕生」は、官軍秋田の歴史像が創出される過程を検証している。慶応四年七月三日夜、平田国学を信奉する秋田藩砲術所の藩士たちが奥羽列藩同盟に加盟した秋田藩を新政府側に付かせるべく仙台藩士の殺害を主張して決起し、家老小野岡義礼を説得し、その小野岡が藩主佐竹義尭を動かしたことが官軍秋田藩の立場を決定付けた。これが、明治四十一年、秋田県知事官房編纂の『秋田藩戊辰勤王始末』により示された県公認の歴史像で、明治初期には藩論を官軍側に導いた藩主の英断に力点がおかれていたのに対し、ここでは藩論転換の起点となったのは砲術所藩士の決起にこそあるとしてその活躍に光が当てられている。実はこうした官製歴史像は、すでに明治二十二年、旧秋田藩士小野崎通亮が編述した『秋田藩戊辰私記』に表明されており、その影響を強く受けた結果だった。それは『秋田藩戊辰私記』の編纂に協力した者たちが知事官房の編纂に携わったからだという。さらに小野崎通亮の『秋田藩戊辰私記』には意図的に事実を歪めた記述がみられ、そうした小野崎の歴史像は、最初東京で後に秋田でも起こった平田篤胤神格化運動の中から醸成されていったと説かれている。

伊藤寛崇「秋田県下の第三回総選挙」は、一八九四(明治二十七)年三月に実施された第三回総選挙で秋田県管下の四選挙区において候補者と支援者、有権者をめぐる選挙情勢がどのように展開し、投開票の結果が如何なるものであったかを克明に分析している。前年の十二月に開催された第五回帝国議会は、条約改正を目指す第二次伊藤内閣とそれに反対する勢力が冒頭から激しく対立した。反対勢力は、藩閥政府を支持する吏党とそれに反対する民党が大連合して硬六派を結成し、日英通商航海条約締結の反対と清国への早期開戦を主張した。その結果、十二月三十日、衆議院は解散され、民党対吏党というそれまでの構図が崩壊した中での総選挙となった。秋田の各選挙戦は、地方に対する政党の影響力が弱く、政党が立候補者を人的に、あるいは資金面で支援する体制も整っていなかった。立候補者は政党に頼らず私財をなげうっての選挙戦だった。有権者もまた政党に左右されず候補者の人気や個人的関係によって投票したから、たとえば自由党を脱党して同志倶楽部を組織しても、有権者の関心事にはならなかった。本来は無筆の棄権や無効を避ける目的だった代書投票の制度が別の目的で相当数利用されたことも明らかにされている。

大川啓「近代土崎における福祉と資産家—一八七〇〜一九一〇年代の救貧・火災・米価騰貴を中心に—」は、明治期の南秋田郡土崎港(湊)町を対象に地域福祉における資産家の役割とその歴史的性格について論じている。その際には資産家が福祉活動に向かって動き出す社会的動因に留意する必要があるという。地域福祉の具体例として、常態化した生活困窮者を救恤する法の問題と土崎感恩講に代表される日常的な救貧活動、火災被害時の救助・支援活動、そして米価騰貴に立ち向かう地域社会の対応といった三分野について考察され、数値に基づく詳しい分析がなされている。資産家たちが地域福祉に果たした意義は大きく、行政の提供する福祉が限定的だった当時、資産家は重要な福祉の担い手だった。資産家たちにとって福祉活動は地域社会で信用を獲得する好機であり、逆にその見合わせは信用の失墜に直結した。とりわけ米価騰貴時には貧民の動向が資産家たちの恐怖や不安となり、それが社会的圧力となって資産家を福祉実践に立ち向かわせたのだった。当時の地方新聞からは福祉受給者に対する「最劣等の地位」という社会的評価が読み取れ、そこには恥の意識が内包されており彼らを蔑視する捉え方には一定の普遍性があった。

菊池保男「秋田の濁酒密造について―大正期を中心として―」は、濁酒密造の摘発が強化されるなかで秋田県では一向に減らなかった密造の実態を暴き出している。そもそもの発端は、政府が戦費獲得のため酒造税を増税し「自家用酒税法」を廃止したことにあった。しかし、大正十五年十一月の地元紙秋田魁新報は、秋田が「ダントツ日本一の濁酒密造」県であることを伝えている。濁酒を食料と考え醸造し愛飲してきた農民が、一片の法律により藩政期から続く慣行を変え、清酒購入に切り替えることは出来なかった。県・郡・町村レベルの矯正組合や青年団、在郷軍人会、消防組などが密造防止のため様々な活動を展開し、米酒交換や清酒の廉価販売などを実施した。ところが、県や地域指導者層が、農民の嗜好する濁酒を合法的に供給できる方途を提案したにもかかわらず税務署の反対にあって実現されず、小学校でも健康衛生面や遵法精神など学年に応じた課題を設定し矯正指導をおこなったとされるが、実施のほどは疑わしかった。取締強化によって検挙者が増え、罰金や投獄から破産する者が現れ、役所勤務の公務員までも密造を繰り返すなど深刻な社会問題となった秋田県の様子を多くの資料に基づいて克明に描き出している。

脇野博「在郷城下町増田の成立と発展―重要伝統的建造物群保存地区の歴史的基盤―」は、二〇一三年、文化庁より重要伝統的建造物群保存地区に指定された秋田県横手市増田町の成り立ちと発展を跡付けている。増田町は秋田藩佐竹氏の統治下に整備された町割りが残り、その背面には鞘堂に覆われた土蔵が接続するという商家の街並が今によく伝えられている。その淵源は、室町時代の初め湯沢・三又城の城主小笠原義冬がここに築城したことに始まり、戦国期には土肥氏に城主が交代しながら戦国大名小野寺氏と山形の最上勢が角逐し、慶長七年の佐竹氏入封を迎えた。その秋田藩にあって増田町は平鹿郡で六斎市を開催する流通の拠点と位置付けられて町割りされ、それによって現在に連なる町の骨格が形成された。そして、周辺地域が明治期に養蚕業や煙草生産を発展させると、増田町は商業や金融業における地域経済の核となり、電力事業にも進出するなど発展の様子が詳しく分析されている。

以上九篇は、未解明の領域に切り込もうとしたり、他のフィールドでは既に検討されている事例に秋田の事象を絡ませて再考証を試みたり、あるいは一定の歴史認識が形成された後にそれが変質させられていく過程を解き明かしたりと、その視点は多様である。いずれ、それぞれの専門領域から様々な批判がなされ、それを糧に更なるステップへと進化するものと期待している。
最後に、専門書の刊行が非常に厳しい出版情勢にあって、一地方のしかも近世・近代史に的を絞った論文集の刊行をお引き受け下さった高志書院社長濱久年氏に感謝申し上げたい。

二〇一四年十一月

渡辺 英夫

執筆者一覧

渡辺英夫　奥付上掲載
新堀道生（しんぼり みちお）　一九七〇年生れ、秋田県立博物館学芸主事。［主な論文］「国絵図と藩政―秋田藩を事例に」（『秋田県立博物館研究報告』31）、「秋田藩の助郷制度に関する覚書」（『秋田県立博物館研究報告』34）、「一七世紀における米沢藩の家中奉公人確保策」（『秋大史学』57）
半田和彦（はんだ かずひこ）　一九四二年生れ、秋田県立秋田明徳館高等学校 特別職非常勤教員。［主な著書］「横手戸村十太夫組下石川善兵衛家の御判紙高」（『秋大史学』49）、「秋田藩、富山売薬を排除」（『秋大史学』52）、「代知と上り地」（『秋大史学』58）
加藤民夫（かとう たみお）　一九三七年生れ、秋田県公文書館嘱託。［主な論文］「秋田藩における経世論の展開」（『秋大史学』50）、「佐竹義和時代の文教政策」（『秋田県公文書館研究紀要』11）、「幕末政局と秋田藩の選択」（『秋大史学』53）
畑中康博（はたなか やすひろ）　一九六九年生れ、秋田県立博物館学芸主事。［主な論文］「文久三年秋田藩の京都警衛について」（『日本歴史』七一五）、「戊辰戦争時の秋田藩」（『秋大史学』55）、「明治時代における秋田藩維新史像の形成」（『日本歴史』七七四）
伊藤寛崇（いとう ひろのり）　一九七二年生れ、秋田工業高等専門学校非常勤講師。［主な論文］「秋田県下の第1回貴族院多額納税者議員選挙」（『秋田近代史研究』49）、「秋田県会議員選挙の結果について」（『秋大史学』59）、「秋田県下の大正14年貴族院多額納税者議員選挙」（『秋田近代史研究』53）
大川　啓（おおかわ ひろむ）　一九七四年生れ、立教大学兼任講師。［主な論文］「近代日本における『慈善』と『不穏』―一八九〇年の秋田市における米価騰貴への対応を中心に―」（『歴史学研究』八〇四号）、「近代日本の生活危機と地域社会―一八九〇～一九一〇年代の米価騰貴時を対象として」（久留島浩・趙景達編『国民国家の比較史』有志舎）、「明治期の都市火災と地域社会―地方都市秋田を事例として」（『史苑』73巻2号）
菊池保男（きくち やすお）　一九四七年生れ、能代市史編集委員長。［主な論文］「幕末から明治十年代にかけての秋田のコレラ対策」（『秋田県公文書館研究紀要』14号）、「秋田県の士族授産について（1）　自由民権運動研究前進のために」（『秋田近代史研究』26）、「明治十年代の秋田県職員の出身県について」（『秋大史学』56）
脇野　博（わきの ひろし）　一九五七年生れ、岩手大学教授。［主な論文］『日本林業技術史の研究』（単著・清文堂出版）、『北方社会史の視座』第3巻（共編著・清文堂出版）、「旧秋田営林局史料から見た明治初期秋田県下の官林」（『秋大史学』57）、「秋田藩林政と森林資源保続の限界」（『徳川林政史研究所研究紀要』43号）、「青森県下の国有林経営と地域社会」（『農業史研究』44号）

【編者略歴】

渡辺英夫(わたなべ ひでお)
1956年生れ　秋田大学教育文化学部　教授

主な著書
『秋田県の歴史』(共著)　山川出版社　2001年
『近世利根川水運史の研究』(単著)　吉川弘文館　2002年
『東廻海運史の研究』(単著)　山川出版社　2002年

秋田の近世近代
2015年1月15日第1刷発行

編　者　渡辺英夫
発行者　濱　久年
発行所　高志書院

〒101-0051 東京都千代田区神田神保町2-28-201
TEL03(5275)5591　FAX03(5275)5592
振替口座　00140-5-170436
http://www.koshi-s.jp

印刷・製本／亜細亜印刷株式会社

ISBN978-4-86215-143-8